LE LIVRE NOIR
DU LIBÉRALISME

Pierre Larrouturou

LE LIVRE NOIR DU LIBÉRALISME

Préface de Michel Rocard

document

éditions du ROCHER

Ouvrage publié sous la direction
de Françoise Samson

ISBN : 978 2 268 06391 1

Livre 1

LE LIVRE NOIR DU LIBÉRALISME

Avant-propos de Michel Rocard

Paris, le 24 septembre 2007

Ce que vous tenez entre les mains, cher lecteur, est davantage un pamphlet qu'un livre.

Pierre Larrouturou y exprime le savoir considérable qu'il a accumulé sur l'état de l'économie contemporaine, et c'est déjà très important. Il y crie aussi son angoisse. Et si j'ai pris la plume pour écrire ces quelques lignes, c'est que je partage cette angoisse.

Ce que l'on sait de l'économie mondiale a de quoi faire peur, simplement parce que les grandes tendances que l'on voit à l'œuvre aussi bien dans la finance mondiale que sur chaque grand État continent, États-Unis, Chine, Europe, conduisent toutes à des aggravations de déséquilibres dont nul ne peut imaginer la résorption paisible.

Le cri de colère que représente de la part de Pierre Larrouturou cet ouvrage est aussi une dénonciation du silence des experts.

Les économistes savent tout ce qui est dit là. Pour Smith, Ricardo ou surtout Keynes, le chômage ou le travail précaire étaient des objets de préoccupation et d'étude pour la science économique. Ce n'est plus le cas.

La science économique a dérivé et s'est recroquevillée pour n'être plus qu'une science de la circulation de l'argent. L'être humain, qui en était le cœur pour les fondateurs en a été chassé. Il n'est plus qu'un solde.

Pour les théoriciens du marché de la période contemporaine, le chômeur est le résultat d'un dysfonctionnement du marché. En tant que tel, il relève de la charité et de la police mais plus de la science économique.

Le résultat de cette attitude c'est que le fléau majeur des sociétés développées du début du XXIe siècle, la précarité du travail, ne fait l'objet ni d'évaluations quantifiées ni de commentaires. Or c'est de là, parce que toutes les classes moyennes sont concernées, que viendra la colère sociale qui pourrait devenir dévastatrice si la crise s'aggravait.

Car il y a plus. La menace la plus grave que comporte le système tel qu'il fonctionne aujourd'hui tient aux déséquilibres financiers. Or aucun banquier – les seuls vrais spécialistes pourtant – n'en parle. Tout banquier en exercice, et surtout bien sûr les banquiers centraux, est tenu par ses pairs de ne rien évoquer qui inquiète... La croissance économique est commentée bien sûr, y compris dans la diversité de ses rythmes, mais jamais nulle part n'est commenté le fait que cette croissance n'est fondée que sur l'endettement !

Tout cela donne à ce volume de Pierre Larrouturou une allure de coup de tonnerre dans un ciel bleu, une allure de cri d'alarme, et mon ami Pierre a la forme emportée ! Je pense pourtant qu'il n'y a pas grand-chose de plus essentiel aujourd'hui que de faire réfléchir gouvernements, banques centrales et experts au traitement approprié de cette situation.

Le lecteur sait peut-être qu'un des économistes français les plus respectés, le professeur Patrick Artus, vient de publier un autre petit livre, intitulé « Les incendiaires ». Les incendiaires en question sont pour lui les banquiers centraux. Il doit vraiment se passer quelque chose dans le système.

Et si l'on ne fait rien, Pierre Larrouturou aura eu raison de consacrer une partie de la fin de son livre aux budgets militaires, et notamment à celui de la Chine.

La science économique traite de la vie du genre humain. Il est moins que jamais admissible de laisser le monopole de ses réflexions et de ses débats aux seuls spécialistes, alors qu'on les découvre en train de jouer aux apprentis sorciers.

Michel ROCARD.

Introduction

C'est le monde à l'envers.

En février dernier, coup sur coup, *Les Échos* ont consacré quatre articles au risque d'un effondrement du capitalisme mondial.

« ... et la crainte d'un effondrement du capitalisme mondial »

Tel est le titre de la tribune publiée par Jeff Frieden, professeur à Harvard, dans *Les Échos* du 26 janvier 2007. Pour Frieden, le niveau d'inégalité des revenus et le niveau d'endettement observés aux États-Unis ne sont pas soutenables. Vu l'interdépendance qui existe entre toutes les économies, c'est l'ensemble du capitalisme mondial qui pourrait bientôt s'effondrer.

En 1929, avant que n'éclate la dernière grande crise du capitalisme, la dette totale américaine (dette privée et dette publique) représentait un peu moins de 140 % du PIB. Elle dépasse aujourd'hui les 220 %...

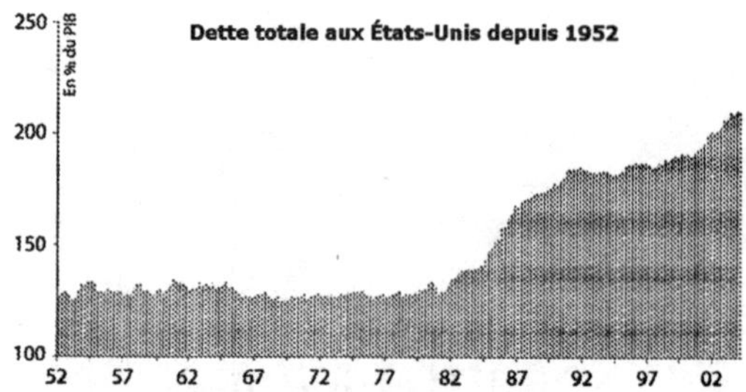

« Le barrage cédera-t-il en 2007 ? »

Le 24 octobre 2006, lors d'une rencontre avec la presse, le Secrétaire général de l'OCDE, Angel Gurria, comparait le problème de la dette à un barrage sur lequel la pression s'accumule sans que personne ne prenne de décisions, au risque d'« une situation dans laquelle tout pourrait arriver ». « À combien de pression le barrage peut-il résister ? » s'inquiétait Gurria, ajoutant que ce n'était « pas un scénario de cataclysme. Pour l'instant ! ».

Trois mois plus tard, Joseph Stieglitz, prix Nobel d'économie, dans une tribune parue dans *Les Échos* du 29 janvier 2007, reprend cette métaphore et affirme que l'on ne peut exclure que le barrage cède assez vite.

« Liquidités et bain de sang »

Dans *Les Échos* du 1er février, Jean-Marc Vittori, l'un des éditorialistes du quotidien, explique que l'euphorie des marchés financiers est totalement artificielle car elle est due à un déversement de liquidités colossal qui permet d'ignorer un risque majeur de déflation. La conclusion de l'éditorial est pour le moins alarmante : en quelques jours, si les marchés financiers paniquaient, « l'océan de liquidités céderait instantanément la place à un bain de sang ».

« La bombe chinoise »

Les Échos, 2 février 2007 : selon Favilla[1], si les États-Unis tombent en récession, la situation sociale de la Chine, déjà très tendue, peut devenir ingérable. Les États-Unis sont en effet le premier client de la Chine, et si leur consommation venait à ralentir trop fortement, la puissance montante connaîtrait un atterrissage économique très difficile à contrôler, sans doute doublé par une exacerbation des tensions sociales qui la secouent déjà. Vu la course au surarmement que l'on observe autour de Taïwan (la Chine vient d'augmenter de 18 % son budget militaire), nul ne sait quelles seront en Asie les conséquences d'une récession américaine. « Taïwan jouera au XXIe siècle le rôle qu'a joué l'Alsace-Lorraine en Europe au siècle dernier », affirment bon nombre de stratèges.

Enfin, pour les lecteurs qui auraient encore quelque doute sur la gravité de la situation, *Les Échos* publient sur leur site internet une étude de Ken Rogoff, ancien chef

1. C'est sous ce pseudonyme que les responsables de la rédaction signent chaque jour l'éditorial « officiel » des *Échos*.

économiste du FMI, très explicite elle aussi. Le premier graphique produit en annexe de l'étude représente l'évolution de la dette (privée et publique) des pays occidentaux. Depuis quelques années, la pente est quasiment verticale. La situation est bien plus dégradée qu'en 1929 !

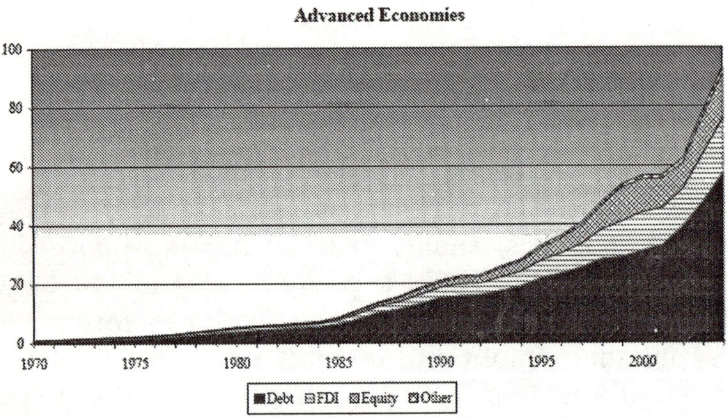

Le deuxième graphique présenté par Rogoff est franchement sinistre. Il retrace le nombre de morts causés par les grands conflits depuis 1820 (en proportion de la population mondiale). Les politiques de dérégulation menées dans les années 1920 ont débouché sur un conflit qui a fait plus de 40 millions de morts. Or les déséquilibres actuels sont plus graves que ceux de 1929 et les armes de destruction massive bien plus nombreuses qu'en 1939...

« Le capitalisme porte en lui la guerre, comme la nuée porte l'orage », affirmait Jaurès au début du XXe siècle. En février 2007, ce n'est pas un leader de gauche qui développe cette analyse. C'est le premier quotidien éco-

Figure 2. War Deaths per Million Population

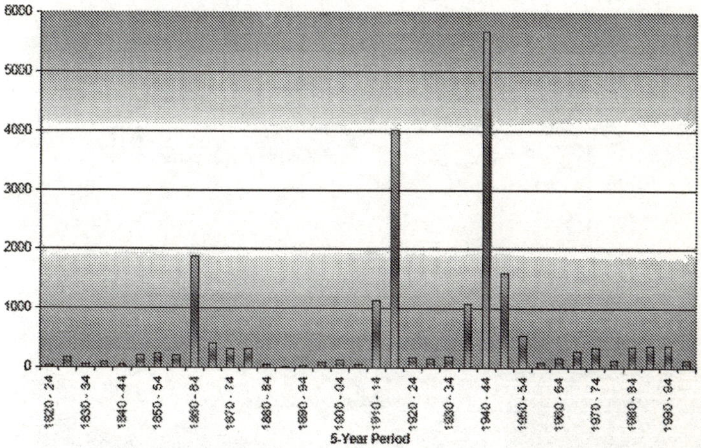

nomique du pays, lequel s'appuie sur les analyses d'un prix Nobel et de l'ancien chef économiste du Fonds monétaire international...

En février toujours, alors que, dans tous ses discours, Nicolas Sarkozy promet de conduire notre pays vers « le plein emploi à plein temps », la Maison-Blanche publie le rapport économique du Président des États-Unis, lequel amène à relativiser quelque peu la réalité du « plein emploi » dont bénéficieraient les Américains.

D'après les chiffres de la Maison-Blanche, la durée moyenne du travail (sans compter les chômeurs) est tombée à 33,7 heures. Certes, la durée du travail dans l'industrie (celle à laquelle se réfèrent toujours les dirigeants du Medef) est proche de 41 heures, mais l'industrie représente moins de 20 % des emplois et, dans les services, le nombre des petits boulots est tel que la

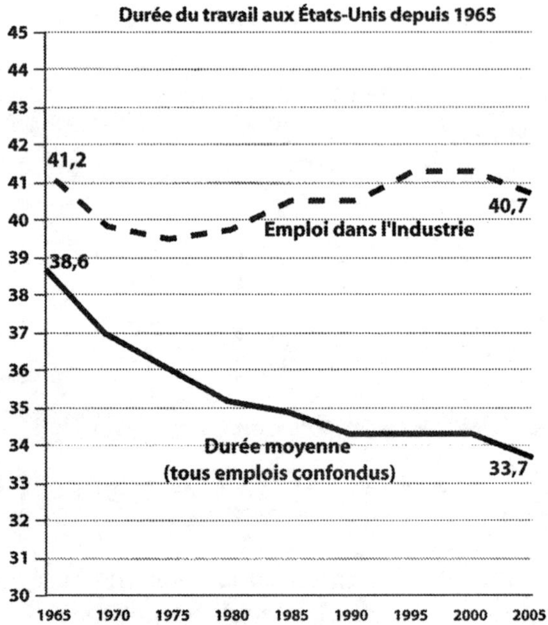

Sources : Economic Report of the President - Février 2007

« durée totale », c'est-à-dire la durée moyenne effectivement travaillée par tous ceux qui ont un emploi, est plus proche de 33 heures que de 35...

Malgré une croissance artificiellement forte dont nul ne sait combien de temps elle durera (cf le niveau d'endettement), les États-Unis ne connaissent donc pas le « plein emploi à plein temps » que nous promet Nicolas Sarkozy. Ils en sont même très loin. Et ils s'en éloignent un peu plus chaque année.

En mars, c'est la banque BNP Paribas qui publie à son tour une étude assez troublante sur les États-Unis : le directeur des études y fait un grand « focus » sur

« Inégalités et fonctionnement du marché du travail[1] ». Philippe d'Arvisenet relève que le partage du travail tel qu'il est pratiqué aux États-Unis amène à un partage des revenus de plus en plus inégalitaire : « Pour la majorité des citoyens, la hausse des revenus réels (autrefois observée pour l'ensemble des catégories de revenus) est quasi interrompue. » Il faut aller vers le milieu du décile supérieur[2] pour trouver une hausse du revenu réel dans les cinq dernières années. Dit de façon moins technique : le niveau d'inégalité est tel aujourd'hui aux États-Unis que **seuls les 5 % les plus riches ont vu leur revenu augmenter sur les cinq dernières années. Les autres 95 % ont vu leur revenu stagner ou franchement décliner.** Ce n'est pas la LCR qui l'affirme, c'est la banque BNP Paribas.

Il y a trente ans, en France comme aux États-Unis, l'immense majorité des citoyens bénéficiait chaque année d'une élévation de son niveau de vie. Si l'abbé Pierre ou le père Joseph Wresinsky étaient légitimement scandalisés par la persistance d'un quart monde, ces milliers de familles qui vivaient dans la misère ne représentaient « statistiquement » qu'une très petite fraction de la population[3]. Plus de 95 % de la population bénéficiait de la croissance.

1. Revue *Conjoncture*, mars 2007, p. 14.

2. Pour analyser les revenus, les économistes « coupent » la population en déciles. Les 10 % de citoyens les plus riches forment le décile supérieur. Les 10 % les moins riches, le décile inférieur.

3. Cela n'enlève rien, évidemment, à la justesse du combat de l'abbé Pierre, du père Joseph et de tous ceux qui continuent leur action.

Depuis quelques années, aux États-Unis, le pays qui sert de modèle aux libéraux du monde entier, seuls les 5 % les plus riches ont vu leurs revenus augmenter. C'est pour cela, évidemment, que la dette a tellement augmenté : les 5 % des citoyens les plus riches ne peuvent pas faire dix-huit repas par jour ni avoir tous dix voitures garées devant leur maison. Quand 5 % seulement de la population accapare l'essentiel des richesses nouvellement créées et qu'une majorité voit ses revenus stagner ou nettement diminuer, la croissance devrait s'arrêter, faute de consommation. C'est donc uniquement en poussant la majorité des salariés à s'endetter que le libéralisme peut assurer en même temps des bénéfices colossaux aux 5 % les plus riches et une consommation élevée du plus grand nombre.

On voit ici que la question de la dette n'est pas du tout « accessoire ». Elle n'est pas liée seulement à la spéculation de quelques méchants *hedges funds*, comme Nicolas Sarkozy a tenté de nous le faire croire en revenant de ses vacances américaines. Le néolibéralisme a structurellement besoin d'un endettement toujours croissant pour prospérer. D'ailleurs, regardez à nouveau la courbe de la dette américaine. La dette rapportée au PIB était parfaitement stable jusqu'à l'arrivée de Ronald Reagan. C'est depuis que les idées néolibérales se sont imposées que le ratio dette / PIB augmente.

En mars 2006 encore, le directeur de la rédaction du mensuel *Enjeu-Les Échos*, François Lenglet, publie un livre au titre assez explicite : *La crise des années 30 est devant nous*. Le propos est intéressant car le parallèle avec 1930 est bien argumenté et l'auteur analyse en temps réel « la montée du populisme » chez les principaux candidats à l'élection présidentielle.

Comme Stieglitz, comme Rogoff, Vittori ou d'Arvisenet, Lenglet tire la sonnette d'alarme. C'est aux politiques ensuite de faire des propositions. Or, si le libéralisme nous conduit dans le mur, c'est des dirigeants socialistes que l'on devrait logiquement attendre des propositions à la hauteur de la crise. Cela fait cinq ans qu'ils sont dans l'opposition, ils ont eu le temps de travailler !

Hélas, rien ! *Nada* !

C'est le monde à l'envers. Alors que, en ce début d'année, la presse « classique » (pour ne pas dire « libérale » !) affirme, noir sur blanc et de façon répétée, que le capitalisme non régulé peut bientôt s'effondrer et que du chaos peut renaître la barbarie, alors que le directeur des études d'une grande banque d'affaires souligne à quel point le libéralisme devient injuste et amoral, on cherche en vain dans les documents de campagne du PS la moindre analyse critique du système économique mondial. Quant aux propositions en matière économique et sociale, elles sont si floues et si peu convaincantes qu'une majorité de citoyens a fini par confier le pouvoir à celui que l'on dépeint comme le plus libéral des dirigeants français !

C'est le nouveau *ni-ni* des dirigeants socialistes français. *Ni* analyse critique du néolibéralisme, *ni* proposition d'alternative !

En 1988, dans sa *Lettre à tous les Français*, François Mitterrand théorisait le premier *ni-ni*. Ce n'était pas très glorieux et cela n'annonçait pas grand-chose de bon, mais ce *ni-ni* concernait seulement la question de l'intervention de l'État dans le capital des grandes entreprises : « ni privatisation, ni nationalisation ». Vingt ans plus tard, *le ni-ni* s'est généralisé : ni critique, ni proposition. Bien au contraire !

Dans les années 1970, les socialistes voulaient rompre avec le système : « Celui qui ne veut pas rompre avec le capitalisme, celui-là n'est pas digne d'être adhérent du Parti socialiste », affirmait François Mitterrand à Épinay. Or c'est à cette époque, dans tous nos pays, que les inégalités ont le plus reculé. Mais aujourd'hui, alors que partout la précarité et les inégalités atteignent des niveaux inacceptables, alors que, économiquement, le système menace ruine, les dirigeants du PS n'ont plus rien à dire sur la question. C'est le candidat de la droite libérale qui prétend incarner la rupture et, à Solférino, au siège du PS, si l'on attire l'attention sur la gravité du problème, si l'on appelle à rompre avec une gestion trop pépère de la crise, on passe pour un affreux gauchiste.

Je n'ai jamais été un « gauchiste ». Comme Jacques Delors et sa femme Marie, mes parents militaient à Vie Nouvelle et m'ont transmis des valeurs de « catho de gauche », toujours plus proche du centre que des extrêmes. J'ai pris ma carte au PS en 1988 pour soutenir l'action de Michel Rocard et c'est avec lui que, depuis dix ans, j'ai signé un certain nombre de textes sur les questions sociales et les questions européennes.

En 1993, j'ai fait un tour de France avec l'UDF Gilles de Robien pour faire connaître mes idées en matière de réduction du temps de travail. Professionnellement, j'ai travaillé onze ans chez Arthur Andersen (devenu Accenture), l'un des plus grands cabinets mondiaux de conseil aux entreprises, et j'ai travaillé pendant quelque temps aussi pour la Commission européenne. Rien de très « gauchiste » dans tout ça.

Je crois justement qu'il ne faut pas laisser aux « gauchistes » la critique du néolibéralisme et qu'il ne faut pas, surtout, attendre d'eux qu'ils construisent une alternative au système qu'ils dénonçaient déjà avant qu'il ne se pervertisse.

Si Rogoff et Stieglitz ont raison, si les liquidités peuvent très vite se transformer en « fleuves de sang », si la situation en Chine peut, très vite, devenir explosive, c'est aux sociaux-démocrates de dire haut et fort que le néolibéralisme nous mène à la catastrophe. C'est à la gauche démocratique de comprendre et d'expliquer comment le système s'est perverti, et c'est à elle (à nous !) de construire, très vite, des alternatives à la hauteur des enjeux.

Tel est l'objet de ce petit livre : permettre au plus grand nombre de mieux comprendre le bilan réel du libéralisme (l'état des lieux et ce qui peut advenir si nous laissons le système s'emballer), proposer une stratégie de sortie de crise et réfléchir aux meilleurs moyens de provoquer un sursaut. Avant qu'il ne soit trop tard.

Chapitre 1

DIRE LA VÉRITÉ

Plus je vieillis, et plus je deviens allergique au mensonge.

Dans *La vérité guidait leurs pas*, Pierre Mendès France démontrait de façon lumineuse qu'il ne peut y avoir de progrès social sans un vrai fonctionnement démocratique. Après plus de quarante ans de participation au débat public, il affirmait avec force sa conviction qu'il ne peut y avoir de démocratie sans un refus catégorique du mensonge[1]. Comme Pierre Mendès France, je suis persuadé (absolument persuadé) que le mensonge est un poison pour la démocratie.

Entre 1997 et 2002, je me suis fait quelques ennemis à gauche en dénonçant les ambiguïtés et les « habiletés » de certains dirigeants socialistes[2]. Oui, hélas, les libéraux n'ont pas le monopole du mensonge... Mais, depuis

---

1. *La vérité guidait leurs pas*, Gallimard, 1976.

2. Voir *35 heures, le double piège*, publié en janvier 1998 chez Belfard, et *La gauche est morte, Vive la gauche*, publié en décembre 2001 aux Presses de la Renaissance.

quelques mois, les dirigeants de l'UMP dépassent les bornes. Le niveau de mensonge atteint des sommets. En dénonçant ces mensonges, je veux dissiper la confusion qu'ils entretiennent à dessein sur la réalité de leurs politiques et décrire avec précision les perspectives réelles que nous offre le modèle libéral.

Dans un livre publié en octobre 2006, *La France peut supporter la vérité*, François Fillon mettait en avant une forte exigence de vérité, comme préalable à toute réforme conséquente de notre système social. Comme beaucoup, j'avais été intéressé par le parti pris qu'il affichait : réformer par la vérité.

Voilà pourquoi, aujourd'hui, je suis particulièrement choqué par les mensonges accumulés par François Fillon et Nicolas Sarkozy durant la campagne électorale du printemps 2007. Ces mensonges concernent autant le bilan de l'UMP, au pouvoir depuis cinq ans, que le contenu du projet de Nicolas Sarkozy et la viabilité de ses modèles.

Dire la vérité sur la réforme des retraites

M. Fillon se présente toujours comme l'Homme-qui-a-réussi-la-réforme-des-retraites. Est-ce bien vrai ? L'objectif principal de la réforme Fillon votée en 2003 était d'allonger la durée de cotisation des salariés du secteur public comme du secteur privé. Quatre ans après le vote de la loi, une étude de la Caisse nationale d'allocation vieillesse (courbe ci-dessous) montre que jamais les Français ne sont partis aussi tôt en retraite !

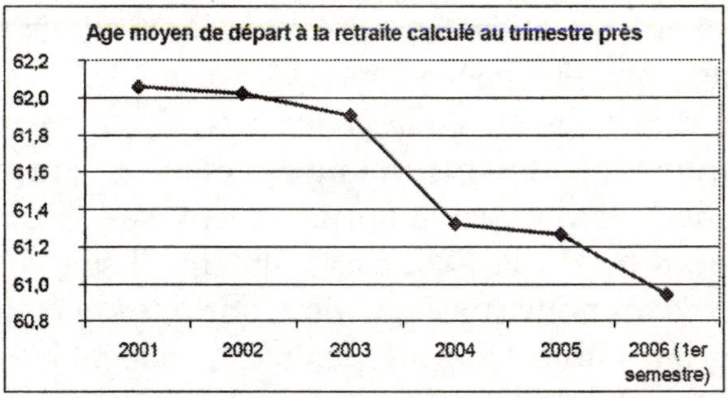

Alors que les salariés partaient en retraite en moyenne à 62,1 ans en 2001, l'âge moyen de départ s'est abaissé à moins de 61 ans en 2006... Soit une évolution diamétralement opposée à l'objectif de la réforme.

Par peur des réformes annoncées pour 2008[1], un très grand nombre de salariés ont préféré partir en retraite dès l'âge de 60 ans, quitte à subir une décote s'ils n'ont pas cotisé suffisamment longtemps. À cause de la réforme Fillon, les caisses de retraite, qui étaient à l'équilibre en 2002 et devaient rester en équilibre quelques années encore selon les prévisions de la CNAV, ont déjà accumulé un déficit supérieur à 7 milliards d'euros !

Certains parlent d'échec. D'autres de fiasco.

Mais François Fillon se présente toujours comme l'Homme-qui-a-réussi-la-réforme-des-retraites... Dans *La France peut supporter la vérité*, François Fillon parle à plusieurs reprises[2] de cette « réforme historique », cette « impossible réforme », cette réforme pour laquelle « nous

1. On reviendra plus loin sur la question des retraites.
2. Cf. pp. 13, 20, 25 et 48, entre autres.

avions l'ardente obligation d'obtenir des résultats», cette réforme «que j'ai menée à bien».

Que dirait-on du P.-D.G du CNES s'il se vantait publiquement d'avoir mené à bien le lancement d'Ariane V, alors que le lanceur avait explosé en vol? Que dirait-on du P.-D.G de la SNCF s'il se réjouissait du succès du nouveau TGV alors que le train était resté à quai, incapable de se mettre en mouvement?

Eh bien, voilà un homme qui se réjouit d'avoir «mené à bien» une «réforme historique» alors que, à ce jour, ses mesures ont eu des effets exactement inverses aux objectifs visés, aussi bien sur l'âge moyen de départ en retraite que sur la situation financière des caisses de retraite!

De deux choses l'une: soit François Fillon se désintéresse complètement de l'avenir des retraites et du bilan de la «réforme historique» qu'il a portée pour le pays, soit il connaît le bilan dressé par la CNAV – et il ment.

Notons au passage que, l'âge moyen de départ en retraite ayant baissé d'un an, quelque 500 000 salariés ont quitté «prématurément» le marché du travail, ce qui explique en partie l'évolution du chômage dont se glorifie aussi M. Fillon.

Dire la vérité sur la baisse du chômage

Dans ce domaine aussi, François Fillon n'hésite pas à manier les contrevérités. Ainsi, quand il affirme que les chiffres du chômage sont «les meilleurs depuis 1983» (*Les Échos*, 30 avril 2007).

Affirmer sans rire que le chômage est revenu à son niveau de 1983, il faut oser ! Qui peut y croire ? Qui n'a pas dans sa famille ou parmi ses amis une personne au chômage ? Qui ne voit dans son quartier, un nombre toujours croissant d'hommes et de femmes qui vivent dans la rue ?

Deux poids, deux mesures.

Quand François Fillon fait le bilan des créations d'emplois, il fait feu de tout bois : CDD, temps partiel, CES, CEC, CNE, intérim et emplois aidés sont tous pris en compte pour enjoliver les résultats. En revanche, quand François Fillon parle du chômage, il ne s'intéresse qu'aux chômeurs cherchant un CDI à plein temps, les catégories 1 et 6 de l'ANPE.

Ce *deux poids, deux mesures* existe depuis longtemps, mais il atteint aujourd'hui des proportions vraiment choquantes. Tous ceux qui cherchent (ou acceptent) un temps partiel, une mission d'intérim ou un CDD sont oubliés par les statistiques. Et le même Premier ministre, qui affirme qu'il faut travailler plus longtemps pour sauver les retraites, oublie aussi les 413 000 chômeurs de plus de 55 ans, dispensés d'ANPE et de recherche d'emploi, mais chômeurs à plein temps !

En réalité, il reste :

➢ quelque 3 300 000 inscrits à l'ANPE dans les catégories 1, 2, 3, 6, 7, 8 (les chômeurs immédiatement disponibles) ;

➢ 399 600 personnes inscrites en catégorie 4 (chômeurs en formation ou en maladie) ou en catégorie 5 (emplois aidés) : « Le total de ces deux catégories a augmenté de plus de 120 000 en deux ans », soulignaient récemment *Les Échos*[1] ;

➢ 220 000 chômeurs d'outre-mer ;

➢ 410 000 chômeurs de plus de 55 ans, dispensés d'inscription à l'ANPE : en vingt ans, le nombre des dispensés de recherche d'emploi a été multiplié par cinq !

➢ 1 210 000 RMIstes. Leur nombre a augmenté de 150 000 en cinq ans (en grande partie du fait de la réduction de la durée d'indemnisation des chômeurs). Une bonne moitié des RMIstes n'émarge pas à l'ANPE ;

➢ des milliers de jeunes au chômage qui, n'ayant droit ni au RMI ni aux allocations chômage (car ils n'ont pas encore cotisé), ne s'inscrivent nulle part ;

➢ des milliers de chômeurs de longue durée qui ont épuisé leurs droits aux allocations chômage mais n'ont droit ni au RMI ni à l'ASS car leur conjoint bénéficie d'un revenu correct.

Le chômage est sans doute une réalité trop complexe pour être évalué au travers d'un chiffre unique. Vu la diversité des situations, du chômage total au sous-emploi, il faudrait sans doute définir plusieurs indicateurs pour pouvoir évaluer sérieusement les effets des politiques publiques. Mais si François Fillon ne veut retenir qu'un chiffre, il ne peut être inférieur à 4 500 000. Telle est la triste réalité : la France compte 4 500 000 chômeurs.

Depuis cinq ans, malgré l'impact de la « réforme » des retraites (nous avons vu que quelque 500 000 actifs ont quitté « prématurément » le marché du travail), le total

1. *Les Échos*, 28 août 2007.

	30 avril **2002**	30 avril **2007**	Évolution 2007/2002
Chômage officiel Cat. 1 et 6 de l'ANPE cherchent CDI plein temps	2 648 000	2 495 000	– 153 000
Total des catégories 1, 2, 3, 6, 7, 8 de l'ANPE	3 435 000	3 298 000	– 137 000
Plus de 55 ans dispensés de recherche d'emploi	370 000	413 000	+ 43 000
Personnes au RMI	1 054 000	1 210 000	+ 156 000

« chômeurs + RMIstes » n'a pas du tout diminué. On a donc une certaine difficulté à admettre l'autosatisfaction de M. Fillon.

Dire que les chiffres du chômage sont « les meilleurs depuis 1983 » est évidemment mensonger. Affirmer que « les chiffres du chômage sont les meilleurs depuis 1983 », alors que l'agence européenne de statistiques Eurostat vient de demander publiquement à la France de réviser en hausse les chiffres du chômage et qu'un nombre croissant d'économistes critiquent l'indicateur officiel, c'est faire preuve d'une dose de cynisme assez colossale.

Dire la vérité sur les créations d'emplois

Hélas, les chiffres du chômage ne sont pas les seuls à donner une image tronquée de la réalité. Jean-Louis Borloo explique à qui veut l'entendre que, grâce à lui, quelque 200 000 emplois de service ont été créés en deux ans ! Il oublie de dire que les personnes embauchées dans ces emplois travaillent en moyenne 15 heures par semaine (*Les Échos*, 29 décembre 2006).

De même, le bilan 2006 du syndicat patronal du secteur de l'intérim nous apprend que l'intérim a augmenté de 12 % en un an et que ce secteur emploie quelque 2 millions de personnes[1] « *à mi-temps*, en moyenne, sur l'année ».

François Fillon et Nicolas Sarkozy sont hostiles à toute forme de réduction du temps de travail et promettent « le plein emploi à plein temps pour dans 5 ans », mais l'essentiel des emplois créés ces dernières années sont, en moyenne, des emplois à 15 ou 18 heures par semaine...

Comment fait-on pour vivre avec 15 heures payées au Smic ? Avec 430 euros par mois, comment fait-on pour se loger et se nourrir ? Avec 430 euros par mois, comment fait-on pour transmettre à ses enfants « la valeur travail » dont MM. Sarkozy et Fillon nous rebattent les oreilles ?

Au-delà des chiffres et des statuts juridiques (CDI, CDD, CNE, intérim...), qui ne voit que cette précarité est en train de gangrener notre société ? Tous ceux et celles qui travaillent sur les questions d'éducation savent que la première cause de difficulté scolaire, c'est le chômage ou la précarité des parents. Tous ceux qui travaillent sur les questions de logement avancent, comme première cause de la crise, la question du

1. Les chiffres donnés en général au sujet de l'intérim (670 000 emplois) sont des chiffres ETP, équivalents temps plein.

revenu et donc du travail. Tous ceux qui travaillent dans les « quartiers difficiles » ont l'impression d'enfoncer des portes ouvertes quand ils rappellent que le chômage et la précarité sont les problèmes principaux de ces quartiers : « qu'ils soient blacks, blancs ou beurs, ce que demandent les jeunes de nos quartiers, c'est d'avoir un vrai boulot avec un vrai salaire ».

Après les émeutes de novembre 2005, même les Renseignements généraux, pourtant peu suspects d'angélisme, avaient souligné que ces mouvements n'avaient pas été organisés par des réseaux mafieux ni dirigés en sous-main par quelques « Fous de Dieu », mais qu'ils étaient d'abord et avant tout le résultat d'une « immense désespérance sociale ». Le rapport des RG n'a pas plu à Nicolas Sarkozy, qui préfère nier ou minorer la dimension sociale du problème. Cependant, c'est une évidence pour le plus grand nombre : petit à petit, le chômage et la précarité sont en train de saper, de pourrir, de disloquer, les fondements de notre société.

Dans ce domaine, hélas, la France n'est pas une exception. Le libéralisme non régulé engendre partout un niveau de précarité absolument scandaleux.

Dire la vérité sur le « modèle américain »

> « J'aime l'énergie et la fluidité de l'Amérique.
> Voici un pays qui connaît le plein emploi depuis près de quinze ans. »
>
> Nicolas Sarkozy
> *Le Monde*, 9 septembre 2006

« Je veux développer le crédit hypothécaire en France. C'est ce qui a permis de soutenir la croissance économique aux États-Unis. »

Nicolas Sarkozy
Les Échos, 9 novembre 2006

Rarement un Président de la République française a mis en avant avec autant de force sa volonté de s'inspirer des politiques mises en œuvre aux États-Unis. Est-ce une bonne chose ? Nous avons déjà constaté que l'eldorado américain est loin de tenir ses promesses. En réalité, on l'a vu, selon le Rapport économique du Président des États-Unis publié en février 2007, les « petits boulots » sont si nombreux que la durée moyenne du travail (sans compter les chômeurs) est tombée à 33,7 heures (*voir p. 18* la courbe tirée du rapport). Par ailleurs, les inégalités de revenus atteignent des niveaux que l'on ne connaissait plus depuis la fin du XIXe siècle.

J'ai cité plus haut l'étude de BNP Paribas qui montre que, depuis cinq ans, seuls les 5 % les plus riches ont vu leurs revenus augmenter. Globalement, c'est depuis vingt-cinq ans, depuis l'arrivée de Ronald Reagan, que le système se détraque. En mai 2007, une étude publiée par quatre instituts connus pour la rigueur de leurs analyses[1] a fait la une de plusieurs journaux américains. *The Economic Mobility Project* révélait la face cachée du « rêve américain » : en vingt-cinq ans (entre 1979 et 2004), les revenus des 20 % les moins riches ont augmenté de 9 % seulement.

1. The American Enterprise Institute, The Brookings Institution, The Heritage Foundation et The Urban Institute.

Ceux des 20 % les plus riches ont progressé de 69 %. Et les revenus après impôts des Top 1 %, les 1 % les plus riches, ont augmenté de 176 %.

1979-2004 – Évolution des revenus après impôts

Les 20 % les moins riches	+ 9 %
Les 20 % les plus riches	+ 69 %
TOP 1 %	+ 176 %

Source : The Economic Mobility Project

Les inégalités explosent, comme explose le nombre de citoyens vivant en dessous du seuil de pauvreté : selon l'enquête annuelle 2006 du Bureau américain du recensement[1], près d'un habitant sur huit (soit 37 millions de personnes) vit en dessous du seuil de pauvreté, dont près de 13 millions d'enfants de moins de dix-huit ans.

En 2006, malgré une croissance de 3 %, le revenu médian[2] individuel a baissé de 1,2 %. Voilà comment s'accroissent les inégalités dont se plaignent un grand nombre d'Américains : en un an, la richesse globale du pays augmente de 3 %, mais le revenu médian diminue de 1,2 % ! Les 5 % les plus riches ont confisqué l'essentiel de la richesse supplémentaire.

Les inégalités explosent, comme explose le nombre de personnes emprisonnées : le cap des 2 200 000 personnes

1. *Les Échos* du 29 août 2007.
2. Le revenu médian, c'est le revenu qui coupe la population en deux parts égales : 50 % de la population gagne moins que le revenu médian, 50 % gagne plus.

privées de liberté vient d'être franchi[1]. Comme dans tous nos quartiers difficiles, le désespoir social est une des causes principales de la montée de la violence aux États-Unis.

Dans *L'Économie des inégalités*[2], Thomas Piketty écrivait : « En 1995, il y avait 1,5 million de personnes incarcérées dans les prisons américaines alors que ce chiffre était de 500 000 en 1980. Cet aspect du sous-emploi, oublié dans les statistiques officielles du chômage, est loin d'être purement anecdotique, puisque ces 1,5 million de prisonniers représentent près de 1,5 % de la population active américaine (alors que les 60 000 détenus français représentent moins de 0,3 % de la population active). Certes, il serait naïf de vouloir expliquer entièrement l'évolution de la délinquance aux États-Unis par l'évolution des inégalités des salaires, mais il est bien évident qu'il est plus difficile d'être un prolétaire modèle dans l'Amérique de 1995 que dans l'Amérique de 1970 après que le salaire du 10e centile a baissé de près de 50 % comparé à celui du 90e centile[3]. »

1. Sept fois plus qu'en France, à population comparable.
2. Éditions La Découverte, 1997.
3. Le 1er centile regroupe les 1 % les plus pauvres. Le 100e centile les 1 % les plus riches. Piketty compare le salaire du 10e centile avec celui du 90e. C'est une méthode classique qui, en enlevant les extrêmes (les très très riches et les très très pauvres), aboutit en général à mettre en évidence des évolutions assez faibles. Mais, dans les pays ayant mis en place des politiques libérales, même en enlevant les extrêmes, ont découvre des évolutions assez choquantes : ici, en vingt-cinq ans, le salaire du 10e décile a baissé de 50 % par rapport au salaire du 90e. Un tel accroisse-

Thomas Piketty a écrit ces lignes en 1997. Dix ans plus tard, le nombre de détenus a encore augmenté de 700 000 et les inégalités se sont encore accrues puisque, selon une étude de Thomas Piketty et Emmanuel Sanchez[1], les inégalités ont atteint en 2005 leur plus haut niveau depuis 1928 : les 1 % les plus riches gagnent en moyenne 440 fois plus que le salaire moyen des 150 millions d'Américains situés en bas de l'échelle.

« L'an dernier, le très conservateur *Wall Street Journal* a même été obligé d'admettre que, selon les études internationales, il est plus facile pour un enfant né dans une famille pauvre de gravir l'échelle sociale en France qu'aux États-Unis. Un comble ! » rapportent *Les Échos* dans un dossier[2] consacré à « l'Amérique à deux vitesses ». « Entre 2000 et 2005, en dépit de cinq années de croissance, le nombre de pauvres est passé de 11,3 à 12,6 % de la population. Les revenus réels des 20 % des ménages les plus pauvres ont baissé de 5 %. » Voilà qui en dit long sur la *fluidité* et le *plein emploi* que Nicolas Sarkozy veut importer des États-Unis.

« Depuis deux cent trente ans, les Américains sont unis par un rêve commun, selon lequel demain sera meilleur qu'aujourd'hui. Mais aujourd'hui, ils gagnent

---

ment des inégalités ne peut que générer de grosses frustrations, d'autant que les plus pauvres sont bombardés de publicités qui les incitent à adopter des styles de vie que leurs très faibles revenus leur interdisent.

1. *Le Monde*, 13 avril 2007.

2. *Les Échos*, 6 novembre 2006.

moins, le coût de la vie augmente et, depuis cinq ans, le coût d'une éducation supérieure a bondi de 50 %. (...) Pour des millions d'Américains, la question est désormais : *loyer ou santé ?* 47 millions de personnes sont dépourvues de toute couverture sociale. Pour beaucoup, médecine préventive et soins dentaires sont un luxe hors de portée. La première cause de faillite personnelle est désormais liée aux dépenses de santé[1]. »

Cet été, les amis qui ont invité Nicolas Sarkozy à passer ses vacances aux États-Unis lui ont-ils dit que, à cause des millions de petits boulots, la durée moyenne du travail y est inférieure à 34 heures par semaine ? L'ont-ils invité à rencontrer l'un ou l'autre des 47 millions d'Américains dépourvus d'assurance santé ?

Et qu'en est-il dans le reste du monde où prévaut un système économique fondé également sur le libéralisme ? Niveau de vie, chômage, sécurité sociale, quelle est la réalité de ces pays en route à marches forcées vers des lendemains qui devraient chanter ?

Au Japon, le temps partiel explose...

Au Japon, « un tiers des salariés a un emploi à temps partiel ou un emploi temporaire. Les entreprises proposent deux fois plus d'emplois à temps partiel que de temps plein[2] ».

1. *Les Échos*, 6 novembre 2006.
2. AFP, 4 décembre 2006.

« Le système japonais veut qu'un demandeur d'emploi soit indemnisé au maximum 330 jours. Passé ce délai, il est exclu des statistiques. Ces procédures contraignent les chômeurs, souvent mal vus par la société, à tout faire pour retrouver un nouveau poste. Leur retour à l'emploi se fait souvent par des contrats à temps partiel : aujourd'hui 33 % de la population active travaille à temps partiel contre 20 % en 1995. Certains économistes considèrent aujourd'hui que le chômage réel pourrait être le double des chiffres officiels. Cela expliquerait la paupérisation d'une grande partie des Japonais. Chez les travailleurs à temps partiel, le salaire annuel moyen ne dépasse pas 1 100 000 yens (6 733 euros).[1] » Au pays du Soleil levant, un tiers des salariés vit avec 560 euros par mois !

« Le Japon s'autodévore-t-il ? » s'interroge Noriko Hama, professeur à la Business School de l'université Doshisha[2]. « Les entreprises emploient toujours plus de salariés à temps partiel, pour des rémunérations de plus en plus basses. Cette pratique leur rapporte beaucoup à court terme mais, plus elle se répand, moins les gens peuvent participer à la reprise économique, moins la reprise est vigoureuse. C'est une logique aussi absurde que celle de ce naufragé qui se mange lui-même pour ne pas mourir de faim. »

« Japon : la jeunesse se rebelle » titrait récemment le *Courrier international* sur cinq colonnes à la une[3].

---

1. *Le Monde*, 31 mai 2007.
2. *Les Échos*, 7 février 2007.
3. *Courrier international*, 5 juillet 2007.

« Une partie de la jeunesse japonaise vit dans une situation de plus en plus précaire. Longtemps silencieuse, cette "génération perdue" commence à donner de la voix. Elle s'organise en syndicats et multiplie les manifestations pour dénoncer ses conditions de vie : *"Aujourd'hui, la société est devenue folle. La rémunération des petits boulots ne cesse de baisser. Comme il y a pénurie de travail, les entreprises en profitent pour nous exploiter davantage."* Le niveau de vie moyen des *freeters* (ces jeunes en situation précaire) est de 6 370 euros par an. »

En mars 2007, « constatant que le revenu réel des salariés a diminué en 2006 pour la huitième année consécutive », le gouvernement japonais proposait une augmentation du salaire minimum[1]. Mais sans en fixer le niveau...

Allemagne, 7 millions de pauvres

En Allemagne, « 6 300 000 salariés n'ont que des emplois à 400 euros par mois, pour 15 heures par semaine, en moyenne[2] ». Angela Merkel ne cesse de se réjouir de la baisse du chômage mais, « si le chômage a beaucoup baissé, la précarité s'est institutionnalisée. Près de 7 millions d'Allemands vivent aujourd'hui en dessous du seuil de pauvreté[3] ».

---

1. *Le Monde*, 15 mars 2007.
2. *Le Quotidien de l'Expansion*, 4 mai 2007.
3. *Le Monde*, 18 août 2007.

« La pauvreté est devenue le quotidien de millions d'Allemands. Adoptées en 2002 à la demande de Gerhard Schröder, les lois Hartz sont montrées du doigt : "Hartz est synonyme d'un grand désarroi social", tonne Annelie Buntenbach, vice-présidente de la puissante confédération syndicale DGB. Certaines mesures ont vite périclité, comme les agences de service personnel, censées mieux vendre les chômeurs directement auprès des entreprises, ou les jobs à 1 euro de l'heure, bien en deçà des conventions collectives. Phénomène de mode, la *Ich-AG*, sorte de "société par actions à moi tout seul", connut son heure de gloire : un bénéficiaire recevait une indemnité régulière pour mener à bien un projet professionnel individuel. Mais elle aussi a été abandonnée, en raison de la difficulté à évaluer le sérieux des demandes. Restent les 7 millions de *mini-jobs* peu qualifiés, rémunérés à 400 euros maximum, dont la part de cotisation patronale est réduite et forfaitaire, et qui n'offrent pas de garantie d'emploi à long terme. »

« La mesure la plus emblématique reste Hartz IV, plus que jamais d'actualité au moment où des ménages en sont réduits à compter chaque centime pour pouvoir payer le lait, le beurre et le fromage, dont les prix viennent d'augmenter. Elle réduit à 12 mois (contre 32 mois, auparavant) la période de versement des allocations chômage. Au-delà, le chômeur reçoit une indemnité de 350 euros environ, s'il vit seul. Hartz a fait descendre des centaines de milliers de gens dans les rues, qui protestaient notamment contre le fait qu'un bénéficiaire puisse être appelé à prendre un logement plus petit en fonction de ses revenus. En avril, 7,4 millions de personnes bénéficiaient de ces allocations[1]... »

En Espagne, 32 % d'emplois précaires

La presse espagnole a beaucoup parlé cet été du niveau inacceptable de précarité que connaît le pays : 32 % des emplois sont des emplois précaires. Même la riche Catalogne, qui jusque-là se croyait épargnée, est en train d'ouvrir les yeux : « Plus d'un million de Catalans gagnent moins de 1 000 euros par mois » titrait *El Periodico* le 16 juillet, en consacrant un grand dossier aux difficultés de la vie quotidienne d'un salarié qui ne gagne que 700 ou 800 euros par mois.

« La jeunesse espagnole n'en peut plus de vivre chez papa-maman », annonçait *Le Monde* du 26 décembre 2006 en rendant compte des manifestations de « milleuristes » qui avaient mobilisé les jeunes à Madrid et dans plusieurs villes espagnoles. « Souvent les jeunes, même diplômés, doivent se contenter de rémunérations entre 800 et 1 000 euros, au point d'avoir été surnommés la génération des milleuristes. (...) On ne trouve pas de location à moins de 650 euros. Dans ces conditions les jeunes tardent à s'émanciper du foyer parental. En mai, un premier appel à se rassembler avait parcouru internet. Plusieurs milliers de jeunes avaient

1. *Le Monde*,18 août 2007.

convergé vers la Puerta del Sol à Madrid. La jeunesse espagnole n'en peut plus de vivre chez papa-maman... »

Aux États-Unis comme en Allemagne, au Japon comme en Espagne, partout la précarité explose et les peuples n'en peuvent plus des « efforts » qu'on leur demande depuis vingt ou vingt-cinq ans. À quoi servent ces efforts ?

On nous dit souvent que les Français sont les seuls à refuser les règles du jeu libérales. On nous dit que, pour sortir de la crise, il suffirait d'imiter « les-pays-qui-ont-mis-en-place-avec-succès-des-réformes-structurelles ». Mais quels sont ces pays qui peuvent nous servir de modèles ? Quelles sont ces réformes ? Comment est évalué le succès ? *Est-ce un succès pour 100 % de la population, pour 80 % ou pour 5 % seulement ?* En réalité, dans tous les pays où ont été mises en œuvre des politiques de dérégulation, la précarité, les petits boulots et les inégalités de revenu explosent[1].

Quand ils promettent « le plein emploi à plein temps d'ici cinq ans » sans avancer aucun projet nouveau, qui différerait des politiques libérales mises en œuvre déjà par tel ou tel de nos voisins, François Fillon et Nicolas Sarkozy savent qu'ils mentent.

---

1. Je ne veux pas multiplier les exemples et les statistiques, mais rappelons aussi que, en Grande-Bretagne, plus de 26 % des salariés sont à temps partiel (*Liaisons sociales*, mars 2005) et qu'une « allocation d'incapacité au travail » est versée chaque mois à plus de 2 600 000 personnes, soit 7,5 % de la population (*Le Monde*, 26 janvier 2006). Ces 2 600 000 personnes ne sont pas comptées comme chômeurs alors qu'elles sont sans emploi. Ces chiffres amènent à relativiser quelque peu le « plein emploi » anglais.

« La France peut supporter la vérité », martelait François Fillon dans toutes les émissions de radio et de télévision auxquelles il était convié durant la campagne électorale. Oui, c'est vrai, *la France peut supporter la vérité*. Alors pourquoi mentir sur la réforme des retraites ? Pourquoi mentir sur les chiffres du chômage ? Pourquoi mentir en promettant « le plein emploi à temps plein d'ici cinq ans », alors qu'aucune des mesures en préparation n'est faite pour lutter contre la précarité et les inégalités ?

Il faut d'ailleurs noter que, depuis qu'ils ont été élus, MM. Sarkozy et Fillon ont cessé de parler du « plein emploi à plein temps », ils envisagent seulement le « plein emploi ». Plein emploi, pleine précarité ?

Inciter les RMIstes à accepter des 1/4 de temps

Le 1er juin dernier, le haut commissaire aux Solidarités actives a précisé le contenu du « revenu de solidarité active », que le gouvernement souhaite mettre en place. « Martin Hirsch a donné le coup d'envoi à l'expérimentation du Revenu de solidarité active (RSA), dans l'Eure. L'objectif de cette opération est de favoriser le retour à l'emploi des RMIstes. » « Il faut faire en sorte que le retour au travail permette aux gens de progresser », a expliqué Martin Hirsch au *Nouvel Observateur*[1]. « Il sera versé un complément de revenu à partir d'un quart de temps de travail. »

1. *NouvelObs.com*, 2 juin 2007.

Un quart de temps ! Voilà toute l'ambiguïté d'un gouvernement qui promet le plein emploi à plein temps mais qui n'est capable de créer que des emplois à 15 heures et incite les RMIstes à accepter des emplois à 1/4 de temps.

En 2000, déjà, dans un rapport rendu à Lionel Jospin, l'économiste Jean Pisani-Ferry s'interrogeait sur le moyen d'inciter les RMIstes à accepter des emplois rémunérés au Smic (à mi-temps). Chiffres à l'appui, il montrait que, dans certains cas, un RMIste pouvait ne pas avoir avantage à accepter un emploi au Smic (à mi-temps).

Mais comme, dans les grands médias, le temps consacré aux questions sociales est parfois réduit et qu'il faut faire des phrases courtes, certains ont oublié la parenthèse (à mi-temps) et ont commencé à répandre l'idée que les RMIstes étaient trop généreusement rémunérés et que, financièrement, ils n'avaient pas intérêt à reprendre un emploi au Smic...

Le RMI a été pensé et créé en 1988-1989. À cette époque, grâce au contre-choc pétrolier[1], toute l'Europe connut pendant deux ans une assez forte croissance et de nombreux dirigeants socialistes pensaient, en toute bonne foi, que la crise était finie et que le plein emploi était à portée de main. En 1989, le RMI était prévu pour n'être perçu que pendant trois mois, avant que l'intéressé(e) ne retrouve un emploi normal. Un emploi au Smic à plein temps, cela va sans dire[2]. Ses concepteurs ont calé la valeur du RMI sur la moitié d'un Smic. Pour qui

---

1. Le pétrole coûtait 11 dollars le baril, contre 70 aujourd'hui.
2. En 1989, le temps partiel était encore peu développé. Ce n'est qu'en 1992 que seront instaurées les premières exonérations

retrouve un emploi (à plein temps), l'avantage est indéniable : il double son revenu !

Onze ans plus tard, à la demande d'un gouvernement de gauche, on renonçait à la norme de l'emploi à plein temps pour inciter les RMIstes à accepter des emplois à mi-temps. Du coup, il y a effectivement un problème d'incitation financière : le RMI ayant été calculé sur la base d'un demi-Smic (personne en 1989 n'avait trouvé ça trop généreux : droite et gauche avaient voté la loi à l'unanimité), si le RMIste reprend un emploi à mi-temps, il ne gagne pas beaucoup plus...

Aujourd'hui, la norme des emplois Borloo est de 15 heures par semaine et le RSA de Martin Hirsch est calibré pour des quarts de temps (« 8 heures ou 9 heures par semaine »).

Certes, vu la gravité de l'exclusion, je pense comme Martin Hirsch qu'il ne faut refuser aucune expérimentation, aucune amélioration du système. Sans doute le RSA pourra-t-il favoriser le retour vers l'emploi d'un certain nombre de RMIstes qui ont besoin d'un sas et d'un accompagnement avant de pouvoir reprendre un travail normal. Le RSA est une bonne chose si, dans le même temps, tout est fait pour faire reculer la précarité, si tout est fait pour lutter contre le temps partiel contraint.

Mais, quelle que soit mon amitié pour Martin Hirsch, je dois dire mon scepticisme sur sa participation à un gouvernement qui ne manifeste aucune volonté de faire

---

destinées à favoriser le temps partiel : 50 % d'exonération sur les cotisations patronales.

reculer la précarité. Au contraire ! Durant la campagne électorale, Nicolas Sarkozy affirmait qu'il voulait simplifier le droit du travail et inventer un contrat unique. Certains y ont cru. Aujourd'hui, il n'est plus question (évidemment) de toucher à l'intérim ni aux CDD, mais on envisage de faire évoluer le CDI. Évoluer dans quel sens ? En septembre 2006, quand on demandait à Renaud Dutreil, un proche de Nicolas Sarkozy, si l'UMP voulait généraliser le CNE (et ses deux ans de période d'essai), il répondait « pas avant les élections présidentielles ». On a donc de bonnes raisons de craindre que la « simplification » du contrat de travail annoncée par Nicolas Sarkozy ne consiste en réalité à « flexibiliser » et à précariser encore un peu plus un certain nombre de salariés.

Faut-il plus de flexibilité ?

C'est une vraie question ! En écoutant Nicolas Sarkozy ou certains représentants du Medef, on a l'impression que la France est un pays complètement sclérosé, alors que tous ses voisins seraient capables, au contraire, d'une très grande flexibilité. Ce discours ne résiste pas à l'examen de la réalité :

> « En terme d'investissements étrangers, la France est la première terre d'accueil de la zone euro. »
>
> *Le Figaro Économie*, 19 janvier 2007

« La France reste un eldorado pour les investissements étrangers. »
« En 2006, les investisseurs étrangers ont investi quelque 88 milliards de dollars en France contre 70 milliards seulement en Chine. »

La Tribune, 10 janvier 2007

Certes, rien n'est jamais définitivement acquis dans la compétition entre territoires, mais le bilan des investissements étrangers en France en 2006 devrait faire réfléchir tous ceux qui, depuis des années, mettent en avant « le déclin de la France, incapable de se réformer ». Si la France est si sclérosée, pourquoi les investisseurs étrangers qui sont totalement libres de leurs choix, préfèrent-ils la France à l'Italie, l'Allemagne, l'Espagne ou la Chine ?

Taux de rotation de la main-d'œuvre

France	24,5 %
États-Unis	23,4 %
Allemagne	16,5 %
Royaume-Uni	15,3 %

Source : OCDE

Faut-il encore et toujours demander plus de flexibilité aux salariés ? Selon l'OCDE[1], la France est l'un des pays où le taux de rotation de la main-d'œuvre est le plus élevé.

1. Citée par *Les Échos*, 28 février 2007.

Quoi qu'en disent MM. Sarkozy et Fillon, en vingt ans, les salariés français se sont considérablement « adaptés ». Le marché du travail s'est profondément transformé. Selon l'INSEE, le temps partiel représente aujourd'hui presque 18 % des actifs et les formes particulières d'emploi (intérim, CDD...) quelque 14 %.

Quant aux « horaires atypiques », le Bureau international du travail soulignait en juin 2006 à quel point ils se sont développés dans notre pays[1] : dans l'industrie, la durée d'utilisation des équipements atteint 54 heures par semaine en moyenne. Un record historique. Entre 2000 et 2005, en France, la part des salariés travaillant de nuit est passée de 4,6 à 7,1 %. Ceux qui travaillent le samedi de 25 à 31,3 %. Pour le dimanche, le pourcentage est passé de 9 à 14 %. Et le BIT de s'inquiéter de cette évolution « qui met en péril l'équilibre entre vie personnelle et vie professionnelle ».

Alors, non. Trois fois non ! Quoi qu'en disent les libéraux, le premier problème de notre pays n'est pas d'être plus flexible et compétitif (on reviendra plus loin sur cette question). Le principal problème est le niveau absolument scandaleux de précarité que nous avons laissé s'installer sans être capables de réagir.

Dans le rapport qu'il a rédigé avec le CERC en novembre 2006, Jacques Delors soulignait que, à cause de la précarité de l'emploi, « près de 4 salariés sur 10 voient chaque année leurs revenus diminuer ». Quatre salariés sur dix ! C'est considérable. Une

1. *La Tribune*, 8 juin 2006.

semaine plus tard, une enquête réalisée par CSA pour l'hebdomadaire *La Vie* nous apprenait que presque « Un Français sur deux pense qu'il pourrait, un jour, devenir SDF ».

Un Français sur deux a peur de devenir SDF

Comment mieux exprimer la gravité de la situation ? Comment ouvrir les yeux de ceux qui ne veulent pas voir ? Faut-il encore répéter l'étendue des dégâts ? 4 millions de chômeurs. Plus d'un million d'adultes et 1,5 million d'enfants qui survivent (sous-vivent ?) avec le RMI. Des millions d'hommes et de femmes qui n'ont que des emplois précaires.

Sans parler de ceux, très nombreux, qui ont un emploi stable mais dans une fonction où ils sont très vite « à l'étroit ». Selon l'Insee, 25 % des salariés sont aujourd'hui surqualifiés par rapport aux postes qu'ils occupent.

En 1994, quand ils avaient voulu créer un Smic jeune (Smic moins 20 %), Édouard Balladur et Nicolas Sarkozy avaient provoqué une telle levée de boucliers qu'ils avaient dû, très vite, renoncer à leur projet. Pour tous les manifestants, le Smic était un salaire *minimum*. Et il n'était pas question que l'on soit payé en dessous du Smic... Treize ans plus tard, d'après les chiffres de l'Insee, la multiplication des emplois à temps partiel est telle que 12 % des salariés touchent aujourd'hui un salaire inférieur au Smic. **Un salarié sur huit a un salaire inférieur au salaire *minimum* !**

La multiplication de ces emplois précaires est humainement une catastrophe. Il y a vingt ans, quand un homme ou un femme retrouvait un emploi après quelques mois de chômage, c'était (presque toujours) un CDI à plein temps. C'était du solide. Un nouveau départ. La vie pouvait recommencer... **Aujourd'hui, pour des millions d'hommes et de femmes, la vie consiste en une alternance de périodes de chômage et de périodes de précarité. Ils se sentent englués. Sans avenir. Condamnés à la galère à durée indéterminée...**

À un tel niveau, chômage et précarité déséquilibrent complètement la négociation entre salariés et entreprises. Dit ou non dit, le « Si t'es pas content, tu peux aller voir ailleurs » se substitue souvent à toute vraie négociation. Combien de millions de salariés doivent se contenter, sans pouvoir espérer les améliorer, des conditions de travail et des salaires qui leur sont imposés ? Combien doivent renoncer à progresser dans leurs compétences et leur qualité de vie ? Combien se sentent tirés vers le bas, sans espoir de pouvoir jamais gravir quelques degrés de « l'échelle sociale » ?

Si t'es pas content, tu peux aller voir ailleurs...

Jamais le stress et la souffrance au travail n'ont atteint un tel niveau. Jamais la proportion de salariés « collés au Smic » (tous ceux qui, même après des années d'ancienneté, n'obtenant pas d'augmentation, sont rattrapés par l'augmentation légale du Smic) n'a été aussi importante : en 1993, seuls 8 % des salariés étaient concernés par l'augmentation légale du Smic. En 2006, ils étaient 17 %. Deux fois plus !

12 % des salariés sont en dessous du Smic, à cause des emplois à temps partiel. Et 17 % sont collés au Smic parce que la peur du chômage empêche toute négociation véritable dans l'entreprise... Et la peur liée au chômage ne concerne pas que les salariés « en bas de l'échelle ». Les enquêtes de la CFDT-Cadres et de la CFE-CGC indiquent chaque année que 40 ou 50 % des cadres voient leur pouvoir d'achat diminuer car leur salaire a progressé moins vite que l'inflation.

« Si t'es pas content, tu peux aller voir ailleurs. » Depuis vingt-cinq ans, la négociation sur les salaires est tellement déséquilibrée que **la part des salaires (salaires et cotisations) dans le PIB a chuté de 11 %** !

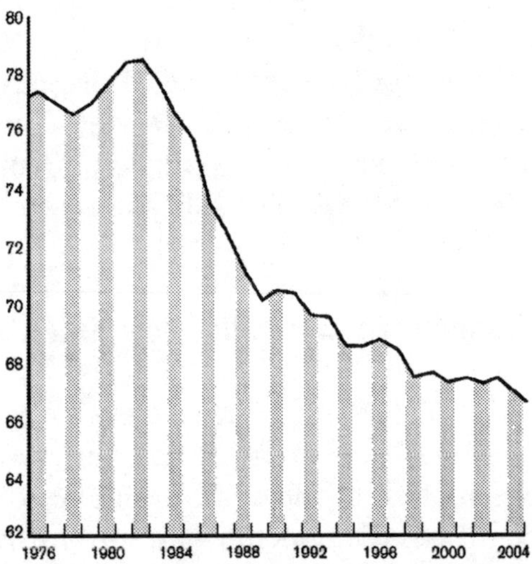

Part des salaires dans le PIB (en %)

Onze points de chute[1], sur un PIB de 1 800 milliards, ce sont cette année quelque **200 milliards d'euros qui vont rémunérer le capital alors qu'ils iraient aux salariés si le marché du travail retrouvait l'équilibre de 1982**.

200 milliards d'euros sur une seule année ! Il ne faut pas s'étonner que la bulle financière ait autant enflé et que le salaire moyen stagne... 200 milliards d'euros, voilà de quoi améliorer nettement la situation d'un grand nombre de familles !

200 milliards, c'est 2,6 fois le budget de l'Éducation nationale. C'est 8 fois le déficit prévisionnel des retraites, 20 fois l'aide publique aux pays du Sud, 60 fois le budget du CNRS...

Pour justifier le retour aux 40 heures, les leaders de la droite mettent en avant la faiblesse des salaires. N'ont-ils pas compris que, **tant que le chômage et la précarité resteront à ce niveau, la pression à la baisse sur les salaires continuera de s'exercer** ? Tant que le chômage et la précarité resteront à ce niveau, le stress des salariés continuera d'augmenter. La croissance restera molle. Les ressources de l'État, des collectivités et de la Sécurité sociale (fondées essentiellement sur les salaires et la consommation) stagneront, et il sera de plus en plus difficile de financer les services publics et les retraites.

Dans *L'Économie des inégalités*, Thomas Piketty compare cette forte baisse de la part des salaires aux mesures de redistribution fiscale décidées par le gouvernement socialiste à son arrivée au pouvoir en 1981 :

1. Source Éric Heyer, OFCE, *in L'État de la France*, La Découverte, juin 2007.

adoptées après des débats très houleux à l'Assemblée nationale, « ces mesures représentaient moins de 10 milliards de francs, soit 0,3 % du revenu national de l'époque ». Depuis, sans susciter aucun débat à l'Assemblée, sans que la nouvelle fasse jamais vraiment la une des journaux, la part des salaires a reculé de 11 %. Trente-six fois plus !

Si l'on considère que le gouvernement de Pierre Mauroy a conduit au début des années 1980 la réforme fiscale la plus avantageuse pour les salariés, on peut considérer que, depuis lors, le chômage et la précarité, avec la peur qu'ils provoquent, ont produit la plus importante contre-réforme fiscale de tous les temps, déplaçant des sommes 36 fois plus importantes.

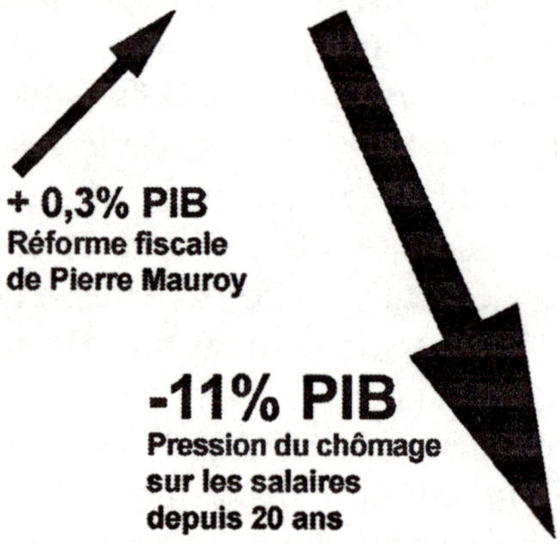

Tous concernés

Les salariés du privé ne sont pas les seuls à être touchés. Dans le public aussi, les salaires stagnent :

« Le ministre de la Fonction publique a proposé une augmentation de 0,5 %. Très vite les syndicats ont quitté la salle de négociations. » Les syndicats quittent la négociation mais les arguments du ministre portent dans l'opinion publique : 1°) il n'y a pas de raison que les salaires du public augmentent plus vite que ceux du privé ; 2°) l'État est surendetté.

L'État surendetté ? Comme les ressources de l'État viennent essentiellement d'impôts et de taxes perçues sur les salaires et sur la consommation, la baisse de la part des salaires dans le PIB ne peut qu'amener à l'appauvrissement et à l'endettement de l'État, surtout quand elle est accompagnée d'une baisse de l'impôt sur les citoyens les plus riches et d'une baisse de l'impôt sur les bénéfices (deux autres *must* du néolibéralisme). La courbe de la page 14 manifeste clairement comment le ratio dette/PIB a commencé d'augmenter aux États-Unis quand les libéraux sont arrivés au pouvoir.

Sont aussi concernés les retraités puisque leurs revenus sont liés à l'évolution des salaires et aux ressources des caisses de la Sécurité sociale.

Quant aux paysans, ils souffrent, eux aussi, des dégâts provoqués par un libéralisme de moins en moins régulé : depuis 1970, le prix moyen payé aux paysans pour l'ensemble de leurs productions a baissé de 58 % en euros constants, alors que le prix des aliments, payé par le consommateur, restait stable.

C'est déjà ce que constatait Pierre Mendès France, jeune député, quand il parlait avec les paysans de Louviers : « si on produit 5 % de pommes de terre en trop,

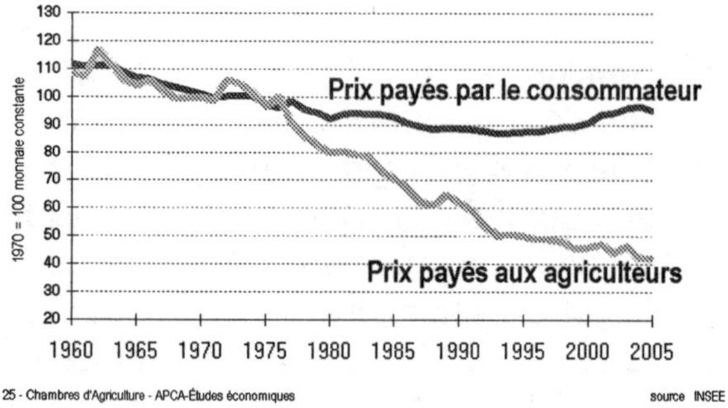

les cours diminuent de 20 %. Et si les cours diminuent, chacun va vouloir produire un peu plus, et les prix s'effondrent ! Voilà pourquoi le libéralisme et l'individualisme ne marchent pas en agriculture. Il faut se mettre autour d'une table et définir des règles du jeu communes pour maintenir les prix en évitant les surproductions ».

Dans les secteurs où les politiques ont construit des instruments de régulation (type quotas laitiers), les prix se maintiennent et les paysans peuvent vivre de leur travail sans avoir besoin de subventions[1]. Dans les sec-

1. En évitant la surproduction, on évite que les prix s'effondrent. Du coup, il n'y pas besoin d'aides (sauf dans les régions difficiles comme les zones de montagne). Grâce aux quotas laitiers, les prix du lait se sont assez bien maintenus depuis trente ans. Et le secteur Lait ne coûte que 3 % du budget agricole européen ! 3 % seulement alors que c'est le secteur le plus dynamique en terme d'installation : 30 % des jeunes qui s'installent en agriculture choisissent de faire du lait. 3 % des coûts pour 30 % des installations ! Faut-il détruire les quotas comme le veut la Commissaire européenne ou faut-il au contraire construire de nouveaux

teurs laissés au libre-marché, les prix s'effondrent[1] et les aides ne suffisent pas à maintenir les revenus[2].

Et quand la majorité des salariés, des retraités et des paysans voient leurs revenus stagner ou diminuer, nombreux sont les petits commerçants, les patrons de café ou de restaurant qui s'inquiètent aussi pour leur chiffre d'affaires...

Nicolas Sarkozy a passé une bonne partie de son temps, durant la dernière campagne électorale, à opposer « les salariés qui se lèvent tôt » aux « assistés » supposés être tous de gros fainéants. Il a opposé aussi les salariés du privé aux salariés du public... En réalité, sans nier la diversité des situations, nous sommes tous embarqués dans le même bateau : partout le libéralisme dérégulé atteint la dignité de l'homme, partout les revenus sont tirés vers le bas.

---

outils de garantie des prix, en intégrant les spécificités de chaque grande production et l'évolution du contexte mondial ?
« Mes premières manifestations, c'était pour protester contre les quotas laitiers, explique Jean-Luc Duval, président du CNJA Jeunes Agriculteurs, dans son livre publié en 2002. Mais aujourd'hui, j'ai changé d'avis. Radicalement. Et j'irais manifester avec autant de conviction pour défendre les quotas s'ils devaient être remis en cause ».

1. Depuis deux ans, les prix de certaines productions remontent fortement à cause des mauvaises récoltes dues au réchauffement climatique et à la destruction des terres arables (en Chine en particulier). On y reviendra plus loin.

2. Et les dégâts du libéralisme sont encore plus grands quand on met en concurrence des paysans du Nord avec ceux des pays du Sud dont la productivité est 1 000 fois plus faible...

La baisse des salaires dans le PIB ? Un fantasme français !

Comment réagissent les libéraux français devant le recul historique de la part des salaires ? Certains sont dans le déni le plus total. Ainsi, à lire *Le Grand Méchant Marché. Décryptage d'un fantasme français*, voici ce que l'on apprend[1] :

> « Sur le long terme, travail et capital sont dans le même bateau. C'est même là l'un des rares invariants de l'économie, dit Loi de Cobb-Douglas, du nom des économistes américains qui la mirent à jour.
> Quel que soit le pays considéré, ou la période, pourvu qu'elle soit assez longue, la part du travail s'établit aux alentours des deux tiers, le tiers restant revenant aux capitalistes. Ainsi, que l'on considère les États-Unis ou le Danemark, les chiffres sont toujours les mêmes, 70 % pour les travailleurs et 30 % pour les capitalistes. De même, que l'on considère la France du plein emploi dans les années 1960 ou la France des années 1990, avec son chômage de masse, la même répartition ressort [...]
> On voit donc ici que l'idée selon laquelle [il existe] une distorsion dans le partage de la valeur ajoutée ne tient pas la route : dans les faits, cette distorsion n'est pas observée, et en théorie, on ne s'attend pas à ce qu'elle se produise. »

1. Augustin Landier et David Thesmar, Flammarion, 2007, pp. 60 et 63.

La précarité ? Juste une illusion. La baisse des salaires dans le PIB ? Un fantasme français ! Cobb et Douglas l'ont promis : « sur le long terme, travail et capital sont dans le même bateau » (c'est beau comme du Clayderman). Que des inégalités puissent se creuser en période de chômage de masse est une idée qui « ne tient pas la route : dans les faits, cette distorsion n'est pas observée, et en théorie, on ne s'attend pas à ce qu'elle se produise. » Et ceux qui disent le contraire ne sont tous que des méchants et des communistes[1]...

C'est en lisant le livre d'Augustin Landier et David Thesmar (professeur d'économie à HEC et prix du Meilleur Jeune Économiste 2007 !) que j'ai décidé d'écrire celui que vous tenez entre vos mains. Je n'ai rien contre les deux auteurs et je n'ai aucun goût pour la polémique, mais je supporte mal le déni de réalité quand il prend une telle proportion. Pourquoi affirmer qu'il n'y a aucune distorsion dans le partage de la richesse nationale alors que, depuis vingt-cinq ans, la part des salaires a diminué si fortement ? À la gauche de la gauche, les anti-libéraux professionnels sont parfois caricaturaux, mais leurs excès ne sont-ils pas nourris par l'aveuglement des 100 %-libéraux qui refusent obstinément de voir la réalité en face ?

Jamais je n'ai cru à la dictature du prolétariat. J'ai toujours pensé que ceux qui ont fait des études supé-

1. « Quand je donne du pain aux pauvres, on me dit que je suis un saint. Mais quand je demande *Pourquoi ils sont pauvres ?* on me traite de communiste... », disait Dom Helder Camara, évêque de Recife dans le Nordeste brésilien.

rieures et qui ont la chance d'être « à l'aise avec les chiffres » ont une responsabilité particulière pour aider les autres citoyens à mieux comprendre le monde dans lequel nous vivons. Comme l'écrit Jacques Julliard dans *La Faute aux élites*[1] :

> « Toute ma vie, je me suis fait une certaine idée de la gauche. C'est pour moi l'alliance du progrès scientifique et de la justice sociale, ou, si l'on préfère, des élites intellectuelles et du peuple.
> « Or un double divorce est en train de s'opérer sous nos yeux : entre le peuple et les élites d'une part ; entre le peuple et le progrès de l'autre. Une alliance historique est en train de se défaire. [...]
> Élitisme et populisme sont en train de proliférer, comme deux chancres jumeaux, sur toute la surface de notre univers politique et social. »

Qui peut dire que ce constat, fait en 1997, ne vaut plus en 2007 ? Une bonne partie des élites françaises a maintenant la certitude que le peuple est bête, incapable d'évoluer et de saisir « les opportunités de la mondialisation » – le résultat du référendum de 2005 a conforté une partie des élites dans cette opinion. Et une partie du peuple a le sentiment que les élites se désintéressent totalement de ce qui arrive au plus grand nombre et laissent pourrir la situation quand elles ne l'aggravent pas volontairement...

1. Gallimard, 1997.

Si l'on veut éviter que prolifèrent élitisme et populisme jusqu'à asphyxier complètement notre démocratie, il est fondamental de permettre au plus grand nombre de comprendre, de comprendre vraiment les mécanismes et les forces en jeu dans la société. C'est une étape absolument indispensable pour permettre une sortie de crise.

Pour Pierre Mendès France, le premier rôle du politique est de faciliter cette compréhension. Aussi, chaque semaine, il utilisait la radio pour expliquer longuement et tranquillement les tenants et aboutissants des dossiers sur lesquels il travaillait[1]. Au début des années 1960, Jacques Delors partageait la même conviction quand il mettait toute son énergie à développer des indicateurs sociaux à la disposition des syndicats et des militants socialistes.

Oui. Il faut comprendre pour pouvoir agir. *Comprendre :* prendre en considération tous les aspects du problème, et réfléchir ensemble, être le plus nombreux possible à partager un diagnostic commun.

1. Il y a quelques années, j'ai rencontré un homme qui était adolescent quand Pierre Mendès France était président du Conseil. Il m'a raconté comment, un jour, alors qu'il jouait au foot avec des copains, ils ont pris conscience, tout d'un coup, que c'était l'heure où Mendès France commençait son émission hebdomadaire à la radio. « On a arrêté le match tout de suite et on a monté les escaliers quatre à quatre pour aller l'écouter ! On était tous fans. On ne comprenait pas tout, sans doute, mais on sentait que celui-là ne nous prenait pas pour des couillons. Et ça change tout ! » Aujourd'hui, quel est l'homme ou la femme politique que des adolescents veulent absolument écouter, quitte à arrêter une partie de foot (ou de playstation) ?

Si les principaux dirigeants politiques semblent aujourd'hui renoncer à un travail de compréhension et d'explication, le minimum que l'on peut attendre d'un professeur d'économie, c'est qu'il ouvre les yeux sur la réalité qui l'entoure. Quoi qu'en pensent Cobb et Douglas, la part des salaires a réellement et fortement baissé depuis vingt-cinq ans... Ce n'est pas un « fantasme français » !

Quant aux dirigeants du Medef ou de l'UMP, ils ne contestent pas le problème du pouvoir d'achat mais ils affirment que le problème vient des 35 heures. Comme la canicule de l'été 2003 et les pluies froides de juillet 2007, la baisse de la part des salaires est due aux 35 heures ! Sans nier les difficultés liées à la mise en place des 35 heures (on y reviendra), peut-on leur faire remarquer que la baisse des salaires dans le PIB a commencé bien avant les lois Aubry et que le mouvement de baisse s'est plutôt calmé depuis le début 2000 ? Peut-on aussi leur expliquer que la baisse des salaires dans le PIB est la même, à peu de chose près, dans tous les pays occidentaux ?

Dans tous les pays occidentaux, le chômage et la précarité touchent entre 30 et 40 % des salariés. Et dans tous nos pays, ceux qui ne sont pas touchés directement par le chômage préfèrent garder leur emploi, ne pas se fâcher avec leur employeur et donc taire leurs revendications salariales. De ce fait, année après année, dans tous nos pays, la part des salaires diminue et les bénéfices explosent...

« Aux États-Unis, les salaires réels des hommes travaillant à temps plein ont baissé de 2,3 % l'an dernier. »

Les Échos, 31 août 2005

« Aux États-Unis, depuis 2001, les bénéfices des entreprises ont augmenté de 40 % tandis que les salaires n'ont augmenté que de 0,3 %. La part des salaires dans le revenu national atteint son plus bas niveau depuis 1929. »

Les Échos, 9 octobre 2006

« Les Espagnols ont perdu du pouvoir d'achat en 2005. La rémunération annuelle moyenne des salariés s'est élevée à 16 018 euros, en hausse de 2,3 % sur un an. Mais en parallèle, les prix à la consommation ont progressé de 3,7 %. D'où une perte importante de pouvoir d'achat pour les Espagnols. »

LExpansion.com, 13 octobre 2006

« En Allemagne, la part des salaires décline pour la septième année consécutive pour tomber à 66 % du PIB alors qu'elle était encore à 72 % en 2000. On observe depuis des années une évolution faible des salaires. Leur montant net, corrigé de l'inflation, est aujourd'hui inférieur à celui de 1991. »

La Tribune, 12 janvier 2007

« Même le FMI, réputé très libéral, le constate dans le rapport[1] qu'il vient de rendre public : au cours des deux

1. *The Globalization of Labour*, avril 2007.

dernières décennies, il y a eu un déclin continu de la part du revenu qui va au travail. **La baisse est très massive et atteint 10 % en Europe et au Japon.** »

Les Échos, 23 mai 2007

« La part des salaires atteint son plus bas niveau depuis 1929... »

Même ceux qui ont peu de connaissances historiques savent que c'est en 1929 qu'a éclaté la dernière grande crise du capitalisme ! Cela n'apparaît pas dans le débat public, mais le capitalisme est sans doute arrivé à un moment charnière de son histoire. Peut-être avons-nous du mal à nous en rendre compte car nous sommes tous submergés d'informations et qu'il est parfois difficile de prendre du recul par rapport à l'actualité[1], mais, pour le meilleur ou pour le pire, nous sommes sans doute en train de vivre un vrai « moment d'Histoire ».

« Les entreprises ne savent plus quoi faire de leur argent... »

Nous avons tous en tête les bénéfices mirobolants annoncés dans la presse depuis quelques années : « 50 milliards de profits pour les entreprises du CAC 40 en 2004. C'est 55 % de plus qu'en 2003 », titraient *Les Échos* le 18 mars 2005. « Près de 100 milliards de

1. Dans certains médias, les mésaventures de Johnny, qui veut devenir belge, sont suivies avec plus d'attention que la baisse des salaires dans le PIB...

bénéfices pour les entreprises du CAC 40 en 2006 », annonçait le même journal deux ans plus tard...

Partout les salariés sont précarisés. Partout la part des salaires diminue. Partout les bénéfices explosent, pour le plus grand profit des actionnaires :

> « Les entreprises américaines ne savent plus quoi faire de leur argent.
> Les entreprises membres de l'indice S&P 500 ont consacré plus de 100 milliards de dollars au rachat de leurs propres actions pendant le seul premier trimestre 2006. »
>
> *La Tribune*, 13 juin 2006

> « Dividendes historiques pour les actionnaires du CAC 40.
> Les 40 plus grosses sociétés françaises devraient verser 32 milliards de dividendes à leurs actionnaires. Une hausse de 23 % sur un an[1]. »
>
> *Les Échos*, 21 février 2007

1. Les bénéfices des entreprises du CAC 40 ont doublé en deux ans. Ce n'est pas le cas des bénéfices des PME qui augmentent nettement moins vite. Les grandes entreprises bénéficient tant de leur internationalisation que de leur position dominante, qui leur permet souvent d'imposer des relations déséquilibrées aux PME sous-traitantes.

La dictature de l'actionnaire

Des voix s'élèvent aujourd'hui, de plus en plus nombreuses, dans les milieux économiques, pour dénoncer la domination de l'économie par la finance :

> « Le capitalisme moderne conduit à des exigences de rentabilité excessives. Elles transforment les chefs d'entreprise en serviteurs zélés, voire en esclaves dorés des actionnaires, et pollue de pure cupidité la légitime volonté d'entreprendre.
> Ainsi le capitalisme n'est pas seulement le modèle unique d'organisation de la vie économique mondiale : il est devenu un "capitalisme total" au sens où il règne sans partage ni contre-pouvoir sur le monde et ses richesses. »
>
> Jean Peyrelevade[1]

Comment en est-on arrivé là ?

Pourquoi le capitalisme règne-t-il *sans partage ni contre-pouvoir* ? Qu'y a-t-il de vraiment nouveau dans le capitalisme mondial qui explique cette domination nouvelle de la finance ?

Des actionnaires un peu gourmands, il y en a toujours eu. Des banquiers intrépides, l'Histoire en est pleine. Quant aux spéculateurs qui achètent à crédit en espérant faire très vite la culbute, ils étaient déjà à l'origine de la bulle de la tulipe qui a éclaté en 1636... Qu'y a-t-il de

1. *Le Capitalisme total*, Le Seuil, 2005.

nouveau pour expliquer que la sphère financière ait pu prendre une telle ampleur, une telle force et une telle autonomie ?

Certes il y a eu des évolutions réglementaires[1], certes il y a eu l'émergence de la Chine (on y reviendra), certes les financiers ont créé de nouveaux instruments, mais toutes ces évolutions ne peuvent suffire à expliquer la force du capitalisme au début du XXIe siècle. Le seul changement assez considérable pour expliquer ce basculement du pouvoir au profit du capital, c'est la gravité de la crise sociale et les conséquences, très lentes mais très lourdes, que cette crise a depuis vingt-cinq ans sur le partage de la richesse... Quand le FMI nous dit que « en Europe comme au Japon, la part des salaires a baissé de 10 % », l'analyse tient en quelques mots, mais les effets sont colossaux.

En 2007, pour la seule économie française, comme on l'a vu plus haut, quelque 200 milliards vont aller aux bénéfices, alors qu'ils seraient allés aux salariés si l'on avait gardé l'équilibre salaires/PIB de 1982. 200 milliards sur une seule année ! Depuis vingt-cinq ans que le mouvement a commencé, quelle est la totalité de la somme qui est ainsi « passée aux actionnaires » au lieu d'aller aux salariés ? En première approximation, cette somme correspond à la surface d'un triangle rectangle qui a un

1. Le crédit à risque (*subprime mortgage*) n'aurait pas connu un tel développement aux États-Unis si l'on n'avait pas autorisé les banques à sortir ces créances de leurs bilans et si la Réserve fédérale avait interdit qu'on prête 125 % du prix d'une maison à un ménage sans revenu régulier...

plafond long de vingt-cinq ans et une hauteur de 200 milliards. Nous l'avons tous appris à l'école, la surface d'un triangle rectangle est égale à la moitié du produit de ses deux côtés. En vingt-cinq ans, à la louche, ce sont quelque 2 500 milliards qui ont fui des salariés vers le capital.

2 500 milliards d'euros[1], soit 140 % de toute la richesse créée en 2007 dans notre pays. C'est colossal ! Et le FMI reconnaît que la baisse des salaires est, à peu près, la même partout... La France a « donné » 2 500 milliards aux marchés financiers. Mais l'Allemagne en a donné autant (ou plus). L'Espagne, l'Italie, l'Australie, la Nouvelle-Zélande, les États-Unis, le Japon ont fait pareil... Depuis vingt-cinq ans, dans tous nos pays, la part des salaires diminue et les bénéfices accumulés forment une masse absolument considérable.

Voilà, fondamentalement, d'où viennent la puissance et l'euphorie des marchés financiers : dans tous les pays occidentaux, le salariat est précarisé et émietté. Partout la part des salaires diminue. Partout les bénéfices explosent. Et les forces « progressistes » (syndicats, partis de gauche) semblent incapables de trouver des solutions pour reconstruire des équilibres plus favorables aux salariés.

Plus le temps passe sans réponse réelle des forces progressistes, plus il est raisonnable, pour ceux qui en

1. On peut pinailler sur le détail du calcul. Pas sur l'ordre de grandeur.

tirent profit, de penser que le déséquilibre va continuer à croître. Il est donc raisonnable de miser sur des bénéfices à venir encore plus importants. Il est donc raisonnable de s'endetter de plus en plus fortement pour acheter des actifs qui ne peuvent que monter... Et cette capacité d'endettement (avec la complicité de certaines banques centrales) renforce encore la puissance des marchés !

Mais gardons cette idée en tête : des actionnaires gourmands, il y en a toujours eu. Des banquiers intrépides, l'Histoire en est pleine... Ce qu'il y a de plus nouveau (et de plus inquiétant) dans le *néo*-libéralisme, c'est la *néo*-incapacité des forces progressistes à lui répondre. Cela fait vingt-cinq ans que les libéraux sont passés à l'attaque et la riposte tarde à s'organiser ! C'est le moins qu'on puisse dire.

Ce triomphe du libéralisme est-il définitif ? Cette surpuissance de la finance est-elle durable ? Ces déséquilibres entre salariés et actionnaires peuvent-ils continuer à se creuser ?

Chapitre 2

DIRE LA GRAVITÉ

Vers une déflation mondiale généralisée ?

En 2003, le rapport annuel de la Banque des règlements internationaux (BRI), la banque centrale des banques centrales, était consacré au risque d'une « déflation mondiale généralisée » : « le danger déflationniste est suffisamment alarmant pour que la BRI y consacre une section entière de son rapport, en étudiant les épisodes de déflation des deux derniers siècles », affirmaient *Les Échos*, rendant compte de la conférence annuelle du président de la BRI[1].

« Une déflation mondiale généralisée », qu'est-ce que cela signifie ? Quand les inégalités explosent, quand « la part des salaires dans le PIB américain est au plus bas depuis 1929 » et quand « la part des salaires perd 10 % en Europe comme au Japon », la crise sociale peut très vite déboucher sur une vraie crise économique par insuf-

1. *Les Échos*, 1er juillet 2003.

fisance de consommation. De même qu'un avion qui ne va plus assez vite peut tout d'un coup ne plus avoir assez de portance et tomber comme une pierre, une économie où la part des salaires (qui alimente la consommation) est trop faible peut très vite tomber en récession.

Le capitalisme est en train de s'autodétruire

En asséchant progressivement le revenu des salariés, des paysans, des retraités au profit des actionnaires, « le capitalisme est en train de se détruire ». Tel est le titre du livre publié en 2005 par Patrick Artus et Marie-Paule Virard[1]. Il est signé par l'un des économistes les plus réputés du pays, directeur des études dans une grande banque et professeur à Polytechnique, et par la rédactrice en chef d'*Enjeux Les Échos* : à l'évidence ce ne sont pas deux dangereux révolutionnaires.

À noter aussi qu'il n'y a pas de point d'interrogation dans le titre : le capitalisme est en train de s'autodétruire. C'est une affirmation, solidement étayée dans le livre : « Partout des montagnes de cash s'accumulent mais on ne peut pas en dire autant des investissements. Les profits supplémentaires ne sont guère investis. À 10 % environ du PIB, l'investissement des entreprises est pratiquement stable depuis dix ans. » Comme un serpent qui se mord la queue, « un capitalisme sans projet (et sans client) est condamné à s'autodétruire ».

1. La Découverte, 2005.

« Les profits records des grandes entreprises ne nourrissent plus l'investissement » constate aussi *La Tribune* du 12 septembre 2006. « Dans de nombreux pays, les profits des entreprises sont à leur plus haut niveau depuis des décennies, indique la Banque de France dans son bulletin du mois d'août 2006. Mais à quoi servent les bénéfices ? Le ratio investissement sur PIB est à son plus bas niveau depuis des décennies dans l'ensemble des pays du G7. »

Oui ! Le capitalisme est en train de s'autodétruire, et nous avec lui.

La planète entière risque de s'abîmer dans une « déflation généralisée » parce que l'on a oublié les quelques règles fondamentales qui, au sortir de la Deuxième Guerre mondiale, avaient permis pendant trente ans d'assurer à tous les pays occidentaux une certaine prospérité. Pour éviter que la crise sociale ne provoque une vraie crise économique qui rendra totalement explosive la crise sociale, n'y a-t-il pas de leçons à tirer des Trente Glorieuses, ces trois décennies de croissance forte que nous avons connues entre 1945 et 1975 ? Sans doute, dans l'immédiat après-guerre, y a-t-il eu l'effet de la reconstruction. Mais elle ne peut expliquer trente ans de croissance soutenue. Cette longue prospérité trouve sa source dans trois grandes régulations[1], trois règles du

1. Cette analyse des trente Glorieuses est le fruit d'une discussion amicale avec Michel Rocard. Qu'il soit ici remercié pour tout ce qu'il m'a appris.

jeu que l'on peut résumer en trois noms : Ford, Beveridge et Keynes. Depuis 1975, le monde a considérablement changé mais cela ne signifie pas que les analyses de ces trois grands ne puissent plus nous éclairer.

Les trois régulations qui ont permis les Trente Glorieuses

1 ➢ Ford : comment assurer une demande de masse pour une production de masse ?

En 1917, Henry Ford invente le travail à la chaîne qui permet de fantastiques gains de productivité. Il l'accompagne d'une politique salariale aboutissant à un doublement des salaires ouvriers. Vous avez bien lu : *un doublement des salaires*.

Pour Ford, les salaires ne peuvent pas être fixés uniquement par les règles de la concurrence entre entreprises : « Le salaire est considéré par chaque entreprise exclusivement comme un coût qu'il faut diminuer autant que possible alors que c'est un élément essentiel de la demande globale. **La croissance va s'étouffer si l'on ne fixe pas des règles du jeu collectives.** » Ford en est convaincu et ne cesse de le répéter à tous les patrons qu'il rencontre : c'est le plein emploi qui fait la prospérité, et non l'inverse. Quand tous bénéficient d'un travail et d'un bon salaire, l'économie connaît la croissance la plus forte.

Ford applique ses idées dans ses usines mais, malgré ses conférences et les argumentaires qu'il diffuse largement, il fait peu d'émules. La mode est au libéralisme et à la nouvelle économie : la bourse flambe et le discours des « partageux » comme Ford ou Kellog[1] est marginalisé. Mais la crise des années 30 va donner raison à Ford. Après la Deuxième Guerre mondiale, dans de nombreux pays, on se donnera les moyens de construire les règles collectives que demandait Ford : par des lois et/ou des conventions collectives, on veille à un juste équilibre dans la répartition des gains de productivité[2].

2 ➢ Beveridge : assurer un revenu, même en l'absence d'emploi.

En décembre 1942, William Henry Beveridge rend public son rapport sur le système d'assurance sociale. Il est vendu à 70 000 exemplaires dès le premier jour ! Beveridge affirme le droit de chacun à la garantie d'un revenu minimal en cas de perte d'emploi (chômage, maladie, retraite...). Le capitalisme, pour fonctionner, a besoin d'une demande forte et régulière, explique Beveridge. La dépense sociale peut être un facteur essentiel de croissance économique.

Beveridge, contesté par les conservateurs mais pas par Churchill, alors chef du Cabinet, est considéré comme l'inventeur de la Sécurité sociale.

3 ➢ Keynes : quand les ménages et les entreprises ne suffisent pas à assurer la croissance, que l'État intervienne !

---

1. Kellog passe ses usines à 30 heures en maintenant les salaires des ouvriers.
2. Cf. l'article « Le salariat » de Denis Clerc paru dans l'*Encyclopædia Universalis*

En effet, quand la consommation et l'investissement ne suffisent pas à assurer la croissance, l'État peut intervenir par sa politique budgétaire ou par le biais de la monnaie.

Ford, Beveridge et Keynes... Ce n'étaient pas d'affreux interventionnistes. Ford fut même l'un des plus grands patrons de l'histoire du capitalisme. S'il faut les définir en un mot, c'étaient plutôt des « libéraux ». Mais de vrais libéraux, qui savaient que le marché a besoin de règles du jeu pour ne pas s'asphyxier.

« Ford, Beveridge et Keynes... Ces trois régulations ont bien fonctionné pendant trente ans, explique Michel Rocard. À la fin des années 60, on aurait dû chercher à en faire bénéficier les pays du Sud pour faciliter leur développement et muscler la croissance mondiale. Mais, hélas, sous les coups de boutoir de Milton Friedman et des libéraux, au lieu de généraliser ces régulations ou d'en construire de nouvelles au niveau des grandes régions (comme l'Europe), on les a laissées se déliter progressivement. »

Qu'en est-il aujourd'hui ?

Avec plusieurs dizaines de millions de chômeurs et de précaires à travers le monde, avec la part des salaires dans le PIB qui baisse nettement dans tous les pays occidentaux, les leçons de Ford ont visiblement été oubliées.

Au nom de la compétitivité et des « contraintes internationales », l'assurance-chômage et les retraites sont progressivement remises en cause. En France, une moitié seulement des chômeurs sont indemnisés et, si rien ne change, le niveau des retraites va baisser de 30 % d'ici 2020. En Allemagne, la durée des allocations-chômage a été divisée par trois et leur montant moyen a été fortement réduit... Beveridge doit se retourner dans sa tombe.

Quant à la politique monétaire, elle a été abandonnée en Europe aux mains d'une Banque centrale qui n'a aucun objectif en matière de croissance, et les États, surendettés, n'ont plus guère de marge de manœuvre budgétaire. L'Europe a un budget ridicule et n'a toujours pas le droit de lever l'impôt ni d'emprunter des sommes qui lui permettraient d'augmenter son effort de recherche ou ses investissements.

Ford, Beveridge et Keynes ont été oubliés. On a même peur de faire ringard quand on se réfère à cette époque, la plus longue période de prospérité partagée que nous ayons connue ! Certes, le monde a changé[1]. Certes, certains keynésiens ont parfois du mal à renouveler leurs discours qui sonnent parfois de manière désuète. Mais l'objectif de certains libéraux n'est-il pas plus ringard encore, puisqu'il consiste, sans le dire, à revenir à des marchés non régulés tels qu'ils existaient avant 1914 ?

1. On reviendra plus loin sur l'entrée de la Chine dans l'OMC comme sur les limites de la croissance dans une écosphère finie.

Un « âge d'or » qui ne peut pas durer ?

Dans son dernier rapport annuel, rendu public le 24 juin 2007, la Banque des règlements internationaux (BRI) affirme que « le monde traverse une période exceptionnellement faste qui restera peut-être dans l'Histoire comme un âge d'or. Des déséquilibres records ont été absorbés et les cours des changes ont été globalement stables. Mais, la conjonction de ces résultats est si "insolite" qu'il faut toutefois s'interroger sur sa pérennité... »

La BRI souligne[1] que « l'activité très vigoureuse qui a contribué à la rentabilité sans précédent de nombreux secteurs de l'industrie financière mondiale dénote "une exubérance voire une démesure qui, dans le passé, n'a pas été de bon augure". La BRI estime légitime de s'interroger sur la santé de l'économie américaine qui pourrait être moins robuste que ne le suggèrent les anticipations actuelles ».

Récapitulons. En 2003, la BRI voyait venir une déflation mondiale généralisée. En 2005, selon Artus et Virard, le capitalisme était en train de s'autodétruire. Pourtant, en juin 2007, la BRI est obligée de constater que, loin d'avoir connu une déflation ou un quelconque processus d'autodestruction, le capitalisme a connu depuis quelques années un véritable « âge d'or ». Mais cet âge d'or est tellement « insolite » qu'il faut s'interroger sur sa pérennité...

1. *Le Monde*, 26 juin 2007.

Que s'est-il passé dans l'économie mondiale entre 2003 et 2007 ? Comment expliquer que la déflation attendue n'ait pas eu lieu ? Si, effectivement, la part des salaires s'est effondrée et si l'essentiel de la richesse créée ces dernières années est allé aux 5 % qui possèdent un très grand nombre d'actions, comment la croissance a-t-elle pu se maintenir à un assez haut niveau ? Nous l'avons dit, ces 5 % ne peuvent pas faire huit repas par jour et consommer à la place de ceux dont le revenu diminue... Un tel niveau d'inégalité aurait donc dû fortement ralentir la croissance. Comment expliquer que la croissance reste positive partout et qu'elle soit même assez forte dans certains pays ?

L'explication est très simple. Elle tient en deux mots : colossal endettement. C'est en augmentant de façon très considérable l'endettement des ménages que le libéralisme a su, jusqu'à ce jour, éviter la déflation. Aux États-Unis, comme dans tous les pays qu'on nous montre en modèles pour leur forte croissance, on a joué sur tous les leviers possibles d'endettement : crédit à la consommation, cartes de crédit, crédit hypothécaire, crédit immobilier, crédit à risque...

Le crédit à la consommation, qui représentait 1 225 milliards de dollars en juillet 1997, atteint aujourd'hui 2 450 milliards[1]. Exactement le double !

Autre levier d'endettement : les cartes de crédit. En France, nos cartes de crédit servent seulement à retarder jusqu'à la fin du mois le paiement effectif des achats.

1. Source : Réserve fédérale, 10 septembre 2007.

Mais, aux États-Unis, les cartes de crédit permettent à leur propriétaire d'obtenir un vrai crédit de leur banque. Les chiffres publiés en juin 2007 indiquent que, en moyenne, sur l'ensemble des (nombreuses) cartes de crédit qu'il possède, un ménage américain est endetté à hauteur de 9 800 dollars !

Troisième levier d'endettement : les crédits hypothécaires. Le système est encore peu connu en France bien que l'une des dernières décisions du gouvernement Villepin ait consisté à le rendre possible dans notre pays. Les crédits hypothécaires permettent à un ménage qui est propriétaire de son logement d'obtenir une ligne de crédit dont le montant maximum varie en fonction du prix moyen de l'immobilier dans sa région. Et, comme les prix de l'immobilier ont beaucoup augmenté aux États-Unis depuis 2000, les crédits hypothécaires ont eux aussi beaucoup augmenté. On estime que les sommes tirées des crédits hypothécaires représentaient 1 % du revenu des ménages en 1996, 3 % en 2002, mais qu'elles ont apporté 5 % de revenu supplémentaire (en moyenne) en 2005 aux ménages américains... Voilà qui explique pourquoi la consommation pouvait augmenter alors que les revenus du plus grand nombre diminuaient[1].

1. Depuis le vote de la Tax Reform Act en 1986, seuls les intérêts des prêts hypothécaires sont déductibles des impôts. Ce qui explique que beaucoup de ménages se sont endettés pour financer des dépenses courantes en passant par les crédits hypothécaires. Et c'est au moment où ces prêts hypothécaires sont remis en cause par une majorité d'économistes américains que l'UMP décide de s'en inspirer en France pour développer le crédit...

Last not least, en 2003-2004, les banques se sont rendu compte que le marché du crédit immobilier commençait à saturer. Pour accroître encore leur chiffre d'affaires, elles ont développé des crédits pour des ménages qui n'y avaient pas droit jusqu'alors. C'est ce que l'on appelle des crédits *subprime* (le niveau en dessous, *sub*, du crédit classique, dit *prime*).

La question des *subprimes*

La crise qui a éclaté cet été sur les marchés financiers a révélé à quel point la « créativité » des banques américaines avait dépassé les limites du raisonnable ! En principe, dans tous nos pays, quand un ménage veut acheter une maison, les banques ne lui prêtent que 60 % ou 80 % de la somme nécessaire à l'achat. Et elles vérifient évidemment que ce ménage bénéficie de revenus réguliers qui lui permettront de rembourser le crédit.

Avec les prêts *subprime*, les banques américaines ont – fortement – innové :

1 ➢ Au lieu de prêter seulement 60 ou 80 %, la banque peut prêter jusqu'à 125 % de la somme nécessaire à l'achat. Cela permet à l'emprunteur de rembourser d'autres dettes ou de « mettre du beurre dans les épinards » pendant un an ou deux s'il a de faibles revenus.

2 ➢ La banque, dans l'immense majorité des cas, ne vérifie pas que le ménage touche des revenus réguliers. La seule chose qu'on vérifie toujours, c'est que l'emprunteur a bien signé l'hypothèque : s'il n'est pas

capable d'honorer ses mensualités, la banque pourra vendre la maison et se rembourser là-dessus.

3 ➢ Dans le contrat *subprime* le plus répandu (le 2-28), l'emprunteur s'endette sur trente ans mais il est exonéré de rembourser le capital pendant les deux premières années, ou il rembourse à un taux très faible. Ce n'est qu'au bout de deux ans que le montant des mensualités passe à un niveau « normal » pour les vingt-huit années restantes. Et ce taux normal est très élevé (puisque ce sont des prêts à risques, il est « normal » que les taux soient élevés.)

Les banques qui ont fortement développé ces prêts *subprimes* dans les années 2005-2006 pensaient n'avoir rien à craindre : bien sûr, passé la période de deux ans, un grand nombre de clients ne pourraient pas payer leurs mensualités[1]. Elles le savaient ! Mais, comme le prix des maisons augmentait de 15 % par an, les

1. À l'issue des deux premières années, « les mensualités peuvent passer de 400 dollars à plus de 1 500 dollars » explique le sénateur Christopher Dodd, lors d'une conférence de presse consacrée à la crise des *subprimes* (AFP, 21 août 2007). Les procédures de saisie ont doublé en un an et dépassent la barre du million depuis le début de l'année 2007. Entre janvier et juillet 2007, les procédures de saisie ont concerné environ 1 foyer sur 112 aux États-Unis. En Californie, on recense une procédure de saisie pour 57 foyers. Le Nevada qui, avec le développement effréné de Las Vegas, a connu un extraordinaire boom immobilier depuis trois ans, affiche un record de 1 procédure pour 33 foyers sur les sept premiers mois de 2007... Une étude sur la ville de Chicago montre aussi combien dans cette ville la carte des saisies recoupe celle des minorités ethniques. Le sénateur Dodd estime que « un à trois millions de personnes pourraient perdre leur logement », submergées par l'envolée de leurs mensualités.

banques supputaient que, en vendant la maison au bout de deux ans, elles rentreraient dans leurs fonds, même pour les clients à qui elles avaient prêté 125 % de la valeur du bien. Et, en augmentant le nombre d'acheteurs possibles, elles alimentaient la hausse du marché immobilier. Tout était sous contrôle.

Qui plus est, les banques tablaient sur une deuxième sécurité : elles ne gardaient pas ces prêts à risques dans leurs bilans. Elles les « titrisaient » : elles les rassemblaient par paquets de mille et les vendaient, avec un nouveau packaging, à d'autres investisseurs. Qui eux-mêmes les vendaient à d'autres investisseurs...

En résumé : aucun risque de perte, puisque le marché de l'immobilier augmente de 15 % par an et que, même s'il y a des pertes, on a repassé le mistigri à un autre. C'est fromage ET dessert !

Hélas, même les plus grands arbres ne montent pas jusqu'au ciel ! Les prix de l'immobilier qui augmentaient de 15 % l'an en 2004 et 2005 ont commencé à ralentir en 2006 et à baisser en 2007. D'autre part des dizaines de milliers de clients arrivant au bout des deux ans de facilité ne parviennent pas à rembourser leurs mensualités. Leurs maisons sont saisies et mises en vente. Mais, comme des milliers de maisons sont mises en vente en même temps, les prix baissent... Et ce qui devait être tout bénéfice pour tous les acteurs concernés tourne au drame pour des millions de gens : entre 1 et 3 millions de familles vont être expulsées cette année...

La crise des *subprimes* est révélatrice du cynisme de la période : alors que la précarité ne cesse d'augmenter, il est absolument scandaleux d'inciter des familles sans revenu régulier à s'endetter ainsi, en sachant très bien que, au bout de deux ans, quand elles commenceront à « trouver leurs marques » dans leur nouveau quartier, quand les enfants se seront fait de nouveaux copains, on les expulsera pour revendre leur bien. Pousser des familles à s'endetter ainsi est criminel. Nul ne sait encore quelles seront les conséquences sociales et humaines de cette crise. Nul ne sait quelles souffrances et quelles violences nouvelles[1] cet excès de cynisme va engendrer.

Du point de vue économique, on peut penser que la Banque centrale américaine (la Réserve fédérale) et les agences gouvernementales vont tout faire pour limiter la casse, rééchelonner des dettes et relancer encore la machine en relançant l'endettement... La situation en Irak est assez catastrophique et les élections sont assez proches pour que le Président Bush et ses alliés ne restent pas sans agir. Quitte à faire encore gonfler la bulle du crédit au lieu d'attaquer le problème à la racine... *Après moi le déluge !* « Les banques centrales vont sauver la situation mais préparent la crise suivante, analyse Patrick Artus[2]. Depuis quinze ans, nous naviguons de bulle en bulle. »

Il est trop tôt, évidemment, pour dire quelles seront les conséquences de la crise des *subprimes*. Mais, on l'a vu plus haut, les crédits *subprimes* ne représentent

1. Certaines familles expulsées de leurs domiciles se rebellent contre ceux qui viennent les expulser ou font des trous dans les murs pour dire leur colère...
2. *La Tribune*, 7 septembre 2007.

qu'une petite partie du problème : 4 % à peine de la dette totale américaine. « C'est l'arbre qui cache la forêt. Même pas la moitié de la partie émergée de l'iceberg... » affirme un économiste qui craint qu'un éventuel retour au calme sur les *subprimes* n'empêche une appréciation lucide de l'ensemble des risques accumulés.

Selon les derniers chiffres de la Réserve fédérale (17 septembre 2007), la dette totale américaine (dette des familles + dette des entreprises + dette des collectivités et de l'État fédéral mais *hors dette du secteur Financier*) s'élève à 29 888 milliards de dollars. Elle a augmenté de 2 186 milliards en un an. Elle atteint 227 % du PIB.

Voilà la réalité du miracle américain. En un an, selon l'OCDE, le PIB devrait augmenter de 1,9 % (soit 250 milliards de PIB en plus) mais la dette aura augmenté de 2 186 milliards...

Bilan global du « miracle américain » entre juin 2006 et juin 2007

Augmentation du PIB	+ 250 milliards	1,9 % du PIB
Augmentation de la dette totale (hors dette du secteur financier)	+ 2 186 milliards	**16,6 % du PIB**

La dette publique (collectivités locales et État fédéral) représente 24 % de la dette totale.

La dette privée (ménages et entreprises) représente 76 % de l'ensemble.

Si on intègre la dette du secteur financier (14 884 milliards), on arrive à une dette totale de 44 772 milliards soit 340 % du PIB américain...

Voilà qui amène à relativiser un peu la « formidable croissance » que certains mettent systématiquement en avant quand ils parlent des succès du néolibéralisme.

Régulièrement, Nicolas Sarkozy fait référence aux États-Unis et aux pays qui ont « un point de croissance de plus que nous ». Fin août, dans son discours à l'Université d'été du Medef, il a martelé « je veux aller chercher ce point de croissance », « ce point de croissance qui manque à la France pour résoudre ses problèmes ».

Certes, c'est indéniable, depuis vingt ans, en moyenne, les États-Unis ont eu 1 % de croissance en plus que la zone euro, 1,0 % exactement ! Mais l'essentiel de cette différence de croissance est dû à leur croissance démographique : en vingt ans, la population américaine a augmenté de 25 %. Ces 25 % d'habitants en plus, il faut les nourrir, les habiller, les éduquer, les loger, les soigner... Un tel accroissement de la population a évidemment un effet considérable sur la croissance économique. Et les statistiques confirment le sentiment général : cet accroissement de la population est dû essentiellement à l'immigration[1].

1. « Les États-Unis franchissent aujourd'hui le cap des 300 millions d'habitants alors qu'ils n'étaient que 240 millions en 1985 : le territoire compte une personne en plus toutes les 11 secondes. Toutes les 31 secondes, le pays accueille un immigré, qu'il soit clandestin ou non. » *Les Échos*, 17 octobre 2006.

Immigration et endettement, les clefs du miracle américain

Si Nicolas Sarkozy veut « aller chercher » ce point de croissance qui nous manque, il doit de toute urgence revoir sa politique d'immigration ! Car, si l'on enlève cet aspect démographique, si on s'intéresse à la croissance du PIB par tête, l'avantage des États-Unis sur l'Europe n'est plus que de 0,2 %...

Et si l'on enlève l'effet « augmentation de la dette », la comparaison tourne nettement à l'avantage de la zone euro. L'accumulation des richesses par 5 % d'Américains les plus riches et l'appauvrissement relatif du plus grand nombre diminuent fortement la croissance. *Hors effet démographique et à dette constante, la croissance américaine est plus faible que la croissance européenne.*

« Non seulement le libéralisme est efficace mais il est moral », affirmait Alan Greenspan, le président de la Réserve fédérale que Ronald Reagan avait nommé pour faire en sorte qu'une politique monétaire accommodante cache le plus longtemps possible les dégâts du néolibéralisme. « Non seulement le libéralisme est efficace mais il est moral », martelait Greenspan à ses visiteurs, avant de partir en retraite[1]. C'est faux. Doublement faux ! Le néolibéralisme n'est ni moral ni efficace. Partout, il est synonyme de chômage et de précarité. Partout, il s'accompagne d'un niveau de vio-

1. *Le Monde*, 31 janvier 2006.

lence et d'injustice moralement scandaleux[1]. Et, avec la crise des *subprimes*, apparaît enfin au grand jour la fragilité économique d'un système qui prétendait s'imposer comme le seul système efficace. Le seul possible.

Répétons-le : à dette constante, le PIB par tête des États-Unis augmente moins vite que celui de l'Europe (et moins vite que celui des États-Unis d'avant Ronald Reagan). Et nul ne sait comment les États-Unis vont pouvoir éponger les montagnes de dettes accumulées depuis vingt ans. Nul ne sait quand et dans quel état la première économie du monde va sortir de la crise qui s'annonce...

---

1. Parmi les lecteurs, certains se diront peut-être que j'exagère. Bien sûr il y a des inégalités, mais n'est-il pas excessif d'écrire qu'elles atteignent un niveau *moralement scandaleux* ? Faisant partie des privilégiés avec ma formation universitaire, je sais très bien la difficulté qu'il y a à toucher du doigt la gravité de la crise actuelle. La ségrégation géographique (ghettos de riches et ghettos de pauvres, de plus en plus distincts) et le rythme de vie font que certains ne croisent, dans leur vie quotidienne, aucune personne en difficulté et peuvent donc, en toute bonne foi, ignorer une grande partie de la souffrance de notre époque. Je me souviens d'une discussion ancienne avec François Bloch Lainé, qui fut, pendant toute sa carrière, un très haut fonctionnaire, grand serviteur de l'État, proche de Schuman, Mendès France et Delors. Un jour, alors qu'il était à la retraite, son chauffeur tombe malade. « Et comme j'étais à la retraite, je n'avais pas de chauffeur de remplacement, m'explique-t-il. J'ai pris le métro. Et ce que j'ai vu, de mes yeux vu, a complètement changé ma perception du monde. » À partir de là, François Bloch Lainé a consacré une grande part de son intelligence et de son énergie à lutter contre l'exclusion. Mais, jusqu'à ce jour sans chauffeur, il n'avait absolument pas conscience de la gravité de la situation...

Les libéraux ne cessent de critiquer la dette publique, mais les politiques libérales ont besoin pour durer d'un volume toujours croissant de dette privée. Et la dette privée est bien plus dangereuse que la dette publique.

La dette publique du Japon atteint aujourd'hui 177 % du PIB. Certes, ce n'est pas brillant (c'est un euphémisme). C'est évidemment une contrainte forte pour le budget du Japon : chaque année, les frais financiers de cette dette représentent la première dépense du budget de l'État, devant l'éducation, la recherche ou le logement... Mais, même à 177 % du PIB, la dette publique n'est pas dangereuse à court ou moyen terme car la signature de l'État n'est remise en cause par personne. Le gouvernement japonais a toute la confiance des prêteurs. Personne ne peut lui « couper les vivres » du jour au lendemain.

Tandis qu'une économie dont la croissance est nourrie presque exclusivement par la dette privée est aussi fragile qu'un château de sable : quand, dans chaque quartier, plusieurs maisons sont couvertes d'énormes panneaux « MAISON SAISIE. À VENDRE », cela casse un peu l'ambiance... Le prix de toutes les maisons du coin diminue. Et tous les habitants du quartier commencent à diminuer leurs dépenses. Ceux qui pensaient changer de voiture se disent que cela peut attendre. Ceux qui voulaient refaire la peinture du salon y renoncent... Les achats de véhicules, de lits ou de frigos diminuent. On limite les sorties au cinéma ou au restaurant et, quand on fait ses courses, on choisit les produits les moins chers... En quelques mois, la récession s'installe. Oui, la dette privée est bien plus dangereuse (humainement et économiquement) que la dette publique.

Or, depuis dix ans, la dette privée a fortement augmenté dans un très grand nombre de pays qui ont, peu ou prou, adopté le modèle libéral. En Espagne, pays souvent montré en exemple pour sa forte croissance, la dette des ménages a dépassé cette année les 120 % du revenu disponible. En Irlande, la dette des ménages dépasse les 150 % du revenu. Au Danemark et aux Pays-Bas, la dette des ménages est trois fois plus importante qu'en France... Au total, sur l'ensemble de la zone euro, la dette des ménages a augmenté de 50 % en neuf ans.

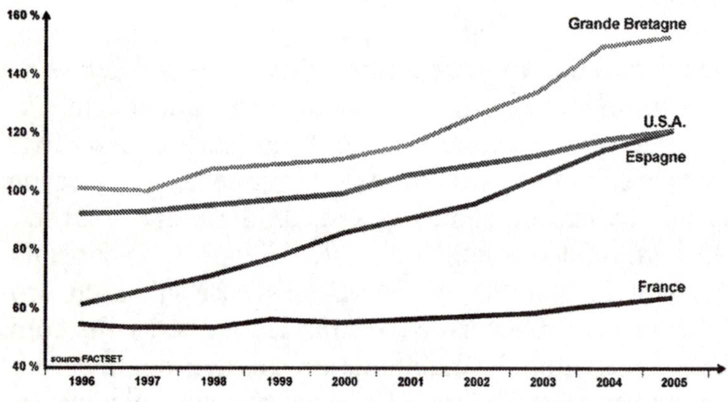

Dette des ménages (en % de leur revenu disponible)

Comme l'explique[1] Patrick Artus, directeur des études à la Caisse des dépôts (CDC Ixis), « **sans la hausse du taux d'endettement des ménages, la croissance de la zone euro serait nulle depuis 2002** ».

1. Étude de la CDC Ixis. Flash n° 184.

Et les particuliers ne sont pas les seuls à s'être endettés de façon excessive : beaucoup d'entreprises en ont fait autant ! « Quoi ?! s'étonnera le lecteur attentif, l'auteur nous dit et nous répète que les entreprises croulent sous le cash, et maintenant il veut nous faire croire que les entreprises s'endettent. Si les entreprises font des bénéfices colossaux, elles vont évidemment se désendetter. Dire le contraire n'est pas sérieux ! »

Effectivement. *Ce n'est pas sérieux* et c'est pourtant bien ce qui s'est passé. Alors que partout les bénéfices explosaient, les entreprises se sont massivement endettées. Dans la plupart des cas, cet endettement visait non pas à accroître les investissements (la part des investissements est stable, on l'a vu plus haut), mais seulement à améliorer artificiellement la rentabilité des capitaux propres : en augmentant la dette au lieu d'augmenter les fonds propres (en puisant dans les bénéfices), les dirigeants de l'entreprise peuvent présenter aux actionnaires des ratios « bénéfices distribués/fonds propres » bien plus sexy. Or, ces ratios ont une importance croissante dans l'évaluation des équipes de direction par les agences de notation ou les actionnaires.

Les entreprises se sont endettées aussi pour racheter leurs propres actions. En rachetant leurs propres actions, les dirigeants des entreprises en améliorent fortement la valeur : si une entreprise rachète 1 million de ses 20 millions d'actions, le bénéfice par action augmente immédiatement de 5 %, même si le bénéfice lui-même n'a pas bougé. Et, si le bénéfice par action augmente de 5 %, les actionnaires sont très contents. Du coup, l'équipe de direction est confortée. Et le compte en banque des membres du comité de direction, dont chacun s'est accordé 70 000 nouveaux stock-options, est conforté lui aussi[1]...

Endetter l'entreprise pour racheter des actions ? Mais c'est formellement interdit ! s'exclame le lecteur. *C'était* interdit. Mais ça ne l'est plus. Après la crise de 1929, dans tous les pays, des lois furent votées pour interdire ce type d'artifice que l'on avait vu fleurir entre 1927 et 1929. Mais, comme ces lois étaient jugées trop ringardes (aussi ringardes que les idées de Ford, Keynes et Beveridge...), elles furent abrogées les unes après les autres « pour rendre à l'économie toute son agilité au service de la croissance et de l'emploi »...

Une étude de Morgan Stanley permet d'avoir une vision d'ensemble de l'augmentation[2] de la dette dans la zone euro sur les dix dernières années. La dette privée est passée de 75 % à 145 % du PIB de la zone euro. En

Évolution de la dette privée en zone euro

	31 décembre 1996	**1er juillet 2007**
Dette des entreprises	53 % du PIB	84 % du PIB
Dette des ménages	42 % du PIB	61 % du PIB
TOTAL DETTE PRIVÉE	75 % du PIB zone euro	**145 % du PIB zone euro**

1. Comme l'entreprise a récemment adhéré au mouvement *Éthique & Libéralisme*, le Comité de direction a décidé de donner 8 actions à chaque salarié : « ainsi tous sont associés au succès des réformes ».
2. *Le Figaro Économie*, 7 septembre 2007.

Espagne, le pays de la zone qui a eu, sur cette période, la plus forte croissance, la dette privée atteint 185 % du PIB...

Et hors zone euro, la situation n'est guère plus réjouissante : ainsi, « en Grande-Bretagne, la dette des ménages dépasse les 160 % du revenu disponible. C'est un véritable iceberg économique », s'inquiète *Le Figaro Économie* du 14 février 2006.

Il y a deux ans, deux économistes ont tenté de séparer ce qui relève de la « bonne dette » (investissement dans la construction) et ce qui est de la « mauvaise dette » (dette utilisée pour financer la consommation courante). Ils ont ensuite fait tourner leurs ordinateurs pour estimer quelle aurait été la croissance de la Grande-Bretagne sans le renfort de cette mauvaise dette... La conclusion est assez claire : sans l'augmentation de la dette des ménages, la Grande-Bretagne serait en récession depuis 2002.

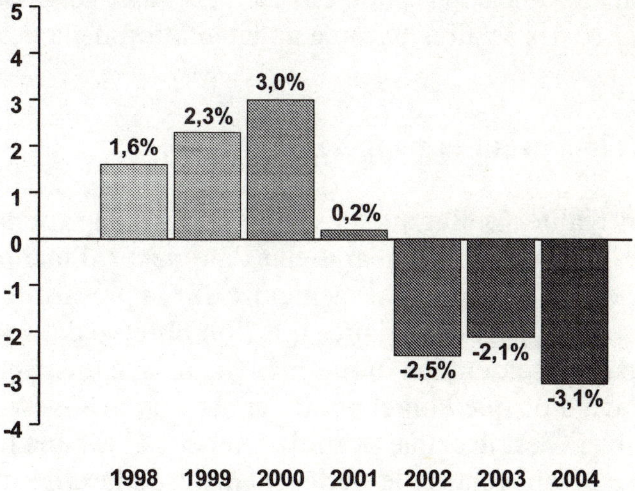

Résumons la situation : alors que tous nos dirigeants politiques comptent sur le retour d'une forte croissance pour sortir du chômage, la zone euro aurait une croissance nulle et la Grande-Bretagne serait déjà en récession si la dette des ménages n'avait pas augmenté de façon très considérable. Et l'on n'évoquera pas ici le cas de l'Australie (où la dette des ménages vient de passer le cap des 180 % du revenu disponible), ni de la Nouvelle-Zélande qui suit le même chemin...

À court terme, tout cet endettement accroît les bénéfices des banques (« 117 milliards de bénéfices pour les banques US en 2006 », titrait *La Tribune* du 31 mai 2007) et assure la stabilité apparente du système : la précarité continue d'augmenter mais, grâce à l'endettement, la croissance reste forte. C'est bon pour les actionnaires de tous les secteurs d'activité et c'est doublement bon pour les actionnaires des banques... Mais comment croire que l'on peut éternellement compenser la baisse des salaires par une augmentation de la dette ?

Le calme avant la tempête

En réalité, la Banque des règlements internationaux avait raison en 2003 quand elle s'inquiétait d'une possible « déflation mondiale généralisée » : la précarité et la baisse de la part des salaires que l'on observe dans tous les pays occidentaux nous mènent à la catastrophe. Et l'âge d'or que l'on connaît depuis cinq ans n'est pas durable. C'est le calme avant la tempête. C'est une fuite en avant qui retarde le déclenchement de la crise mais qui ne peut qu'en aggraver les effets si nous ne sommes pas capables de profiter de ce répit pour nous attaquer aux racines du problème. Si nous ne sommes pas capables de changer radicalement nos politiques.

Avant même que n'éclate la crise des *subprimes*, de nombreux nuages s'accumulaient sur l'économie mondiale :

> « Au Japon, la consommation des ménages a baissé en décembre pour le 12e mois consécutif[1]. » « Le Japon va-t-il tomber en récession ? Entre avril et juin 2007, la croissance du PIB a été négative : moins 1,2 % en rythme annuel[2]. »
>
> « En Grande-Bretagne, le nombre de faillites personnelles a augmenté de 59 % en 2006 », affirmait l'Office national des statistiques le 2 février 2007.
>
> En Espagne, la bulle immobilière qui nourrissait la croissance depuis neuf ans est près d'exploser ou de se dégonfler. « Au deuxième trimestre 2007, les opérations de crédit immobilier ont enregistré leur première diminution[3] depuis le début de la bulle et le délai moyen pour vendre un logement, qui était de 3 mois début 2006, a été multiplié par 3 ou 4. » Et les chiffres du chômage de juillet et août ont douché l'euphorie de ceux qui affirmaient que l'Espagne était rentrée dans un cycle de croissance qui devait s'autoentretenir...
>
> En Allemagne, la consommation a reculé en juillet

1. *Le Figaro Économie*, 31 janvier 2007.
2. AFP, 10 septembre 2007.
3. *Les Échos*, 7 septembre 2007.

(moins 1,6 %) pour le troisième mois consécutif[1]. Les commandes à l'industrie allemande ont chuté de 7,1 % en juillet. C'est le recul le plus important depuis 16 ans[2]. Dans l'ensemble de la zone euro, la croissance n'a pas dépassé 0,3 % au deuxième trimestre 2007.

Oui, avant même que n'éclate la crise des *subprimes*, on pouvait déceler des signes de ralentissement. Maintenant que la crise a éclaté, nul ne devrait plus nier la gravité du problème[3]. Il est vrai que nul ne se risque à dire précisément dans quelles conditions se fera l'atterrissage mais, selon les experts de Merril Lynch, la probabilité de voir tomber les États-Unis en récession est maintenant[4] de 60 %. « On n'est qu'au début de la crise, souligne Patrick Artus. Le maximum des prêts *subprime*

1. *La Tribune*, 6 septembre 2007.
2. Bloomberg, 6 septembre 2007.
3. Il y a deux ans, à l'Université d'été du PS, j'avais pris la parole au cours d'une séance plénière pour montrer la courbe de la dette américaine et la courbe de l'épargne (qui passe de 12 % en 1980 à 0 % en 2005). J'avais dit mon inquiétude sur la solidité de la croissance américaine et suggéré que les socialistes européens prennent un certain nombre d'initiatives avant que la crise n'éclate. Un ancien ministre des Finances présent à la tribune s'était moqué de moi devant quelque 800 militants : « Larrouturou s'inquiète pour rien. La croissance US est solide. Ce n'est pas avec deux ou trois graphiques que l'on peut estimer la dynamique d'une économie », ricanait-il sans élégance excessive. Militant de base, je n'avais évidemment pas eu le droit de reprendre la parole pour répondre au ministre... Que dit-il aujourd'hui de la croissance US, l'ancien ministre ?
4. Bloomberg, 4 septembre 2007.

ayant été distribué en 2006, c'est vers la mi-2008 (au bout des deux ans de facilités) que les problèmes de solvabilité seront les plus importants. » D'autres soulignent que les défauts de remboursement ne touchent pas seulement les *subprimes* : le problème commence aussi à se faire sentir pour les cartes de crédit...

Nul ne sait si elle commencera dans trois mois ou dans trois ans, mais il est fort probable, comme l'écrit François Lenglet[1], que « les États-Unis vont connaître une récession plus forte ou plus longue qu'à l'accoutumée car il faudra le temps de purger les dettes accumulées depuis dix ans ».

Et les politiques ne pourront pas dire qu'ils n'étaient pas prévenus. En janvier 2006, *The Economist* montrait Alan Greenspan, le président de la Banque centrale américaine, partant à la retraite et passant le relais à son successeur : un bâton de dynamite allumé !

Dans *Le Monde* du 31 août 2006, Nouriel Roubini, économiste de la Maison-Blanche sous Bill Clinton, affirmait déjà que « la probabilité d'une récession de l'économie américaine en 2007 est désormais de 70 % ». Ce à quoi Patrick Artus répondait « il n'y a pas de risque de krach dans l'immédiat[2]. Mais, quand cela

1. *Enjeux Les Échos*, septembre 2007.
2. *Les Échos*, 30 novembre 2006.

arrivera, le dollar va s'effondrer. Une énorme bombe à retardement va exploser sur les marchés financiers. Plus les années passent, plus le risque grandit».

« Une énorme bombe à retardement va exploser. Plus les années passent, plus le risque grandit. »

Et si les États-Unis plongent, l'Europe plongera aussi, peu de temps après...

« Vu l'importance des déséquilibres accumulés, la question n'est pas de savoir s'il y aura ou non un ajustement, la seule question est : *quand et avec quelles conséquences ?* écrivait en décembre 2005 le centre Bruegel, un groupe d'économistes basé à Bruxelles.

« Pour stabiliser la dette extérieure américaine, les déficits des comptes courants doivent revenir à l'équilibre, affirme le centre Bruegel. Et plus cet ajustement sera retardé, plus la dépréciation nécessaire du dollar sera prononcée. Si le processus était lancé aujourd'hui, une baisse d'environ 30 % sur les trois prochaines années suffirait à remettre la balance des comptes courants américains sur une tendance durable. Si on attend dix ans, il faudra déprécier le dollar de plus de 50 %. Un tel ajustement promet d'être douloureux pour le reste du monde, et tout particulièrement pour la zone euro. [...] Dans le scénario le plus favorable, les exportations européennes se contracteraient de 233 milliards d'euros, entraînant la perte de quelque 3 millions d'emplois en Europe. Le centre Bruegel demande instamment aux dirigeants européens de se préparer à cette crise. »

Il y a déjà 4 millions de chômeurs et 6 millions de salariés pauvres en Allemagne. Il y a 4 millions d'inscrits à l'ANPE et des millions de précaires en France. Il y a 32 % d'emplois précaires en Espagne... Et les économistes du centre Bruegel estiment que « dans le scénario le plus favorable », l'éclatement de la bulle américaine peut provoquer, en Europe, la perte de 3 millions d'emplois...

Nous vivons dans une société déjà profondément précarisée. Une société fatiguée par vingt-cinq ans de crise. Une société dans laquelle la méfiance vis-à-vis du politique est forte : 69 % des Français disent ne faire confiance ni à la droite ni à la gauche[1]... Que peut-il se passer si effectivement une crise née aux États-Unis provoque quelques millions de pertes d'emplois ? Les émeutes de novembre 2005 l'ont rappelé à ceux qui l'auraient oublié : nous sommes dans une société inflammable, une société à deux doigts de la crise de nerfs. Que se passera-t-il si, d'un coup, la crise s'aggrave sans qu'aucune force politique ne soit capable de proposer une stratégie de sortie de crise crédible ?

1. Baromètre Cevipof (Centre de recherches politiques de Sciences-Po). Étude réalisée en mars et avril 2007 auprès de 5 650 personnes inscrites sur les listes électorales (méthode des quotas).

Que se passera-t-il en Chine si la croissance américaine s'effondre ?

Si nous regardons ce qui se passe à l'autre bout de notre village-monde, nous comprenons mieux encore la gravité de ce qui se prépare : c'est sans doute en Chine que les conséquences d'une récession américaine seraient les plus graves car l'essentiel de la croissance chinoise vient de la consommation des États-Unis (et d'une bulle d'investissement qui peut éclater d'une année à l'autre).

Selon le dernier rapport de la Banque asiatique de développement[1], « l'Asie dépend toujours de l'économie américaine. Les exportations représentent 55 % du PIB de la région (contre 28 % en moyenne dans le monde) et 61 % des exportations asiatiques vont vers les États-Unis, l'Europe et le Japon. Pour cette raison, l'Asie reste exposée au retournement de conjoncture dans les économies du G 3 ». Si les États-Unis tombent en récession, si l'Europe et le Japon suivent, que deviendront les millions de salariés chinois (quelque 33 % de la population active[2] !) qui travaillent pour l'export vers ces pays ?

Le deuxième moteur de la croissance chinoise est une formidable bulle d'investissement : un très grand nombre d'entreprises occidentales veulent construire une usine en Chine pour profiter de la main-d'œuvre à très bon marché. « C'est comme une Ruée vers l'Or.

1. *La Tribune*, 28 mars 2007.
2. 61 % de 55 %.

Tout le monde veut y aller, sans réfléchir à la rentabilité réelle du projet. Il y a déjà beaucoup d'usines qui tournent seulement à la moitié de leurs capacités mais on continue à construire de nouvelles usines à tour de bras. C'est de la folie ! », explique un économiste de banque qui revient de Chine en septembre 2007 et conseille à ses clients de ne plus investir dans ce pays.

Dans la plupart des pays occidentaux, l'investissement représente entre 20 et 25 % du PIB. En Chine, il atteint maintenant 50 % du PIB[1]. Et le surinvestissement industriel n'est pas le seul en cause. Beaucoup craignent l'éclatement prochain d'une énorme bulle immobilière :

> « **La spéculation immobilière atteint d'inquiétants sommets en Chine.**
> Le bureau national des statistiques a annoncé que les constructions n'ayant pas trouvé preneurs avaient atteint 123 millions de mètres carrés à la fin du premier trimestre 2006, soit une hausse de 24 % sur un an. Pourtant, sur la même période, les investissements dans de nouveaux projets ont augmenté de 20 % !
> Le mois dernier, un magazine économique chinois avait précisé que les 112 millions de mètres carrés vides représentaient 26 % du marché. Au rythme

1. 55 % d'exportations, 50 % d'investissements... Ces chiffres peuvent paraître surprenants mais ils ne sont pas contradictoires. D'un point de vue économique, la Chine fonctionne comme un grand atelier d'assemblage : des importations massives alimentent l'atelier dont l'essentiel de la production est très vite exporté.

> actuel, les 30 % devraient bientôt être atteints. Un niveau inquiétant puisque, comme le précise l'agence Chine nouvelle, la cote d'alerte internationale se situe à 10 %. L'inquiétude gouvernementale est renforcée par le fait que 50 % des investissements du secteur sont financés grâce à des prêts. »
>
> *La Tribune*, 26 avril 2006

« Les experts d'Ernst & Young estiment que les créances douteuses[1] des banques chinoises représentent quelque 911 milliards de dollars, une somme qui correspond presque à la moitié du PIB chinois en 2005 », annonçait *Le Monde* le 5 mai 2006. Quelques jours plus tard, soucieux de garder de bonnes relations avec le gouvernement chinois, les dirigeants d'Ernst & Young reniaient cette étude explosive, mais un nombre croissant d'économistes sont convaincus que la Chine peut connaître bientôt une crise économique semblable à celle que subit le Japon depuis l'éclatement de sa bulle en 1990.

À la fin des années 1980, tous les économistes à la mode affirmaient que le Japon serait La Puissance économique qui dominerait le monde dans les années 1990 et au début du XXIe siècle : une croissance supérieure à 7 % par an, un nouveau modèle industriel, un pays à qui tout réussit et qui va bientôt tout racheter, en Europe comme aux États-Unis... En 1989, partout, on ne parle

1. Les créances douteuses, ce sont des prêts que les banques ont accordés pour construire des immeubles et que les promoteurs auront le plus grand mal à rembourser si les immeubles restent vides.

que du « miracle japonais ». Mais, au début de 1990, la bulle éclate (bulle financière et bulle immobilière). Dix-sept ans plus tard, le Japon ne s'est pas relevé.

Malgré un effort de recherche colossal (plus de 3 % du PIB consacrés à la recherche), malgré des plans de relance pharaoniques (la dette publique a doublé et dépasse les 170 %), malgré une politique monétaire archi-accommodante (des taux d'intérêt à 0 %), depuis 1990, le Japon alterne périodes de croissance molle et périodes de récession...

Si les États-Unis tombent en récession et/ou si la bulle d'investissement chinoise éclate, la Chine peut connaître, elle aussi, une vraie crise économique. Avec quelles conséquences sociales ? La Chine vit déjà de graves troubles sociaux : paysans expropriés, fonctionnaires licenciés, ouvriers qui attendent leur paie depuis trois mois... L'armée est souvent mise à contribution pour réprimer les manifestants de plus en plus nombreux. Alors que la croissance est forte et que le pays est censé baigner dans l'euphorie, le nombre d'émeutes sociales a dépassé les 75 000 l'an dernier (+ 20 % en un an, selon les chiffres officiels !).

« Les travailleurs chinois payent au prix fort le prétendu miracle que vit leur pays, affirme la Confédération internationale des Syndicats libres[1]. 700 millions de Chinois vivent avec moins de 1 dollar par jour. Des millions de personnes travaillent entre 60 et 70 heures par semaine et gagnent moins que le salaire minimum en

1. Rapport publié le 9 décembre 2005.

vigueur dans leur pays. Elles dorment dans des dortoirs où s'entassent parfois jusqu'à 20 personnes. »

Depuis quelques années, quoi qu'en disent les dirigeants du pays, une grande partie du peuple chinois souffre de ce qu'il y a de pire dans un régime communiste et ce qu'il y a de pire dans le libéralisme dérégulé.

C'est ce qu'illustre ce dessin de Ammer, publié dans le *Wiener Zeitung* : le Président chinois, Hu Jintao, mélange capitalisme et communisme... Mais le chat qui a goûté le mélange est en train de mourir !

Il y a vingt-cinq ans, nous étions nombreux à dénoncer les goulags et les enfermements en URSS. Pourquoi fermer les yeux aussi facilement sur ce qui se passe en Chine ? Faut-il attendre que la situation devienne explosive pour agir ? D'autant que, parmi les salariés chinois, beaucoup estiment que, au-delà de certains apparatchiks du PC local, ce sont les Japonais et les Occidentaux qui sont les responsables et les bénéficiaires de leur exploitation...

Dans *Libération*[1], Pascale Nivelle souligne le malaise grandissant des jeunes Chinois qui ne trouvent pas d'emploi malgré un bon niveau de formation : « En juin, la Commission d'État au développement, grand organe de planification, a averti : cette année, près de 60 % des nouveaux diplômés ne trouveront pas d'emploi, soit 22 % de plus que l'an dernier. À l'échelle de la Chine, cela fait 2,53 millions de nouveaux chômeurs.

« Malgré les 10 % de croissance annuelle, les étudiants (cinq fois plus nombreux qu'en 1998) ne sont plus assurés de trouver un travail. Le désarroi des jeunes bien qualifiés laisse imaginer le désarroi des chômeurs de plus de 40 ans, happés par la Révolution culturelle à l'âge où ils auraient pu faire des études... Ils sont sûrement immensément nombreux dans un pays incapable de fournir des statistiques fiables en matière de chômage. »

Début 2007, le ministre du Travail chinois, Tian Chengping, indiquait[2] que « 24 millions de personnes supplémentaires arriveront cette année sur le marché du travail dans les villes, mais que **l'économie ne sera en mesure de fournir un emploi qu'à la moitié d'entre elles ».**

La croissance est actuellement de l'ordre de 10 % mais, du fait des transferts de technologie, la productivité a augmenté de plus de 8 % en un an. Du coup, le volume d'emploi ne suit pas la croissance de la population et le chômage augmente ! Qu'en sera-t-il si la croissance diminue fortement ?

1. 4 décembre 2006.
2. Reuters, 13 mars 2007.

Quels seraient, en Chine, les effets d'une récession ?

Il n'y a pas de couverture sociale pour les chômeurs : pas d'allocation-chômage, pas de RMI, pas de couverture santé... Les tensions montent entre le pays et certains de ses voisins (Taïwan, Japon), et le budget militaire y a doublé en sept ans ! Le déséquilibre dans les naissances (118 garçons pour 100 filles en 2005) fait que des dizaines de millions d'hommes vont se retrouver célibataires forcés, et sans doute un peu frustrés affectivement et sexuellement. Si, en plus, ils sont des millions à se retrouver au chômage... Sommes-nous sûrs que ce qui s'est passé en Allemagne entre 1929 et 1945 ne peut pas se reproduire en Chine dans les vingt ans qui viennent ?

Taïwan jouera au XXIe siècle le rôle qu'a joué l'Alsace-Lorraine au siècle dernier.

« Taïwan jouera au XXIe siècle le rôle qu'a joué l'Alsace-Lorraine au siècle dernier, écrit Thérèse Delpech dans *L'Ensauvagement*[1]. Après les Jeux olympiques de 2008 et à un moment où le ralentissement de la croissance chinoise poserait des problèmes socio-politiques majeurs, la Chine pourrait lever ce qui lui reste d'inhibition tant vis-à-vis de Taïwan que du Japon (...) Le Japon a déclaré en février 2005 qu'il ne serait pas inactif dans l'hypothèse d'un conflit entre la Chine et Taïwan. »

1. Grasset, 2005.

« La Chine pointe 900 missiles sur Taïwan »
AFP, 22 janvier 2007
Le Pentagone évalue à plus de 900 le nombre de missiles dirigés par la Chine sur Taïwan.
Ce nombre ne fait qu'augmenter. Sous couvert de l'anonymat, des responsables taïwanais ont admis que les 200 missiles déployés sur l'île ne pourraient pas faire face à la puissance de feu chinoise. La Chine considère toujours Taïwan comme partie intégrante de son territoire et menace régulièrement l'île de réprimer toute velléité d'indépendance formelle. Taïwan est séparé de fait de la Chine depuis 1949, quand le régime nationaliste s'est réfugié sur l'île devant l'avance des troupes maoïstes.

« Pékin augmente son budget militaire de 17,8 % »
Reuters, 4 mars 2007
La Chine augmente de 17,8 % son budget militaire en 2007, confirmant sa volonté de moderniser ses forces armées. Cette hausse intervient après un accroissement de 15 % en 2006. La Chine cherche à moderniser ses forces armées (2 300 000 hommes) en fabriquant de nouveaux bateaux, des missiles et des chasseurs qui permettront à Pékin d'accroître sa portée stratégique et de maintenir la pression sur Taïwan. Pékin maintient que l'île, dotée de son propre gouvernement, devra accepter à terme sa réunification avec la Chine continentale.
En visite à Pékin, le secrétaire d'État adjoint américain John Negroponte a déclaré que son pays souhaitait mieux comprendre « ce que la Chine a en tête en ce qui concerne la modernisation de son armée, quelles doctrines sous-tendent cette initiative et quelles sont ses intentions ».

« La Chine teste des armes spatiales »
AFP, 19 janvier 2007
La Chine a procédé avec succès à son premier essai d'une arme capable de neutraliser les satellites. Lors de cet essai, les Chinois ont détruit un vieux satellite chinois avec une charge lancée par un missile balistique. Jusqu'à présent, seuls les États-Unis et l'ex-Union soviétique étaient capables de détruire des objets dans l'espace.
À Tokyo, le porte-parole du gouvernement a exprimé ses « inquiétudes concernant la sécurité internationale ». « La capacité de détruire des satellites dans l'espace n'est pas conforme à l'opposition traditionnelle de la Chine à la militarisation de l'espace », s'inquiète également le ministre australien des Affaires étrangères. La Chine a refusé tout commentaire officiel.

« La Chine essaie un nouveau sous-marin nucléaire »
AFP, 2 mars 2007
La Chine procède actuellement aux essais en mer du premier de cinq sous-marins à propulsion nucléaire de nouvelle génération, capable de lancer des missiles balistiques d'une portée presque quintuplée. Ces essais s'inscrivent dans une stratégie d'ensemble de la Chine de faire pièce à la puissance navale américaine dans le Pacifique occidental. La nouvelle génération de submersibles pourrait entrer en service dès 2008. Elle sera équipée de missiles d'une portée de 8 000 kilomètres, alors que les missiles actuels ne pouvaient parcourir que 1 800 kilomètres.
Les sous-marins nucléaires lance-engins (SNLE) sont considérés comme la force de dissuasion par excellence.

Difficiles à repérer, ils donnent la quasi-garantie à un ennemi potentiel de subir une frappe en représailles à une attaque. (...) Au total, la Chine disposerait de 55 submersibles d'attaque.

« Pékin veut pouvoir frapper l'US Navy en cas de conflit sur Taïwan »

AFP, 16 mai 2007

La Chine veut équiper certains de ses missiles d'un système de guidage à infrarouge afin de pouvoir frapper des bâtiments américains croisant en Asie, en cas de conflit sur Taïwan, affirme mercredi un quotidien nippon. La modernisation des missiles chinois entre dans le cadre des préparatifs d'un éventuel conflit concernant Taïwan, île considérée comme « rebelle » par Pékin et protégée par un pacte de sécurité avec les États-Unis, selon le quotidien nationaliste *Sankei*.

La Chine est en train de développer un système de guidage à infrarouge pour équiper ses missiles « Dongfeng-21 », d'une portée de 2 150 km. Pékin souhaiterait ainsi dissuader les États-Unis ou le Japon d'utiliser leurs croiseurs dotés du système antimissiles Aegis, analyse le journal qui évalue à une centaine le nombre de missiles « Dongfeng-21 » déployés.

La Chine a promis de lutter par la force contre toute déclaration formelle d'indépendance de Taïwan. En février 2005, États-Unis et Japon ont englobé la question taïwanaise dans les objectifs stratégiques communs de leur alliance de sécurité. Cette « déclaration » considérée comme une « ingérence » dans les affaires intérieures chinoises avait été très mal prise par Pékin, déclenchant une grave crise diplomatique sino-japonaise.

« La nouvelle idylle Moscou-Pékin »
Le Monde, 28 mai 2006
La Russie de Vladimir Poutine s'efforce de consolider ses relations avec Pékin, son ennemi d'hier, avec lequel les relations n'ont jamais été aussi bonnes. Une fois les différends frontaliers réglés et la coopération énergétique lancée, la Chine et la Russie renforcent leur partenariat stratégique.
Avec le prochain sommet de l'Organisation de coopération de Shanghaï (OSC), l'occasion est toute trouvée. Composée de six États (Chine, Russie, Kazakhstan, Tadjikistan, Ouzbékistan et Kirghizstan), l'OSC veut se muer en une alliance politico-militaire susceptible de faire contrepoids aux États-Unis et à l'OTAN dans la région. L'OSC va se concentrer sur la défense des intérêts nationaux de ses États membres, en premier lieu ceux des deux ex-empires, poids lourds de l'organisation. La coopération militaire sera renforcée. Des manœuvres conjointes sont prévues en 2007 entre la Russie et la Chine.

Je ne veux pas être trop long, ni trop sombre, mais les nouvelles qui viennent de Chine depuis quelques années ne sont guère rassurantes. Et si Thérèse Delpech a raison, si *Taïwan peut jouer le rôle qu'a joué autrefois l'Alsace-Lorraine*, comment ne pas faire le parallèle entre cet impressionnant déploiement de forces et la montée des périls qu'a connue l'Europe dans les années 1930 ?

Dans *Quand la Chine change le monde*, Erik Izraelewicz cite sous le sceau de l'anonymat un propos entendu à Pékin : « Le XIXe siècle a été pour la Chine celui de l'humiliation, le XXe celui de la restauration, le XXIe sera celui de la domination. »

Cette volonté de domination d'une partie des Chinois n'est pas étonnante : on en parle peu dans les livres d'Histoire européens, mais tous les Chinois ont en mémoire les horreurs commises par les Japonais quand ils ont envahi la Chine. « La Chine et, dans une moindre mesure, les Philippines furent parsemées de centaines et de milliers d'Oradour dont bien peu connaissent les noms, écrit Jean-Louis Margolin[1], spécialiste de cette époque. Les Japonais n'admettaient pas qu'on leur résiste. Il y eut relativement peu de massacres dans les territoires où ils étaient accueillis avec faveur (Java, Birmanie...) mais tout acte d'hostilité provoquait un déchaînement de violence démesuré. Les partisans chinois capturés étaient systématiquement promis à la mort, généralement après avoir été torturés. »

Les Chinois affirment que 35 millions des leurs furent victimes de la terreur nippone. Plus de soixante ans après les faits, certains Chinois continuent à penser que l'affront subi par leur pays durant l'invasion japonaise n'a pas encore été lavé.

Pour un grand nombre de spécialistes de cette région, il est évident que, en cas de crise sociale aiguë, une dérive nationaliste de la Chine ne peut pas être

1. Cf. *L'Armée de l'Empereur, violences et crimes du Japon en guerre, 1937-1945*, de Jean-Louis Margolin, Armand Colin, 2006.

exclue : « quand la crise sociale est trop grave et que les dirigeants sont incapables d'y faire face, déclencher une guerre contre le pays voisin ou contre une partie du territoire qui veut faire sécession est un bon moyen de ressouder l'unité nationale et d'assouvir le besoin de violence. L'Allemagne était une grande nation, qui avait donné au monde des philosophes et des musiciens parmi les plus brillants. Cela n'a pas empêché l'Allemagne de commettre l'horreur. »

On comprend mieux, à présent, ce qui avait pu apparaître comme un raccourci surprenant dans l'étude de Ken Rogoff, ancien chef économiste du FMI, citée au début de ce livre.

Jaurès avait raison : le capitalisme porte en lui la guerre comme la nuée porte l'orage.

Faut-il attendre que le système se disloque, faut-il attendre que renaisse la barbarie pour inventer de nouvelles règles du jeu ?

Le monde est en feu ! Toutes les règles du jeu que la communauté internationale s'était données après la grande crise de 1929 ont été oubliées. Le capitalisme non régulé nous amène dans le mur.

Depuis qu'a éclaté la crise des *subprimes*, Nicolas Sarkozy dit et répète que, pour sortir de la crise, il faut davantage de transparence. De la TRANS-PA-RENCE ! Dormez tranquilles, bonnes gens. Il suffit d'un peu de transparence pour que tout rentre dans l'ordre.

Eh bien chiche ! Soyons transparents. Osons dire la gravité de la situation :

➢ 4 millions de chômeurs, des millions de précaires... notre pays est englué et s'enfonce dans une crise sociale d'une extrême gravité que les chiffres officiels sous-estiment totalement ;

➢ les prétendus « blocages de la société française » n'expliquent que très partiellement l'étendue des dégâts : notre pays est l'un des plus compétitifs au monde et la précarité est la même, à peu de chose près, dans tous les pays occidentaux ;

➢ partout, le chômage et la précarité affaiblissent la capacité de négociation des salariés qui ont un emploi, ce qui amène à une forte baisse de la part des salaires dans le PIB, laquelle baisse des salaires devrait ralentir fortement la croissance ;

➢ la croissance que connaissent malgré tout l'ensemble des pays occidentaux depuis le début de la décennie est due uniquement à une hausse très forte de la dette des ménages ;

➢ alors que tous nos dirigeants comptent sur une forte croissance pour faire reculer le chômage, aucun économiste sérieux ne pense plus que la croissance va accélérer. Au contraire ! Les déséquilibres des capitalismes américain et chinois font qu'une crise économique majeure peut survenir d'une année à l'autre. Cette crise aggravera très fortement la situation en Europe et peut ouvrir, à l'autre bout de notre village-planète, une nouvelle période de barbarie.

Au même titre que la question environnementale, la question sociale est maintenant une question de survie pour l'humanité. Nous vivons des enjeux de civilisation.

DANGER ÉBOULEMENT !

Après trente ans de crise larvée, nos sociétés sont déjà affaiblies, usées et morcelées. Si nous ne sommes pas capables très vite d'inventer du neuf, comment vont-elles résister au choc qui s'annonce ?

C'est une erreur fondamentale de croire encore que la solution viendra de la croissance. Il faut inverser la proposition : c'est en s'attaquant radicalement au chômage et à la précarité que l'on pourra retrouver un certain équilibre économique. Nous l'avons vu : c'est quand chacun a un vrai emploi, un vrai salaire et une vraie protection sociale, que la croissance est la plus saine.

« Le peuple attend et n'en peut plus d'attendre. Le peuple espère et n'en peut plus d'espérer », écrivait Pierre Mendès France il y a quarante ans. Oui, aux quatre coins de la planète, le peuple attend. Oui, le peuple espère ! C'est à nous, Européens, qu'il revient d'inventer un nouveau contrat social. Avant qu'il ne soit trop tard.

Livre 2

CONSTRUIRE UNE ALTERNATIVE

Chapitre 1

Y A-T-IL UNE ALTERNATIVE ?

Il n'y a pas d'alternative !

There is no alternative ! affirmaient Margaret Thatcher et Ronald Reagan au début des années 1980.

Il n'y a pas d'alternative, répétaient les libéraux après l'effondrement du Mur de Berlin en 1989.

« Si Nicolas Sarkozy gagne l'élection, c'est parce qu'il n'y a pas d'alternative. Les Français sont demandeurs d'un nouveau contrat social, basé sur la solidarité. C'est une valeur très fortement ancrée dans notre pays. Mais si la gauche n'a aucune alternative solide à proposer, si le libéralisme est la seule solution, autant voter à droite... », expliquait un politologue quelques jours avant l'élection présidentielle de 2007.

Alors c'est vrai ? Il n'y a pas d'alternative ? Si c'est vrai, c'est dramatique. S'il n'y a pas d'alternative, notre pays et notre planète vont vite devenir invivables...

Bonne nouvelle ! Il y a une alternative. J'en suis convaincu. Absolument convaincu. Il y a une alternative à la hauteur des enjeux. Une alternative qui ne demande qu'à naître.

Notre société se trouve dans un état d'équilibre instable d'où peut sortir le pire comme le meilleur. Personne ne peut dire de quel côté va tomber la pièce. Mais une chose est sûre : elle ne va pas continuer à tournoyer indéfiniment. Pile ou face ? Le plus probable, hélas, si l'on prolonge les tendances observées depuis vingt-cinq ans et si l'on constate la faiblesse de nos dirigeants, le plus probable, c'est que ça va mal finir. Ou que, en tout cas, nous allons passer par des moments très très durs.

Mais on ne peut pas du tout exclure qu'un sursaut nous permette d'éviter le pire. Vu l'intelligence, l'humanisme et l'énergie accumulés dans nos sociétés, il est tout à fait possible que nous parvenions à construire une nouvelle société, avant que l'ancienne ne s'écroule. Alors, dans dix ans, quand nous nous retournerons, nous sourirons du chemin parcouru, nous étonnant d'avoir passé ces vingt-cinq années de régression sans réaction.

Oui, une société nouvelle veut naître et, s'il y a crise, ainsi que le disait Gramsci, c'est parce que « l'ancien se meurt, *le nouveau est empêché de naître*, et dans ce crépuscule prolifèrent les monstres ».

Pour permettre au nouveau d'advenir, je suis convaincu que le premier travail à faire est de clarifier le débat. Sortir du brouillard. Sortir du flou. Aller jusqu'au bout d'un raisonnement. Aller jusqu'au bout d'une exigence.

> « Si les hommes auxquels le pouvoir est confié interprètent convenablement la réalité historique, ils peuvent favoriser des accouchements, les rendre moins pénibles,

moins douloureux, ou, au contraire, freiner tel ou tel progrès. »

Pierre Mendès France

Pour *favoriser un accouchement*, il faut d'abord *interpréter convenablement la réalité historique*.

Je ne prétends pas écrire un nouveau contrat social à moi tout seul. Je ne prétends pas dessiner tout seul une alternative. Je veux seulement clarifier le débat sur quelques points fondamentaux. C'est, je crois, la première étape, celle qui rendra possibles toutes les autres.

Clarifier le débat

Clarifier le débat, c'est d'abord tordre le cou à deux idées que tous nos dirigeants ont en tête et qui les empêchent d'inventer du neuf. Depuis quatorze ans que je participe au débat public sur l'emploi, j'ai eu l'occasion de rencontrer en tête à tête bon nombre de nos dirigeants. Et tous, TOUS, de droite comme de gauche, sont convaincus :

1 ➢ que le chômage sera vaincu par le retour de la croissance,

2 ➢ que les nombreux départs en retraite, liés au vieillissement de la population, vont faire baisser la population active et donc faire baisser aussi le chômage.

Ces deux idées sont fausses. Totalement fausses.

Il est fondamental de le comprendre et de le faire savoir parce que, tant que nos dirigeants se raccrocheront à cette idée (la croissance va revenir, on peut continuer sur les mêmes rails, et en plus la démographie va nous aider), ils n'essaieront pas de construire un nouveau contrat social. Construire du neuf est bien plus fatigant que de rester sur les mêmes rails en attendant le retour de la croissance...

Peut-on compter sur la croissance pour sortir du chômage ?

Depuis trente ans, les uns après les autres, tous les Premiers ministres nous expliquent que la croissance va revenir et va régler le problème du chômage : « Les indicateurs passent au vert. » « La croissance revient. La crise est derrière nous. » Est-ce bien sérieux ?

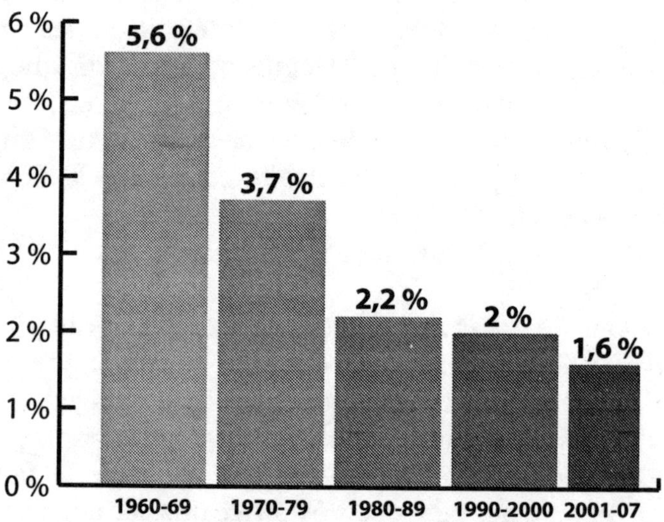

La croissance en France depuis 1960

Si l'on observe l'évolution de la croissance sur les quarante-cinq dernières années, il est difficile de croire que « la croissance va revenir » et régler, seule, tous nos problèmes... Comment s'étonner de la mollesse de la consommation quand on compte 4 millions de chômeurs, des millions de précaires et des millions de salariés inquiets pour leur avenir ? Par peur du chômage, par peur de la baisse des retraites, nombreux sont ceux qui épargnent et limitent leur consommation.

L'évolution de la croissance est la même depuis quarante ans dans toute l'Europe, et le taux de croissance moyen que nous connaissons depuis 2001 (1,6 % seulement) est exactement le même dans l'ensemble de la zone euro.

Quelle croissance pour la zone euro ?

Et, pour l'avenir, quelle est la croissance potentielle à long terme de la zone euro ? s'interrogeait Patrick Artus en novembre 2005. « Les gouvernements font l'hypothèse que la croissance potentielle de la zone euro est comprise entre 2 et 2,5 % par an. Nous pensons[1] que la croissance potentielle de la zone euro est nettement plus faible. À court terme, la croissance potentielle est comprise entre 1 et 2 % par an. À long terme (au-delà de 2010), la croissance potentielle est de 0,8 % par an. »

1. Étude CDC Ixis publiée le 22 novembre 2005.

1 % ou 2 % à court terme et 0,8 % à partir de 2010, c'est évidemment tout à fait insuffisant pour sortir du chômage de masse. Et cette étude ne prend pas en compte enlever les risques qui pèsent sur la croissance américaine.

0,8 % de croissance potentielle...

Si les Américains arrivent à stabiliser sans drame la montagne de dettes accumulées depuis vingt-cinq ans et SI eux-mêmes ne ralentissent pas trop leur propre croissance, voilà ce que l'on peut espérer pour l'Europe dans les quinze ans qui viennent : 0,8 % de croissance moyenne ! Alors que tous nos leaders attendent de la croissance LA solution à la crise sociale et à la crise des finances publiques.

Or, quoi qu'en pensent certains, ce n'est pas un problème de « mental ». Il ne suffit pas de demander une « positive attitude » comme le faisait Jean-Pierre Raffarin. Il ne suffit pas de bouger dans tous les sens, comme le fait le gouvernement de Nicolas Sarkozy. Des millions de Français ont des raisons très fondées d'être inquiets. Et la méthode Coué a des effets de plus en plus déprimants. « Ça y est, la crise est finie » nous annonce-t-on à chaque petite vague de croissance. « Le gouvernement a confiance dans ses prévisions » ajoute la ministre de l'Économie quand tout le monde sait que les prévisions sont fausses... Nos dirigeants refusent-ils de voir la réalité en face ? Comme s'ils imploraient encore et toujours le retour de la croissance, faute de pouvoir inventer d'autres stratégies de sortie de crise.

En 2002, lors d'un débat télévisé avec Jean-Pierre Raffarin, je lui ai mis la courbe de la croissance sous les yeux. Il l'a immédiatement écartée. Ayant passé toute l'émission à expliquer que la croissance allait revenir, ce qui allait régler aussi bien la question du chômage que celle des retraites, il était un peu gêné par ce document... Deux jours après ce débat télévisé, François Hollande me félicitait très chaleureusement : « Avec ta courbe, tu l'as complètement déstabilisé. C'était imparable ! »

Mais, hélas, la croissance reste l'alpha et l'oméga du discours officiel du PS. « Que feriez-vous si vous reveniez au pouvoir ? », demandait Stéphane Paoli à Dominique Strauss-Kahn au lendemain du congrès du Mans (France Inter, le 7 décembre 2005). « La clef de tout, c'est de retrouver la croissance. Il faut redonner confiance » répondait l'ancien ministre. Au lendemain d'un congrès supposé actualiser la doctrine économique des socialistes, Stéphane Paoli fut surpris par tant d'originalité (et tant de propositions concrètes !). Il lui fallut un instant pour enchaîner sur la question suivante.

Et, en septembre 2007, alors que s'accumulent les signes de ralentissement de toute l'économie mondiale, que dit François Hollande à l'université d'été du PS ? « Si les socialistes étaient au pouvoir, ils prendraient des mesures pour relancer l'investissement, relancer la croissance... »

« Retrouver la croissance. Redonner confiance. » Croissance, Confiance. Croissance et confiance, confiance qui permet la croissance... Cela fait trente ans que nous entendons ce refrain. Mais, au bout de trente ans, ne faudrait-il pas accepter de voir la réalité en face ?

D'autant que cette courbe qui montre un atterrissage progressif de la croissance est probablement trop optimiste : j'ai longuement évoqué plus haut l'épée de Damoclès que constitue l'énorme dette accumulée par les États-Unis. Je n'y reviens pas. Mais, si aucune récession, aucun ralentissement dû à la dette ne se déclenche, c'est l'augmentation du prix de l'énergie liée à la forte consommation de la Chine, qui ralentira la croissance.

Une des raisons pour lesquelles les leaders de la gauche française continuent à croire *mordicus* au retour de la croissance, c'est que lors des deux dernières (?) victoires de la gauche, en 1988 et en 1997, l'Europe connut, à deux reprises, une petite vague de croissance. Nos édiles l'attribuent parfois à leur propre génie, alors que la plupart des économistes l'expliquent simplement par la baisse du prix du pétrole : le carburant était à 12 dollars le baril en 1988 (on parlait à l'époque d'un *contre*-choc pétrolier). Il était à 11 dollars quand Lionel Jospin a été nommé Premier ministre en 1997. Il est aujourd'hui à plus de 75 dollars le baril. Vu la consommation de la Chine et l'épuisement relatif de certains gisements, personne ne pense que nous connaîtrons, à l'avenir, un contre-choc pétrolier durable (sauf en cas de récession durable des grands pays consommateurs).

Analysant l'ensemble des facteurs qui influencent le prix de l'énergie[1], Patrick Artus estime même que le prix

1. Étude CDC Ixis du 4.4.2005. Pendant des décennies, les géologues ont découvert plus de pétrole que l'humanité n'en consommait. Depuis quelques années, c'est le contraire. Et le solde se creuse à une vitesse inquiétante. Tant que nous ne nous

du baril pourrait dépasser les 300 dollars avant 2015. « La croissance mondiale pourrait s'arrêter à partir du début de la prochaine décennie en raison de la hausse très forte des prix des matières premières énergétiques. » 300 dollars ? On est très loin des 12 $ qu'ont connus Lionel Jospin et Michel Rocard. Le chiffre de 300 dollars peut faire sourire certains. Mais qui peut être sûr qu'Artus se trompe ? Et même si c'était seulement 100 ou 150 $? Quel impact sur le pouvoir d'achat des citoyens ? Quel impact sur notre industrie ? Quel impact sur les régions où sont installés les grands fabricants de voitures et les constructeurs d'avion, si avions et voitures se vendent nettement moins bien ?

Nous n'avons pas envisagé ici le problème de l'effet de serre et du dérèglement climatique qu'il provoque. Or de cette question absolument fondamentale, la plupart de nos dirigeants se moquent un peu, quoi qu'ils prétendent. Un réchauffement de un ou deux degrés à la fin du siècle ? Comme la plupart ne s'intéressent qu'à la prochaine élection (ou au prochain Conseil national) et n'ont pas compris que le dérèglement climatique va avoir des conséquences dramatiques dès avant 2020[1], la

serons pas donné les moyens d'une vraie politique d'économie d'énergie, tant que nous ne nous serons pas donné les moyens de développer sérieusement les énergies alternatives, les tensions sur les prix ne pourront qu'augmenter.

1. Dans de nombreuses régions du globe, les conséquences du dérèglement climatique sur l'alimentation en eau et sur le prix des céréales, par exemple, n'attendront pas la fin du siècle pour se manifester.

fin du siècle les laisse souvent indifférents (quoi qu'ils disent à Nicolas Hulot...).

Voilà une raison de plus pour ne pas compter sur la croissance pour sortir du chômage : si, d'ici là, la croissance mondiale n'est pas étouffée sous le poids de la dette, « la croissance mondiale pourrait s'arrêter à partir du début de la prochaine décennie en raison de la hausse très forte des prix des matières premières énergétiques. »

Quel contenu pour la croissance ?

J'ai montré plus haut que la croissance de l'économie américaine était due avant tout à sa démographie (+ 25 % en vingt ans) et à un endettement colossal. Mais je voudrais dire un mot encore sur le *contenu* de cette croissance. Car, à droite comme à gauche, tous les économistes qui conseillent nos princes disent et répètent que « le PIB par tête des Américains est 30 % supérieur au PIB par tête des Français » et que la France doit tout faire pour atteindre un niveau identique. C'est une antienne que l'on entend très fréquemment dans les réunions de la commission Économie du PS, et c'est une des idées fortes de la plupart des « Livres blancs » et autres « Rapports sur l'emploi » publiés à droite depuis quelques mois...

Peut-on demander à tous ceux qui admirent le haut niveau de PIB par tête des Américains, de quoi est constitué *concrètement* ce PIB ? Quels sont les facteurs qui expliquent une différence de 30 % entre la France et les États-Unis ?

Une première explication tient aux dépenses de santé. Quand un Français dépense, chaque année, en moyenne, 2 736 dollars pour sa santé, un Américain dépense 5 267 dollars. Presque le double.

	France	**États-Unis**
Dépenses de santé par tête (en 2002, en dollars)	2 736 dollars	5 267 dollars

Or, malgré ces dépenses de santé deux fois plus importantes que les nôtres, l'espérance de vie est plus faible aux États-Unis qu'en France. Quels sont les bénéficiaires de ces dépenses élevées ? « Les compagnies d'assurance-maladie des États-Unis présentent des frais de gestion de l'ordre de 10 à 13 % de leurs dépenses (contre 4,5 % en France pour l'assurance-maladie). Ces mêmes frais de gestion sont supérieurs à 10 % pour les fonds de pension américains et anglais (contre 1,2 % en France de frais de gestion pour l'assurance-vieillesse du régime général) » expliquait *Le Monde* du 8 juin 2007. Cela n'explique pas toute la différence entre nos deux pays, mais c'est un élément de réponse que l'on ne doit pas négliger... En France, on a rarement vu le directeur de la CNAM faire fortune. Aux États-Unis, les dirigeants des entreprises d'assurance-maladie ont tous de très très belles villas.

Guillaume Sarkozy, DG de Médéric, groupe d'assurance-santé, assurance-retraite, explique[1] qu'il faut

1. *La Tribune*, 4 septembre 2006.

s'attendre « à des bouleversements majeurs dans le domaine de la santé. La réforme Douste-Blazy n'a pas eu tout le succès escompté en ce qui concerne les équilibres financiers. D'autres réformes seront nécessaires. Elles donneront aux assureurs complémentaires un rôle de plus en plus important ». Sans trahir de secrets de famille (qu'est-ce que Nicolas a promis à Guillaume en coupant le gigot dominical ?), on voudrait en savoir plus : quels sont les « bouleversements » auxquels il faut s'attendre en matière de financement de la santé ? Pour avoir le même PIB par tête que les Américains et développer un *business* très profitable à certains, faut-il laisser filer nos dépenses de santé en incitant ceux qui en ont les moyens à se tourner vers des assurances privées ?

Mais les dépenses de santé ne sont pas le seul poste qui explique la différence de « PIB par tête » entre les deux rives de l'Atlantique. En moyenne, chaque année, la consommation d'énergie et les émissions de gaz à effet de serre d'un États-Unien sont 2,5 fois plus importantes que celles d'un Français. De même, un Américain consomme en moyenne 3 fois plus d'eau qu'un habitant du reste de la planète. Pour avoir le même « PIB par tête » que les Américains, faut-il doubler ou tripler notre consommation d'eau et d'énergie ? 64 % des Américains sont en surpoids et 27 % sont obèses. En moyenne, un États-Unien consomme aujourd'hui 805 kilos de nourriture par an, contre 679 kilos en 1970 (20 % d'augmentation). Inciter les gens à manger et à boire dès qu'ils en ont envie est une très bonne chose en termes de PIB. C'est excellent pour le chiffre d'affaires des entreprises d'agro-alimentaire, pour ceux qui fabriquent des vêtements destinés aux personnes obèses, pour ceux qui les soignent, ceux qui les *coachent* ou leur vendent des médicaments, mais l'obésité est devenue la deuxième cause de mortalité aux États-Unis (350 000 morts en 2005) et dépassera sans doute le cancer d'ici 2010 dans ce classement macabre !

Dépenses de santé, gaspillage d'énergie, dépenses de suralimentation, dépenses de sécurité et dépenses d'assurance, frais d'avocats et dépenses pénitentiaires... Quand on analyse le contenu réel du PIB américain et les différences qui expliquent les 30 % de supériorité sur le PIB français, on ne trouve pas tellement d'occasions d'envier le modèle qui le sous-tend.

Certes, les Américains consacrent un peu plus que nous à l'université et à la recherche mais, sous réserve de ces deux exceptions (sur lesquelles on reviendra), il n'y a aucune raison de regretter que la France ait un « PIB par tête » plus faible que les États-Unis. Même si ce PIB n'était pas financé par une montagne de dettes, il n'y aurait aucune raison de vouloir imiter le modèle de consommation américain. Quoi qu'en pensent un grand nombre d'économistes, rattraper le niveau de PIB par tête des Américains ne constitue aucunement une stratégie de sortie de crise ! Faut-il rappeler d'ailleurs que, malgré ce haut niveau de PIB et le très haut niveau de dette, les États-Unis sont encore loin du plein emploi ?

Parmi les lecteurs, certains sarkozystes convaincus seront sans doute étonnés de mon pessimisme sur l'avenir de la croissance française. Certes, la courbe qui retrace l'évolution de la croissance depuis quarante ans n'invite pas à l'optimisme, certes le contexte international n'est pas très porteur mais, depuis la dernière élection présidentielle, beaucoup de choses ont changé : *Avec Sarkozy, tout devient possible* ! Pourquoi ne serait-il pas capable de relancer la croissance ?

En vérité, quelles que soient leurs convictions politiques, ceux qui se souviennent des précédents faits d'armes de Nicolas Sarkozy ont du mal à croire que, du fait de sa seule présence au sommet de l'État, il va pouvoir accomplir des miracles en matière économique. Entre 1993 et 1995, Nicolas Sarkozy est ministre du Budget. Malgré un volume record de privatisations (donc de ressources exceptionnelles), le déficit public a atteint un record absolu : 4,4 % du PIB ! Est-il si bon gestionnaire ? En matière économique, Nicolas Sarkozy prône les idées-choc qui sont censées avoir des effets immédiats sur la croissance : en 1994, il invente les Balladurettes, qui ont relancé le marché automobile pendant six mois, avant qu'il ne commence à régresser début 1995... En 2004, ministre de l'Économie, il rédige une loi permettant aux salariés un déblocage anticipé de l'épargne salariale. Beaucoup d'économistes s'interrogent sur la pertinence de la mesure : peut-on demander aux gens d'épargner davantage pour préparer leurs retraites et, dans le même temps, les inciter à casser leur épargne salariale ? Ce – léger – problème de cohérence ne suffit pas à faire douter le ministre, qui impose sa loi. Celle-ci, votée au mois d'août 2004, permet aux salariés de débloquer leur épargne salariale jusqu'au 31 décembre de la même année. En janvier 2005, Nicolas Sarkozy n'est pas peu fier d'en commenter les

**Effet de la réforme Sarkozy (août 2004)
sur la croissance**

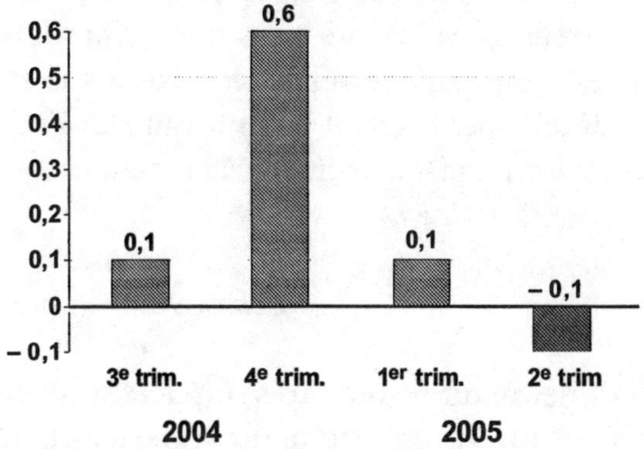

résultats : la croissance a bondi à 0,6 % au dernier trimestre 2004 !

Hélas, début 2005, la croissance n'est plus que de 0,1 %, et elle se révèle légèrement négative au deuxième trimestre 2005 !

« Les Français veulent du concret » aimait à dire le président de l'UMP. Il leur donne du concret. Pas forcément du durable. Les Baladurettes ont fait effet six mois. Le déblocage de l'épargne salariale a boosté la croissance pendant trois mois... On attend avec impatience la prochaine « grande réforme » de Nicolas Sarkozy.

On a vu plus haut que tous les pays qui ont mis en œuvre des politiques libérales n'ont relancé la croissance qu'au prix d'une augmentation considérable de la dette des ménages. C'est aussi ce que veut faire Nicolas Sarkozy en France.

« En France, l'État est trop endetté, mais les particuliers ne le sont pas assez.
Culpabiliser les acteurs économiques sur l'endettement est une erreur grave car un pays qui n'emprunte pas pour investir est un pays qui ne croit pas à son avenir.
Je veux développer le crédit hypothécaire en France.
C'est ce qui a permis de soutenir la croissance économique aux États-Unis. »

Nicolas Sarkozy
Les Échos, 9 novembre 2006

Eh oui... À l'heure où beaucoup s'inquiètent du risque de récession lié au surendettement américain, notre nouveau Président veut pousser les Français à s'endetter. Y parviendra-t-il ? Jusqu'à maintenant, le comportement de nos concitoyens dans ce domaine ne s'est jamais aligné sur celui des Américains, des Anglais ou des Espagnols. Et si, dans les mois qui viennent, nos journaux font état régulièrement de l'aggravation de la crise immobilière aux États-Unis, en Angleterre et en Espagne, il n'est pas sûr que les Français, même les plus sarkozistes, auront à cœur d'augmenter leur dette !

D'autant que, en application de la dernière réforme des retraites, à partir de 2008-2009, tous les salariés de plus de 45 ans seront informés par les Caisses de retraite de ce que vaudra précisément leur pension de retraite. Vu l'effet combiné de la réforme Balladur et de la réforme Fillon sur le niveau de vie des retraités, on peut penser que, lorsqu'ils seront précisément informés de ce qui les attend, les salariés qui le peuvent auront tendance à augmenter leur épargne plutôt qu'à s'endetter... L'effet sur la croissance de la réforme Fillon[1] ne pourra être que négatif.

Au bout de trente ans de crise, c'est une erreur fondamentale, une erreur dramatique, de croire encore que la solution à la crise sociale viendra de la croissance. Pendant que nous attendons le rebond de la croissance, la croissance ralentit et la crise s'aggrave...

Que dirait-on d'un médecin qui, pendant vingt ans, traiterait un malade avec de l'aspirine alors que le diabète commence à ronger ses facultés vitales ? Que dirait-on d'un architecte qui se contenterait de repeindre la façade d'un immeuble alors que les fondations sont menacées ? Au bout de trente ans de crise, allons-nous enfin comprendre que le mal est plus profond qu'on ne le dit ? Allons-nous comprendre enfin qu'attendre indéfiniment le retour de la croissance nous conduit dans une impasse ?

1. Nul ne peut contester les évolutions démographiques qui justifient de réformer notre système de retraites. On reviendra plus loin sur la question de l'allongement de la durée de cotisation. Ce qui est, à coup sûr, criticable dans les réformes Balladur-Fillon, c'est que tous les efforts sont demandés aux salariés : quand le Conseil d'orientation des retraites annonce un déficit qui représente 1,5 % du PIB, alors que la part des salaires dans le PIB a baissé de 11 % et que les profits explosent, est-il juste socialement (et économiquement astucieux) de faire peser tous les efforts sur les salariés ? Ne faut-il pas essayer de mieux partager l'effort ? On reviendra plus loin sur cette question.

Le salut par la démographie ?

Autre certitude bien ancrée, et assez confortable pour éviter à nos dirigeants de réfléchir à des solutions nouvelles : des départs en retraite massifs vont bientôt faire diminuer la population active (et donc le chômage).

Depuis quinze ans, nous avons tous entendu ce refrain à plusieurs reprises : *à partir de 2006, les générations nombreuses qui sont nées après la guerre vont partir à la retraite, et cela va provoquer une forte baisse du chômage.* Tous nos dirigeants ont été convaincus par ceux qui annonçaient cette forte baisse de la population active et ont colporté la (fausse) bonne nouvelle. Sans remarquer que, à propos des retraites, les mêmes économistes affirmaient que, vu l'augmentation de l'espérance de vie, il fallait absolument allonger la durée des cotisations... Or, si l'on allonge la durée des cotisations, ceux qui devaient partir en retraite et laisser leur place ne partent pas et ne laissent pas leur place ! Non seulement la population active ne va pas diminuer, mais elle va augmenter pendant encore quelques dizaines d'années...

Dans la réforme des retraites votée en 2003 (réforme Fillon), il faut distinguer deux volets :

➢ le premier, le plus sympathique, permet à tous ceux qui ont commencé à travailler à 14 ou 15 ans de partir en retraite de façon anticipée – c'est une mesure de justice sociale, c'est aussi une mesure qui a permis, dans un premier temps, de « dégonfler » quelque peu la population active : on a vu plus haut que, depuis le vote de la réforme Fillon, l'âge moyen de départ en retraite a baissé d'un an, ce qui correspond à 500 000 départs en retraite « prématurés » ;

➢ à partir de 2008, c'est le second volet de la réforme qui va s'appliquer : pour avoir droit à une retraite à taux plein (un taux diminué par la réforme Balladur de 1993), les salariés du public comme du privé devront progressivement allonger leur durée de cotisation jusqu'à quarante deux années. Tous sans doute ne le feront pas (certains préféreront partir plus vite avec une retraite plus faible), mais, dans ses dernières estimations, l'INSEE considère que, du fait de cette réforme des retraites et du fait de la reprise démographique que l'on connaît en France depuis quelques années, « la population active ne baissera ni en 2007 ni les années suivantes. Le nombre total d'actifs devrait augmenter fortement jusqu'en 2015 puis augmenter encore, plus doucement, jusqu'en 2050. La population active devrait augmenter de 900 000 personnes. »[1]

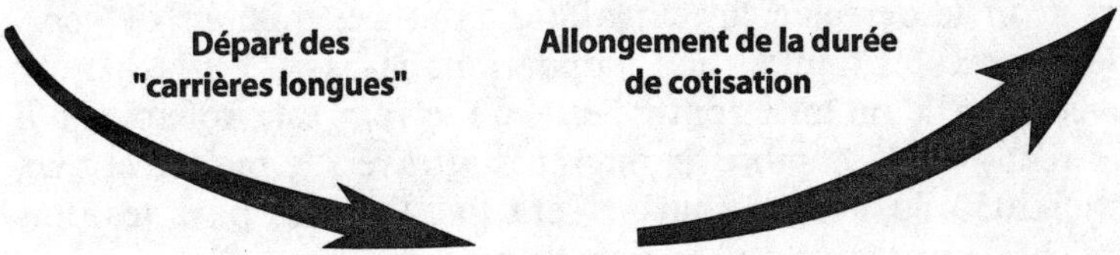

1. Insee, prévisions juillet 2006.

Le choc de 2006 n'interviendra pas avant 2050

À lire l'étude de l'Insee, on constate que le *choc de 2006*[1] n'interviendra pas avant 2050, et que le phénomène ne prendra pas du tout l'allure d'un choc, il consistera seulement en une diminution très lente et très limitée du nombre d'actifs[2]. Il n'était pas nécessaire d'être un grand démographe pour le comprendre[3] : on

1. C'est le titre d'un livre à succès de Michel Godet, professeur de prospective (!) au CNAM. Dans les années 1990, Godet s'opposait avec virulence à toute idée de réduction du temps de travail. « Il serait dramatique de baisser le temps de travail alors que nous allons connaître un choc démographique terrible en 2006. En 2006, les entreprises n'arriveront plus à recruter », expliquait-il dans tous les médias. Depuis quelques mois, on l'entend un peu moins parler du *choc de 2006*... Maintenant, sa grande idée, c'est qu'on ne doit pas s'inquiéter pour le pétrole : *y en a plein !...*
2. L'Insee estime que la population active diminuera un peu à partir de 2050 en supposant que l'immigration reste très faible, ce qui n'a rien d'évident si l'on réfléchit aux conséquences que va avoir le dérèglement climatique pour des millions de gens. Sécheresses et famines ici, inondations là-bas... Vu la lenteur avec laquelle on lutte contre l'effet de serre, il est probable qu'il va renforcer le nombre de migrants à travers le monde et que, d'ici 2050, la France (qui ne sera pas l'un des pays les plus touchés) apparaîtra à beaucoup comme une des meilleures destinations possibles.
3. Voir à ce sujet la tribune que j'avais publiée dans *Le Monde* du 29 septembre 1999 (« Jean Boissonnat, opium des élites »), dans laquelle je soulignais les erreurs de raisonnement de ceux qui annonçaient un choc démographique en 2006 tout en demandant qu'on repousse l'âge de départ en retraite... Dieu sait qu'ils ont pourtant été écoutés par tous nos dirigeants. Leur discours était

ne peut pas, dans le même temps, compter sur des départs massifs en retraite et sanctionner financièrement ceux qui ne continuent pas à travailler...

Depuis un an, répétons-le (on nous a tellement seriné le contraire !), l'Insee affirme qu'il n'y aura aucune baisse de la population active avant 2050 ! Mais combien d'élus ont lu l'étude Insee publiée au creux de l'été 2006 ? La plupart de ceux à qui j'en montre les résultats sont surpris de ses conclusions et je suis persuadé qu'ils les oublient dès que j'ai le dos tourné ! Il est tellement plus confortable de se dire que la croissance va revenir et que la démographie va nous sauver...

Résumons la situation :

➢ Non ! La croissance ne va pas revenir. Nous avons au-dessus de nos têtes l'épée de Damoclès de la dette américaine. Nous avons devant nous l'augmentation du prix du pétrole. Et même les pays qui ont affiché une croissance un peu plus forte que nous souffrent d'un chômage et d'une précarité massifs.

➢ Non ! La baisse de la population active ne va pas régler le problème du chômage à notre place. Le changement annoncé pour 2006 n'interviendra pas avant 2050, et il ne prendra la forme que d'une timide décrue.

Au bout de trente ans de faux-fuyants, il faut voir la réalité en face : nous ne pouvons pas continuer sur les mêmes rails. Si nous continuons sur les mêmes rails, on va dans le mur ! Il faut très vite construire une alternative.

---

tellement rassurant : avec un peu de traitement social, il faut tenir jusqu'en 2006, et en 2006, c'est le plein emploi assuré !

Chapitre 2

LA MONDIALISATION EST-ELLE COUPABLE ?

Pour vaincre le chômage, il faut bien en comprendre les causes. Le chômage est-il dû à la mondialisation comme certains l'affirment ? Dans certains secteurs, il est évident que la mondialisation a provoqué des pertes d'emplois importantes. Depuis que la Chine a adhéré à l'OMC, nul ne peut nier l'importance des importations de textile chinois en Europe. Oui, il y a bien des secteurs où la mondialisation a massivement détruit de l'emploi (chez nous et dans les pays du Maghreb qui ont souffert, eux aussi, de la concurrence du textile chinois). Mais qu'en est-il globalement ? Sur l'ensemble des secteurs de l'économie ? Pour le moment, le chômage en France et en Europe ne s'explique pas par la concurrence des pays à bas salaires : hors Europe, notre balance commerciale est équilibrée !

Oui. Contrairement à ce que l'on pourrait croire, c'est vis-à-vis des pays de la zone euro que notre balance est déficitaire. Hors Europe, elle est équilibrée et même légèrement excédentaire[1].

La moitié de notre déficit commercial est due à nos seuls échanges avec l'Allemagne : sur les 3,3 milliards de déficit commercial de la France en juillet 2007, 1,6 milliard vient du déficit avec l'Allemagne. Depuis 2000, l'Allemagne a très fortement diminué ses coûts salariaux (moins 13 %) et depuis le 1er janvier 2007 elle a augmenté la TVA. Ces deux évolutions pèsent évidemment sur la consommation des ménages allemands. Et comme l'Allemagne est notre premier client, nos exportations vers l'Allemagne diminuent. Qui plus est, les produits allemands étant moins chers, ils nous prennent des parts de marché en Italie ou en Espagne.

L'OFCE estime que la baisse des salaires allemands creuse notre déficit commercial et ampute chaque année la croissance française de 0,3 ou 0,4 %. Faut-il imiter l'Allemagne sur ce point ? C'est ce que suggèrent bon nombre d'économistes quand ils disent, pudiquement, que « comme l'Allemagne, la France doit améliorer son offre ». Faut-il comprimer (encore plus) les salaires ? Vu l'insatisfaction exprimée de plus en plus fortement par des millions d'Allemands, ce n'est pas évident. Et même si la mesure était populaire, d'un point de vue économique, pourquoi baisser les salaires alors que notre balance est équilibrée vis-à-vis du reste du monde ? Si tous les pays de la zone euro baissent leurs salaires, qui achètera nos produits ?

1. Voir l'analyse d'Ivan Best dans *Challenges* du 30 août 2007.

« Il y a deux problèmes, explique un économiste allemand proche du SPD. Les dirigeants allemands sont de plus en plus libéraux et l'évolution de la France depuis quelques années diminue leurs convictions européennes. Il y a eu le *non* au référendum en 2005 mais, en 2000, il y a avait eu déjà le *non* aux propositions de refondation de Joschka Fischer... Du coup, si le couple franco-allemand ne fonctionne plus, si l'Europe est un espace de concurrence, l'Allemagne adopte une stratégie de "passager clandestin". Elle compte sur la consommation des pays voisins pour ses exportations, mais elle baisse les salaires, elle taxe les produits entrants (avec la TVA) et elle baisse son impôt sur les bénéfices pour attirer (ou conserver) les entreprises, considérant qu'aucune régulation européenne ne verra le jour avant longtemps. À court terme, cette stratégie de passager clandestin donne des résultats car les exportations tirent la croissance. Mais le modèle va vite s'essouffler. Et il n'est pas généralisable : si tous les voisins baissent leurs salaires, alors que les USA ralentissent, la croissance va baisser partout. On ne peut pas compter sur les exportations vers Mars ou vers la Lune pour tirer la croissance mondiale... »

Pour éviter que les pays d'Europe ne soient tentés les uns après les autres d'imiter et d'amplifier ce dumping, pourquoi ne pas négocier au niveau européen un Traité social, avec des critères de convergence sociaux, qui oblige les 27 États membres à converger « vers le haut » en matière sociale, comme ils ont su converger en matière économique grâce aux critères de Maastricht ?

Cinq critères pour l'Europe sociale

Le traité de Maastricht comportait cinq critères (un déficit inférieur à 3 % du PIB ; une dette inférieure à 60 %...). De même, nous proposons cinq objectifs, et donc cinq critères pour l'Europe sociale :

– un emploi pour tous :
  un taux de chômage inférieur à 5 % ;
– une société solidaire :
  un taux de pauvreté inférieur à 5 % ;
– un toit pour chacun :
  un taux de mal-logés inférieur à 3 % ;
– l'égalité des chances : un taux d'illettrisme à l'âge de 10 ans inférieur à 3 % ;
– une réelle solidarité avec le Sud : une aide publique au développement supérieure à 1 % du PIB.

L'objectif pour nos démocraties doit être l'éradication totale de la pauvreté, du travail précaire et du chômage de longue durée. Mais, pour première étape, nous proposons de prévoir des sanctions comparables à celles que l'on inflige aux pays qui sortent des critères de Maastricht pour les États qui ne respecteraient pas ces critères sociaux en 2015. À nous d'aller voir comment nos voisins danois sont parvenus à faire tomber l'illettrisme à 3 %. À nous d'aller voir en Hollande comment ont été réglés les problèmes de logement ou comment la Suède a fait reculer la pauvreté.

Le traité doit comporter également des garanties fortes en matière de financement des systèmes de sécurité sociale et de pérennité des services publics. Le droit de la concurrence a pris une place excessive dans la construction européenne. Il est temps de reconnaître à sa juste valeur l'importance des services publics.

Le traité doit aussi mettre fin au moins-disant social que provoque la règle d'unanimité en matière fiscale et ouvrir la possibilité de créer un impôt européen (écotaxe, impôt sur les bénéfices ou taxe Tobin améliorée).

Nous avons été capables de créer une monnaie unique. Douze États qui décident de faire monnaie commune, c'est du jamais-vu en temps de paix. Nous avons vaincu l'inflation : en quelques années, elle est passée de 12 % à 2 % ! Pourquoi ne pas lutter avec autant de force contre la précarité ou l'illettrisme ? Pourquoi ne pas nous attaquer vraiment au mal-logement ou au mal-développement ? N'est-ce pas le meilleur moyen d'affirmer concrètement nos valeurs humanistes, le meilleur moyen de réconcilier l'Europe et les Européens ?

Stéphane Hessel, Pierre Larrouturou
et Michel Rocard
Le Monde, 9 juin 2004

Si, depuis plusieurs années, nous militons avec quelques amis pour l'adoption d'un vrai Traité de l'Europe sociale, c'est d'abord pour des raisons sociales, évidemment. C'est ensuite pour des raisons politiques (dans de nombreux pays, les citoyens n'accepteront aucune évolution vers une Europe politique si la question sociale est toujours remise à plus tard). Mais c'est aussi pour des raisons économiques : comme le disait Ford au siècle dernier, en période de crise chacun voudrait baisser les salaires, baisser la protection sociale...

Et cette baisse des salaires aggrave la crise ! Il faut donc nous donner des règles collectives pour éviter que le dumping de l'un n'oblige tous les autres à un dumping équivalent... Surtout quand ce dumping est inutile parce que, globalement, la balance commerciale de l'Europe est équilibrée !

Le projet de Traité de l'Europe sociale tient en sept articles. Dès qu'il a été rendu public, il a reçu le soutien de Jacques Delors, Bronislaw Geremek, José Bové, Enrique Baron Crespo (président du groupe socialiste au Parlement européen), Jean Daniel, Susan George, Antonio Guterres (président de l'Internationale socialiste), Elio Di Rupo (président du PS belge), Piero Fassino (secrétaire général des Démocrates de gauche italiens), Bruno Trentin (CGIL), René Passet, Timothy Radcliffe, l'abbé Pierre, Philippe Guglielmi (ancien Grand Maître du Grand-Orient), Mgr Ricard (président des évêques de France), Mgr Rouet, Jean-Maurice Dehousse (ancien ministre-Président de la Wallonie), Dominique Plihon, Robert Goebbels (ancien ministre de l'Économie luxembourgeois), Jean-Jacques Viseur (ancien ministre des Finances belge), le MNCP (Chômeurs et précaires), quelque 250 parlementaires et des milliers de citoyens issus de neuf pays de l'Union.

Après le non au référendum français en mai 2005, l'idée de compléter les traités avec un protocole social s'était progressivement imposée chez les dirigeants européens : « Le non français n'est pas un rejet de l'Europe elle-même mais **un rejet de l'Europe néolibérale**, affirmait juste après le vote John Monks, le Secrétaire général de la Confédération européenne des syndicats. Près de 80 %

des ouvriers ont dit non. L'Europe n'est pas apparue comme une réponse au problème du chômage. » Et le problème ne concerne pas que la France : « Si les Allemands se prononçaient par référendum, je suis sûr qu'ils voteraient non », affirmait Peter Altmaier, député CDU, « il faudrait que le modèle social soit clarifié ».

Dans *Le Monde* du 23 mars 2007, interrogé sur le mini-traité que proposait Nicolas Sarkozy, Romano Prodi, président du Conseil italien, affirmait : « Je suis en désaccord avec le terme "mini". Pourquoi pas un texte qui reprendrait la première partie de la Constitution en y ajoutant un chapitre social ? »

Le même jour, à l'occasion des 50 ans du Traité de Rome, Angela Merkel rappelait sa volonté d'ajouter un protocole social à la Constitution européenne.

Hélas, la France a élu Nicolas Sarkozy. Et Nicolas Sarkozy voulut clore très vite le dossier européen.

Alors que tous nos partenaires européens pensaient boucler la négociation d'un nouveau traité pour la mi-2009, Nicolas Sarkozy a voulu conclure immédiatement. Sans prendre le temps du dialogue. Au risque de rater une occasion historique de rapprocher l'Europe des attentes des peuples et des nécessités économiques et sociales de l'époque.

Le 20 juin dernier, en quittant le bureau de Nicolas Sarkozy, Jacques Delors ne cachait pas ses réserves sur les projets européens du nouveau Président[1] :

1. Reuters, 20 juin 2007.

> ***Jacques Delors dit ses réserves sur le traité de l'UE***
> PARIS (Reuters) – Jacques Delors, figure historique de la construction européenne, a redit à Nicolas Sarkozy ses préventions vis-à-vis du Traité constitutionnel.
> « J'ai rappelé les points qui avaient déjà appelé de moi des réserves pour le projet de Constitution, même si je l'ai soutenu », a déclaré l'ancien président de la Commission européenne après un entretien avec le Président français.
> [...] « Tout d'abord, il faut un protocole social afin de bien montrer qu'on concilie l'efficacité économique, la puissance européenne et la justice sociale vers le haut, a dit Jacques Delors. Deuxièmement – je plaide pour ça depuis dix ans – il faut un rééquilibrage entre l'économie et la monnaie à l'intérieur de l'Union économique et monétaire. »
> « Ce sont deux points essentiels. »

Le nouveau traité ne comportera aucune clause sociale. On va se rendre compte que c'est une erreur au moment de sa ratification. Et le dumping social et fiscal intra-européen va continuer... C'est une occasion ratée mais cela ne doit pas nous empêcher d'agir. On y reviendra plus loin.

Revenons à nos échanges avec le reste du monde et répétons-le : notre balance commerciale est équilibrée vis-à-vis du reste du monde (« hors Europe »). Certes, le prix du pétrole a augmenté, mais les pays producteurs de pétrole utilisent leurs devises pour acheter nos produits et, malgré le déficit de nos échanges avec la Chine, la balance commerciale de la France est à l'équilibre hors Europe. Le chômage, en France, ne vient pas de la mondialisation.

Le même raisonnement vaut aussi pour l'Allemagne évidemment. L'an dernier, l'excédent du commerce extérieur allemand a dépassé les 160 milliards d'euros. C'est du jamais vu ! Mais, hélas, il reste toujours 4 millions de chômeurs et plus de 6 millions de petits boulots. Avec 160 milliards d'excédents, qui peut croire, en Allemagne, que le chômage et la précarité viennent d'un problème de compétitivité ?

N'en déplaise au Medef et aux libéraux, le chômage ne s'explique pas globalement par un défaut de compétitivité. N'en déplaise à « la gauche de la gauche », pour le moment, la mondialisation n'est pas coupable ! Certes, il y a des entreprises qui délocalisent (et c'est toujours un traumatisme pour les salariés et pour les territoires concernés), mais il y a aussi des investissements de développement sur notre territoire. On l'a dit plus haut : la France est, depuis plusieurs années, l'un des pays qui attirent le plus d'investissements étrangers sur leur territoire. Et, pour le moment la production industrielle réalisée sur le territoire national continue d'augmenter : en 2006, elle a encore progressé de 2 %. L'existence de 4 millions de chômeurs ne peut donc pas s'expliquer par une hémorragie d'activité due à la concurrence de la Chine.

Mais, pour autant, n'y a-t-il pas de danger à moyen terme ? Depuis 1996, les coûts salariaux diminuent assez nettement en Chine. La Chine a décidé d'adhérer à l'OMC et mise sur les exportations pour tirer sa croissance. Dans la majorité des entreprises chinoises, les droits fondamentaux des salariés ne sont pas respectés. Et la plupart des contraintes environnementales imposées aux entreprises européennes y sont inconnues. De plus, la monnaie chinoise est sous-évaluée de 30 ou 40 %. Les États-Unis font pression sur la Chine pour qu'elle cesse cette sous-évaluation qui favorise artificiellement ses exportations, mais le gouvernement chinois ne veut rien entendre. En 2005, il n'a concédé qu'une réévaluation de 3 %.

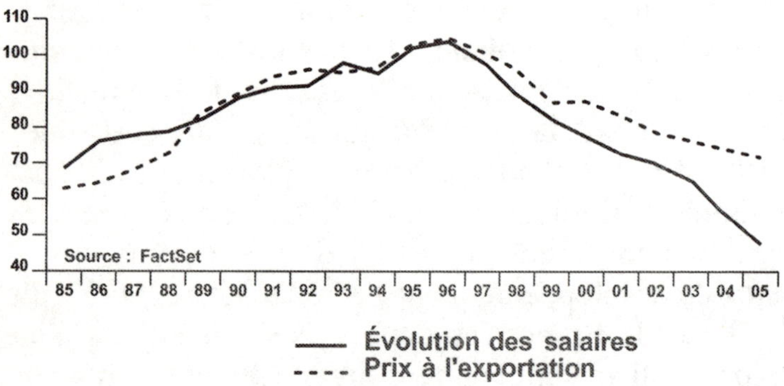

La Chine va-t-elle tous nous détruire ?

Tel est le titre d'une étude publiée en 2005 par les économistes de la Caisse des dépôts, qui ne partagent pas du tout l'optimisme béat de certains de nos dirigeants vis-à-vis de la mondialisation[1]. Tant que la mon-

1. *La Chine va-t-elle tous nous détruire ?*, Recherche économique CDC Ixis, 2 septembre 2005.

dialisation mettait en concurrence des pays qui, tous, donnaient des salaires corrects à leurs salariés et respectaient les libertés syndicales, l'Europe tirait son épingle du jeu tout à fait correctement. Mais l'arrivée de plusieurs centaines de millions de salariés travaillant 70 heures par semaine change fondamentalement la donne.

Jusqu'à maintenant, notre balance commerciale était globalement équilibrée car la Chine nous achetait des machines-outils, des locomotives et des avions. Mais si la Chine se met à produire elle-même des avions avec des coûts salariaux qui défient toute concurrence, dans dix ou quinze ans que restera-t-il de notre industrie ? Jusqu'à maintenant, l'Europe s'en tire. Mais qu'en sera-t-il dans dix ans si les évolutions en cours se prolongent ?

Le déficit de l'Union européenne avec la Chine n'était que de 18 milliards de dollars en 2000. Mais, en 2006, il était proche de 110 milliards. Le déficit commercial a été multiplié par six en six ans ! C'est en 2005 que la Chine est devenue exportatrice nette d'automobiles pour la première fois de son histoire. C'est en 2006 qu'elle a annoncé sa volonté de construire des avions comme le font Airbus et Boeing... Et les derniers chiffres des douanes chinoises ne sont guère rassurants : en un an, l'excédent commercial de la Chine avec le reste du monde a augmenté de 33 %[1] !

1. Bloomberg, 11 septembre 2007.

Que faire ? L'Europe peut-elle se protéger ?

Nous avons le droit et le devoir de protéger notre modèle social et nos normes environnementales face à un pays-continent qui ne les respecte absolument pas. Mais on a dit plus haut à quel point la situation sociale est explosive en Chine. Si l'Europe entre en conflit avec la Chine, si l'Europe met en place une politique aveuglément protectionniste au moment même où la consommation américaine diminue, nous risquons d'aggraver la crise chinoise, avec tous les dangers évoqués plus haut.

Si les économistes qui prévoient une crise sur le dollar ont raison (dévaluation de 30 à 50 % du dollar en quelques années) et que la monnaie chinoise reste fixée au dollar comme elle l'est depuis onze ans, elle baissera elle aussi de 30 ou 50 %. Comment nos économies pourront-elles résister ? Les réserves de change accumulées par la Chine rendent ce scénario tout à fait crédible. Du coup, le discours lénifiant de certains libéraux (« ce n'est qu'une transition que nous devons apprendre à gérer ») semble un peu léger... Mais le discours belliqueux vis-à-vis de la Chine est lui aussi inadapté : vu les tensions sociales et les poussées de nationalisme observées en Chine, l'appel au protectionnisme que l'on entend parfois à gauche ne peut venir que de gens qui ont oublié l'histoire du XXe siècle.

Quelles solutions ? C'est dans le dialogue qu'on peut sans doute trouver les moins mauvaises solutions. J'en vois deux au moins, qu'il faut mettre en œuvre le plus rapidement possible.

Pour un nouveau Bretton Woods

En 1944, alors que l'on espérait la fin prochaine de la Deuxième Guerre mondiale, les meilleurs économistes du globe (Keynes, Mendès France...) s'étaient réunis pendant trois semaines à Bretton Woods, petite station de ski des États-Unis, pour construire des règles du jeu et des outils capables d'éviter que ne se reproduisent les crises monétaires et financières qui avaient précédé la guerre. Ces règles du jeu ont fonctionné jusqu'en 1971, contribuant à la prospérité et à la stabilité des Trente Glorieuses. Elles ont depuis été mises à bas par les libéraux.

Faut-il attendre que la crise monétaire explose pour se mettre tous autour d'une table et convoquer un nouveau Bretton Woods ? La gauche européenne serait bien inspirée de demander et d'obtenir très vite la mise en œuvre d'une telle initiative.

Des montants compensatoires

Quant aux relations commerciales avec la Chine, pour calmer le jeu sans brandir l'arme protectionniste, nous pouvons nous inspirer des outils qui ont aidé la France, l'Allemagne et l'Italie à faire converger leurs économies. À partir de 1969, l'idée d'aller vers un marché unique et une monnaie unique était acquise chez les dirigeants européens, mais les différences de compétitivité et les différences de modèle social rendaient la convergence des économies très chaotique.

Pendant trente ans, quand l'Italie ou la France annonçait qu'elle dévaluait sa monnaie, les pays voisins ne considéraient pas cette dévaluation comme une pratique déloyale à laquelle il fallait répondre de façon agressive. Ils ne la considéraient pas non plus comme une décision sans importance, inévitable dans un système de libre-marché... Non ! Tout le monde savait que, sans décision politique, une dévaluation de 10 ou 15 % aurait un impact important sur les flux commerciaux, qu'elle allait désavantager fortement les industriels et les paysans des pays qui n'avaient pas dévalué. C'est pourquoi, dans les 48 heures qui suivaient la dévaluation, les experts calculaient des montants compensatoires (un système de taxes et de subventions) qui compensaient la dévaluation.

C'était compliqué. Jamais parfait. Toujours un peu conflictuel. Mais, *cahin-caha*, cela nous a permis de tenir bon pendant trente ans et d'arriver à faire converger nos économies et nos monnaies.

Faut-il attendre que nos relations avec la Chine deviennent explosives pour lui proposer de mettre en place les outils que nous, pays d'Europe, avons mis en place il y a trente ans ?

En négociant des montants compensatoires avec la Chine, nous chercherons non pas à casser sa croissance (ce que ferait une politique protectionniste), mais à inciter et aider les dirigeants chinois à changer de modèle de croissance : au lieu de miser essentiellement sur les exportations et sur l'investissement, il faut (au moins le temps d'une transition[1]) que la croissance

1. Tant que l'Europe n'aura pas apporté la preuve qu'on peut sortir du chômage sans une croissance forte.

chinoise soit tirée par la consommation intérieure, ce qui suppose d'augmenter les salaires, de créer un système de Sécurité sociale, de développer le système éducatif et les programmes de sauvegarde de l'environnement.

N'est-il pas urgent d'entamer une négociation portant sur de tels outils, dans un esprit de coopération mais sans angélisme ? Officiellement, la durée du travail est de 40 heures en Chine, mais le dernier rapport du Bureau international du travail (BIT) indique que des centaines de millions de Chinois travaillent entre 70 et 80 heures par semaine pour des salaires ridicules. Beaucoup vivent dans des conditions de promiscuité qui rendent impossible une vie de famille. Au nom de la dignité de l'homme, pour permettre à tous (Chinois et immigrés venus en Chine chercher du travail) de vivre dignement, pour préserver aussi le modèle social européen, ne faut-il pas inciter très fortement la Chine à respecter vraiment les droits sociaux qu'elle reconnaît officiellement comme tous les membres du BIT ?

Il est urgent que l'Europe sorte de sa naïveté libre-échangiste vis-à-vis de la Chine, sans pour autant entrer dans la logique de conflit que veulent adopter certains parlementaires américains. Dans une logique de coopération, l'Europe doit annoncer sans tarder que, d'ici 5 ans, si la Chine ne respecte pas les normes sociales du BIT, si elle ne respecte pas les normes environnementales internationales, si elle continue à sous-évaluer sa monnaie, les produits importés de Chine seront taxés aux frontières de l'Europe.

Le seul fait d'annoncer que l'Europe sort de sa torpeur et qu'elle est décidée à protéger son modèle social ferait diminuer très vite le flux des délocalisations : quelle entreprise ira produire en Chine si les produits importés de Chine risquent d'être bientôt taxés à 40 % ?

On l'a vu « à petite échelle » avec le textile : la politique de l'autruche ne donne pas de bons résultats. Plutôt que de laisser pourrir la situation en attendant que ça explose, ici ou là-bas, ne faut-il pas entamer sans tarder un vrai dialogue avec les autorités chinoises ? Elles ont bien conscience des tensions qui s'accumulent. Depuis plusieurs années, le Président Hu Jintao affirme dans ses discours la nécessité d'aller vers un nouvel équilibre social, « une société harmonieuse ». Mais, à court terme, il est toujours plus facile de continuer le dumping !

Si la croissance est le seul moyen de stabiliser le chômage, si la croissance est le seul moyen d'éviter l'explosion sociale, tant pis pour les ressources naturelles, tant pis pour les droits des travailleurs : dans l'urgence, on continue le dumping ! Et d'ailleurs, quels que soient les discours des dirigeants politiques européens et américains, ne sont-ce pas des entreprises occidentales qui exigent toujours des Chinois qu'ils produisent au prix le plus bas ?

Pour éviter que les tensions qui montent ne débouchent sur des conflits majeurs, l'Europe doit très vite puiser dans son histoire les méthodes, les outils et la volonté qui permettront de construire un nouvel équilibre international. Quelles que soient ses faiblesses, l'Europe a aujourd'hui un rôle historique à jouer en proposant aux peuples des six continents de construire les coopérations que nous avons construites à six pays, au lendemain de la guerre.

L'Europe a aussi un rôle historique à jouer en construisant une alternative au modèle libéral, en apportant la preuve concrète, sur son propre territoire, que le progrès social est encore possible et que la croissance par le dumping n'est pas le seul moyen d'éviter l'explosion sociale.

Naïveté ?

Sans doute certains vont-ils trouver un peu naïves la proposition d'un nouveau Bretton Woods pour éviter une crise monétaire, et la proposition de montants compensatoires pour éviter un conflit commercial. « Idées naïves », ou en tout cas « trop éloignées de l'air du temps », dira-t-on : les Chinois sont vus par beaucoup d'Européens comme des concurrents ou des ennemis. Et beaucoup de Chinois commencent à détester les Occidentaux qui les exploitent. N'est-il pas naïf de vouloir négocier dans ces conditions ?

Mais Schuman, Monnet et Adenauer n'étaient-ils pas naïfs eux aussi, en 1950, quand ils affirmaient pouvoir construire la paix, alors que tant d'horreurs et de haines s'étaient accumulées entre la France et l'Allemagne ? Cinq ans seulement après la fin de la guerre, cinq ans seulement après la découverte d'Auschwitz, comment croire que la France et l'Allemagne allaient mettre en commun des ressources stratégiques comme le charbon et l'acier, ces richesses que l'on prenait à l'ennemi à la fin de chaque guerre pour signifier sa victoire ! Et qui pouvait croire que le riche Luxembourg et la pauvre

Italie auraient un jour une monnaie commune? Oui, sans doute, il fallait être un peu naïf pour y croire, quand les six se sont lancés.

Dans ses mémoires, Konrad Adenauer, le chancelier allemand de l'époque, affirme que, le 9 mai 1950, jour où il a reçu la proposition de Schuman de construire l'Union Charbon Acier, fut le plus beau jour de sa vie: « J'ai vu les portes du ciel s'ouvrir devant moi », écrit-il! Sans doute, Adenauer et Schuman étaient-ils un peu illuminés pour croire à leur projet et y mettre autant d'énergie. Mais ils savaient l'un et l'autre à quelles horreurs avaient abouti la démission du politique et le libre-échange des années 1920. Qui peut croire aujourd'hui, sans naïveté, que les déséquilibres qui menacent notre planète vont se résoudre sans un changement radical dans nos politiques?

> « La paix mondiale ne saurait être sauvegardée sans des efforts créateurs à la mesure des dangers qui la menacent. »
>
> Robert Schuman
> Déclaration du 9 mai 1950

> « Il nous faut apprendre à vivre comme des frères, ou nous préparer à mourir comme des imbéciles. »
>
> Martin Luther King

Robert Schuman et Martin Luther King vivaient sur deux continents différents, mais tous les deux avaient la même volonté: construire la paix. Tous les deux sont considérés aujourd'hui comme de grands hommes mais, à l'époque, leurs combats n'avaient rien d'évident : l'un voulait construire la paix entre les Français et les Boches. L'autre voulait construire la paix entre les Blancs et les Nègres...

Tous les deux avaient fondamentalement raison :

> « La paix ne saurait être sauvegardée sans des efforts créateurs à la mesure des dangers qui la menacent.
> Il nous faut apprendre à vivre comme des frères, ou nous préparer à mourir comme des imbéciles. »

Voilà la règle du jeu que devront avoir toujours à l'esprit les Européens qui iront négocier avec les Chinois.

Chapitre 3

UNE RÉVOLUTION, POUR QUOI FAIRE ?

Pour répondre aux attentes de ses citoyens et pour montrer aux autres peuples de la terre qu'il existe réellement une alternative au modèle libéral de précarité généralisée, l'Europe est-elle capable d'inventer un nouveau modèle social ? Est-il possible de lutter radicalement contre le chômage ?

Si la mondialisation n'est pas responsable du chômage (à ce jour[1] !), d'où vient le sous-emploi ?

1. Au lecteur que mes fortes réflexions sur Schuman, Adenauer et Martin Luther King ont un peu égaré, je résume l'analyse sur la Chine : pour le moment, notre balance est équilibrée. Globalement, le chômage en Europe ne vient pas de la concurrence chinoise. MAIS (il y a trois mais) : 1° si on continue sans rien changer avec un excédent de la Chine qui augmente de 30 % par an, l'analyse rassurante sera vite dépassée ; 2° si le dollar plonge et que le yuan chinois reste attaché au dollar, notre industrie ne tiendra pas le choc face à la double compétition avec la Chine et avec les USA (cf. le rapport Bruegel) ; 3° si les USA ralentissent

Comment expliquer que, malgré sa compétitivité, la France compte 4 millions de chômeurs ? Comment expliquer que l'Allemagne, qui chaque année, accumule les excédents commerciaux, souffre de 4 millions de chômeurs et de plus de 6 millions de salariés pauvres ?

Nous sommes en train de vivre une révolution telle que l'humanité n'en a jamais connu.

Alors qu'il a fallu cent quarante ans pour que la productivité soit multipliée par deux entre 1820 et 1960, elle a depuis été multipliée par CINQ. La révolution industrielle du XIXe ou l'invention du travail à la chaîne (en 1917) sont des gains de productivité presque ridicules au regard de ceux qui ont été réalisés depuis trente ans.

C'est une vraie révolution : en trente ans, le niveau d'intelligence collective a considérablement augmenté dans notre pays. Le nombre d'étudiants est passé de 800 000 en 1970 à quelque 2 300 000 cette année ! Des milliards sont investis chaque année dans la formation continue (d'autant plus efficacement qu'on a investi dans la formation initiale). Grâce à la multiplication

---

ou tombent en récession sans que la Chine ait changé son modèle de croissance, la crise sociale peut devenir explosive. Voilà pourquoi, même si, aujourd'hui, le chômage ne vient pas de Chine, il semble urgent de convoquer un nouveau Bretton Woods et de négocier des montants compensatoires pour inciter la Chine à changer de modèle de développement.

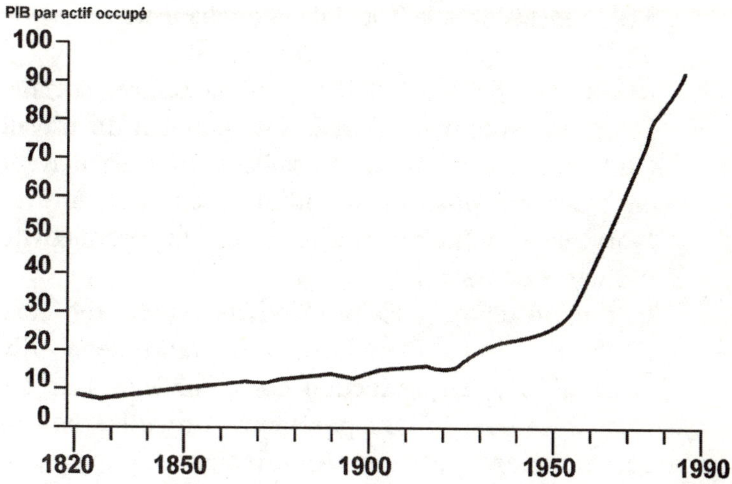

des robots et des ordinateurs, la productivité du travail humain a progressé de façon inouïe.

La France est l'un des pays du monde qui a la meilleure productivité du travail

> « J'ai fait un calcul rarement effectué, explique Jacques Marseille, professeur à la Sorbonne. J'ai divisé le PIB français par la productivité d'un travailleur britannique ou japonais. Avec leur niveau de productivité, qui est largement inférieur au nôtre, il nous faudrait 5 millions de travailleurs en plus pour produire la même chose. Autant dire que le chômage ne serait plus un problème en France... »
>
> *Le Figaro*, 2 février 2004

Les Français dans le Top 3 de la productivité

« HEUREUSE SURPRISE pour la rentrée sociale. Selon un rapport du Bureau international du travail (BIT) publié hier soir, les travailleurs français arrivent en troisième position mondiale, juste derrière les Norvégiens et les Américains, pour leur productivité par heure de travail.

Ce rapport relève que la productivité a été relativement similaire entre les États-Unis et la France depuis dix ans. En 2006, la production des travailleurs français était de 35,08 dollars par heure travaillée contre 35,63 dollars pour les Américains. En outre, le produit national brut par heure travaillée en France s'est accru de 2,2 % en moyenne annuelle entre 1980 et 2006, contre une augmentation de 1,7 % aux États-Unis et de 1,4 % en Allemagne. »

Le Figaro, 3 septembre 2007

C'est un point fondamental. Absolument fondamental pour comprendre l'« exception française » : nous avons une productivité très forte. Les Anglais ou les Japonais (qui ne sont pourtant pas des imbéciles) ont une productivité nettement plus faible que la nôtre. Selon Eurostat, si la productivité horaire est en moyenne de 100 pour l'Europe des 15, elle est de 118 en France et de 95 seulement en Grande-Bretagne. L'écart de productivité est de l'ordre de 20 % entre nos deux pays. L'OCDE, avec d'autres statistiques, confirme le diagnostic : le PIB par heure travaillée en France est supérieur de 20 % à celui du Royaume-Uni et supérieur de 32 % à celui de l'Italie[1].

L'étude du BIT citée par *Le Figaro* du 3 septembre 2007 met la France dans le Top 3, au coude à coude avec les États-Unis et la Norvège. La France arrive juste derrière les États-Unis, avec une productivité plus faible de 1,6 %. D'autres études nous mettent juste devant les États-Unis. Peu importe ! Vu les mouvements relatifs du dollar par rapport à l'euro, vu aussi les différences de contenu entre le PIB français et les PIB norvégien (pétrole) et américain (pétrole, cinéma et marchés financiers, activités à très fortes valeurs ajoutées), la comparaison de nos productivités à 1 % près n'a guère de signification.

Ce qui compte le plus, c'est :

1 ➢ le niveau global de productivité : la France est dans les 3 premiers ;

2 ➢ l'évolution dans le temps : c'est nous qui avons le plus progressé en 25 ans.

Voilà qui amène à relativiser les critiques sur la médiocrité des Français, en général, et de leur système éducatif, en particulier. Sans doute notre système éducatif peut-il être amélioré (nul ne le conteste ! on y reviendra), mais si nous sommes, parmi les pays occidentaux, celui dont la productivité a le plus augmenté depuis vingt-cinq ans, c'est peut-être que tout n'est pas à

1. Étude OCDE citée par *Le Nouvel Observateur*, 1er décembre 2005.

Évolution de la productivité horaire entre 1980 et 2006

	Gain moyen de productivité horaire
Allemagne	+ 1,4 %
États-Unis	+ 1,7 %
France	+ 2,2 %

Source : BIT, septembre 2007

jeter dans notre école, nos centres de formation professionnelle et notre université...

Et Thomas Piketty, directeur d'études à l'EHESS, enfonce le clou[1]. « On ne le répetera jamais assez : la production par heure travaillée est aujourd'hui encore 25 % plus faible en Grande-Bretagne qu'en France... Vingt-cinq ans après l'arrivée de Margaret Thatcher et de ses réformes supposées salvatrices, le Royaume-Uni demeure un pays sous-formé et faiblement productif (l'écart de productivité avec la France n'a quasiment pas diminué). Un pays contraint d'adopter des méthodes de pays pauvre (dumping fiscal et longues heures de travail). La modernisation de l'enseignement supérieur est plus avancée outre-Manche mais la France dispose avec son système d'enseignement primaire et secondaire d'un socle solide offrant une formation de masse de qualité enviable. »

Répétons-le : « Avec le niveau de productivité des Anglais ou des Japonais, qui est largement inférieur au

1. Thomas Piketty, « Sortir du piège blairiste », *Libération*, 27 juin 2005.

nôtre, il nous faudrait 5 millions de travailleurs en plus pour produire la même chose. Le chômage ne serait plus un problème en France... » selon Jacques Marseille, économiste réputé (mais pas réputé très à gauche...)

Si la France et l'Allemagne ont une productivité horaire très supérieure à celle de la Grande-Bretagne, de l'Italie ou du Japon, est-il absolument inconcevable que nous ayons une gestion de nos horaires différente de ces pays ?

La nouvelle pensée unique (« la mondialisation nous oblige à nous couler dans le même moule que les voisins ») nous rend-elle aveugles au point de ne pas voir des différences de productivité pourtant considérables (25 % avec la Grande-Bretagne, 32 % avec l'Italie) ?

Le Figaro, auquel tous ces problèmes de productivité avaient un peu échappé quand la RTT était au centre du débat public en France, découvre à présent l'importance fondamentale de la question : « Les gains de productivité ne laissent que très peu de place à la création de postes, affirme l'envoyé spécial du *Figaro Économie* à Davos. L'an dernier, même avec une croissance de 9 %, la Chine n'a vu le total des heures travaillées sur son territoire augmenter que de 1 % !

« Il faut cesser de se lamenter sur les délocalisations. Cela ne porte que sur de très petits nombres. **Les gains de productivité détruisent bien plus d'emplois.** » (*Le Figaro*, 27 janvier 2006)

Oui. Plutôt que la mondialisation, voilà la principale explication des bouleversements sociaux de ces trente dernières années : les gains de productivité. Ces gains sont considérables : **en trente ans, l'économie française produit 76 % de plus avec 10 % de travail en moins.** Depuis 1974, le total des heures travaillées (tous secteurs confondus) est passé de 41 milliards d'heures à 36,9 milliards (Insee).

Mais, dans le même temps, grâce au baby-boom et grâce au travail des femmes, la population active disponible passait de 22,3 à 27,2 millions de personnes. **La demande de travail nécessaire à l'économie a baissé de 10 %, mais le nombre de personnes disponibles a augmenté de 23 %. Un écart de 33 % s'est creusé entre l'offre et la demande de travail.**

En soi, ces trois évolutions sont trois bonnes nouvelles :

➢ Jamais nous n'avons connu une telle abondance !

➢ Jamais nous n'avons été aussi efficaces !

➢ Jamais nous n'avons été aussi nombreux capables de travailler !

Mais comme notre contrat social est bloqué, comme la durée du travail a très peu baissé depuis trente ans (et que la crise amène à des réflexes de crispation plus que de changement), cette accumulation de bonnes nouvelles aboutit à un scandale, à un non-sens absolu : **au lieu de profiter à tous, ce surcroît d'intelligence collective, fruit de l'effort de tous, débouche sur un chômage massif pour certains, sur une stagnation des salaires et un stress croissant pour d'autres.**

Paradoxe inexplicable ! Jamais nous n'avons injecté autant d'intelligence dans le système économique, mais jamais nous n'avons paru si dépourvus d'intelligence pour faire évoluer le système social. Il faut sortir de ce

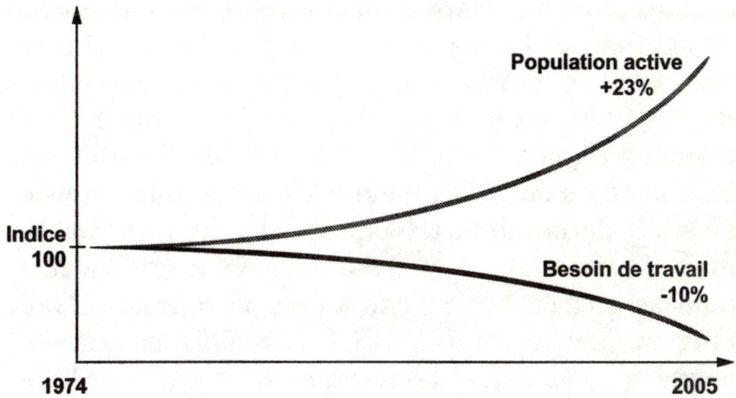

non-sens. Il faut mettre fin au scandale. Le dossier du temps de travail doit être réouvert et débattu sans tabou.

Cet écart est en effet la principale explication du chômage.

Si, dans le même temps, la durée individuelle du travail avait baissé de 33 %, le chômage serait resté à son faible niveau de 1974. Mais **la durée du travail pour un emploi normal a très peu baissé :** si l'on tient compte des heures supplémentaires, elle a baissé de moins de 5 % entre 1997 et 2002 (Insee, juillet 2005) et, depuis, elle a sans doute un peu remonté, à cause de la contre-réforme Fillon.

C'est donc un « partage du travail » assez sauvage qui s'est mis en place :

➢ **4 millions de personnes font 0 heure par semaine (les chômeurs) ;**

➢ **19 millions travaillent plein pot (parfois trop) ;**

➢ **4 millions sont à temps partiel (via les CDD ou l'intérim).**

Dans le même temps, l'espérance de vie a augmenté de cinq ans et l'arrivée sur le marché du travail a été retardée de trois ans en moyenne. Pour les plus jeunes d'entre nous, il est donc difficile de s'arc-bouter sur le maintien de la retraite à 60 ans. La retraite à 60 ans était légitime en 1971 quand elle est devenue la revendication de nombreux syndicats et partis de gauche, mais aujourd'hui, pour rester fidèles à nos valeurs, pour assurer un bon revenu à tous les retraités, il faut faire évoluer le contrat social. **Travailler un peu plus longtemps pour sauver les retraites, mais travailler beaucoup moins chaque semaine ou chaque année pour casser le chômage et vivre autrement, c'est le meilleur moyen de sortir de la crise. Mais les libéraux ne retiennent que le début la proposition – quitte à aggraver encore le chômage !**

33,7 heures, durée moyenne du travail aux États-Unis

On l'a vu plus haut : une des inégalités les plus choquantes du système libéral est l'inégalité dans l'accès au travail. Sans compter les chômeurs, la durée moyenne du travail aux États-Unis est de 33,7 heures[1].

Malgré une croissance « très forte » (on a vu plus haut qu'elle ne sera pas éternelle), la durée moyenne pour ceux qui ont un travail est inférieure à 34 heures.

1. Source Rapport du Président, février 2007.

Mais, aux États-Unis, il n'y a pas eu de débat ou de négociation sur la RTT. C'est le marché qui répartit le travail : de bons jobs pour certains (40 ou 42 heures par semaine) et pour d'autres des miettes (8 ou 10 heures par semaine)... Comment peut-on faire vivre sa famille avec 10 heures de travail par semaine ? Est-ce ainsi que nous voulons vivre ?

Voilà, en matière de temps de travail, ce que donne la « liberté individuelle » que Nicolas Sarkozy a mise en avant durant toute sa campagne. Cette « liberté » n'empêche pas les gains de productivité. Cette « liberté » n'empêche pas la baisse de la durée moyenne. Cette « liberté » accélère seulement les inégalités au profit des seuls 5 % du haut de la pyramide.

> « Le 29 juin, en visite à Lyon, Nicolas Sarkozy a éprouvé le besoin de revenir aux idées simples de sa campagne. Visitant un chantier de construction, il est revenu sur le "travail qui libère" et sur la défiscalisation des heures supplémentaires : "Inutile de réinventer le fil à couper le beurre. Toutes ces théories économiques... moi-même, parfois je suis un peu perdu. Ce que je veux, c'est que les choses marchent. Il n'y a aucune raison que les autres réussissent et nous non."
> Nicolas Sarkozy fustige à nouveau les 35 heures, « synonyme d'échec », et affirme : « Travaillez plus pour gagner plus, voilà la martingale gagnante. »
>
> *Le Monde*, 1er juillet 2007

Travailler plus, la *martingale gagnante* ?

Incertain sur le sens exact du mot martingale, j'en ai cherché dans le dictionnaire la définition : « astuce qui permettrait d'augmenter la probabilité de bénéfice dans certains jeux de hasard ».

Voilà une singulière vision du monde du travail : un jeu de hasard. Une grande loterie dans laquelle 99 % des joueurs perdent régulièrement de l'argent au profit des organisateurs (la part des salaires diminue au profit des seuls actionnaires), mais il faut toujours laisser croire aux joueurs qu'ils ont une martingale qui leur permettra de gagner un peu plus que les autres...

Si les heures supplémentaires sont favorisées, certains salariés vont gagner un peu plus. C'est incontestable (à la seule condition que l'entreprise déclare les heures supplémentaires et les paye...). Mais si l'entreprise fait faire des heures supplémentaires aux salariés en place, elle risque de diminuer les embauches : si trois salariés partent en retraite l'année prochaine, va-t-on embaucher trois personnes nouvelles ou va-t-on répartir le travail entre les salariés déjà présents ? Si l'on n'embauche pas, le chômage va augmenter, la baisse des salaires dans le PIB va se poursuivre et s'accélérer. Et si les heures supplémentaires sont défiscalisées, les ressources de la Sécurité sociale vont baisser... Avec ce qu'on gagne en heures supplémentaires, faut-il payer une assurance privée ?

À court terme, certains salariés vont évidemment bénéficier du paiement de ces heures supplémentaires, mais, globalement et à moyen terme, qui gagne à cette dérégulation ? Aucun modèle économique n'est capable de répondre à cette question. La seule réponse vient de l'observation des pays qui ont mis en place ces politiques... J'ai dit plus haut ce qu'il fallait penser du plein emploi américain et de la baisse de revenu qui touche maintenant 95 % des actifs.

> « Entre le riche et le pauvre, entre le puissant et le faible, entre le maître et le serviteur, c'est la liberté qui opprime et la loi qui libère. »
>
> Henri Lacordaire,
> Conférence de carême de 1848

On en rirait si des millions d'hommes et de femmes ne voyaient pas leur vie irrémédiablement gâchée par les dégâts du libéralisme. La soupe populiste que nous sert Nicolas Sarkozy (« moi, toutes ces théories économiques... parfois, je suis un peu perdu ») est d'une pauvreté affligeante. Son discours est digne du discours des libéraux du début du XIXe siècle, un discours *laisser-fairiste* auquel s'opposaient tous ceux qui étaient choqués par la misère qu'il provoquait !

Henri Lacordaire n'était pas un gauchiste ou un anarchiste. C'est lui qui prêchait le carême à Notre-Dame de Paris ! En 1848, il avait déjà compris que, *entre le riche et le pauvre, entre le faible et le fort, c'est la liberté qui opprime et la loi qui libère.*

Nicolas Sarkozy se moque souvent du retard de la gauche (« vingt ans de retard ! »), mais sa pensée sociale date d'avant 1848 !

Quand il s'agit de remettre en cause les régimes spéciaux de retraite, Nicolas Sarkozy est très attaché à ce que les règles soient les mêmes pour tous (« c'est un principe de bon sens. Tout le monde peut le comprendre »), mais quand il faut faire reculer le chômage et renforcer les salariés face aux actionnaires, plus question de règles communes ! Chacun a sa martingale et malheur aux vaincus !

Jamais une société n'a pu vivre sans un contrat social. Et ce besoin de régulation est d'autant plus fort que nous vivons une mutation technologique très forte.

« Les Français travaillent moins que leurs voisins » affirment François Fillon et Nicolas Sarkozy. Ce n'est pas vrai. **La durée moyenne du travail (tous emplois confondus[1]) est de 29,9 heures aux Pays-Bas, 35,4 heures au Danemark et 35,1 heures en Grande-Bretagne** (Eurostat 2004).

Contrairement à ce que dit la droite, qui, depuis un siècle est toujours opposée à la réduction du temps de travail[2], **tous les pays qui ont des taux de chômage inférieurs au nôtre ont aussi des durées moyennes du travail inférieures à la nôtre**.

1. Temps plein + temps partiel.

2. Il a fallu que l'Église et la CGT s'allient en 1906 pour obtenir le repos du dimanche, qui était censé déstabiliser notre industrie. Et, en 1936, alors que tous les autres pays d'Europe bénéficiaient déjà de congés payés, la droite expliquait que les congés payés allaient augmenter l'alcoolisme ouvrier (« La France ivrogne » titrait un quotidien proche du patronat) et généraliser une paresse destructrice (« Les ouvriers vont partir à la mer. Ils ne reviendront pas ! »).

Durée moyenne de travail tous emplois confondus

	Durée moyenne
Allemagne	35,9 heures
Danemark	35,4 heures
France	36,2 heures
Irlande	37,2 heures
Italie	38,6 heures
Pays-Bas	29,9 heures
Pologne	40,7 heures
Suède	36,2 heures

Source : Eurostat 2004

On ne le dira jamais assez : vu les gains de productivité colossaux réalisés dans toutes nos économies, le débat n'est pas *pour ou contre la RTT ?* mais plutôt *quelle RTT ?* RTT organisée par le marché (précarité, stress et concurrence permanente) ou RTT organisée par le débat, le référendum et la négociation ?

35 heures, quel bilan ?

« Mon entreprise est passée à 35 heures mais, en réalité, nous continuons à faire 38 heures 50 », expliquait sans complexe le président de la CGPME (patronat des PME) dans *Le Figaro* du 6 novembre 2000. Cette déclaration illustre la difficulté qu'il y a à faire le bilan des 35 heures. Autant les accords signés avec la première loi Aubry ou avec la loi de Robien étaient gagnant-gagnant (vraie RTT

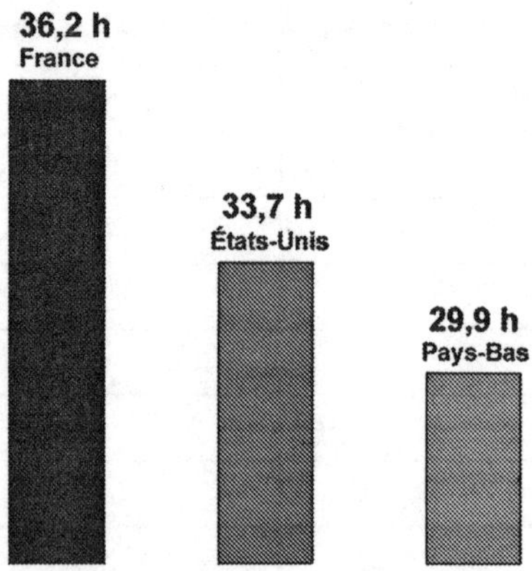

Durée moyenne du travail (tous emplois confondus)

avec vraies créations d'emplois), autant les accords signés avec la deuxième loi Aubry ont été souvent plus ambigus. Hélas, ils ont concerné une grande majorité de salariés ! Au total, selon l'INSEE, la durée moyenne, tous secteurs confondus, a baissé de 4 % seulement et reste supérieure à 38 heures pour un emploi à temps plein, et l'effet sur l'emploi est « proche de 350 000 emplois créés ».

En janvier 1998, je publiais *35 heures, le double piège*[1] dans lequel je pointais les limites et les ambiguïtés du dispositif qui se mettait en place. Hélas, jamais nous n'avons pu avoir un débat de fond sur ce sujet. La violence des réactions du Medef a abouti à un débat caricatural : « Choisis ton camps camarade, tu es avec Aubry ou tu es avec le Medef ? » Tous ceux qui pensaient que oui, il fallait réduire le temps de travail, mais

1. Belfard, 1998.

que non, la méthode employée n'était pas la bonne, étaient exclus du débat...

En 2007, la droite recommence à attaquer les 35 heures, mais le PS ne semble plus très clair dans ses réponses. **Allons-nous avoir un débat de fond ou en resterons-nous, encore une fois, à la mise en scène de postures et au jeu des petites phrases ?**

Les 35 heures étaient déjà dans le programme du PS en 1981. Si notre but est de construire le contrat social de 2012-2017, pouvons-nous nous contenter du programme de 1981 ? En trente ans, le monde a changé. Les 35 heures étaient une étape. Il reste presque 4 millions de chômeurs. Il faut aller plus loin, avec une autre méthode.

La semaine de 4 jours est déjà une réalité dans plus de 400 entreprises : Fleury-Michon, Mamie Nova (Coop Even), Monique Ranou ou *Télérama*, mais aussi des centaines de PME inconnues : une auto-école à Rouen, un fabricant de logiciels à Chambéry, un charpentier près de Bordeaux, une coopérative d'insémination porcine à Pau, un imprimeur dans le Nord, une concession Peugeot dans le Var, un libraire, un chauffagiste et une agence de pub à Paris...

À partir de l'effet sur l'emploi observé chez ces 400 pionniers (de tailles et de métiers très différents), une étude du ministère du Travail estimait en 1997 qu'un mouvement général vers les 4 jours créerait 1 600 000 emplois en CDI (sans parler des métiers émergents autour du temps libre et de l'impact sur la croissance qu'aurait la création de 1 600 000 emplois en CDI, donc le surcroît de consommation pour 1 600 000 familles).

« Il faut passer à 32 heures, sans étape intermédiaire. Cela obligera toutes les entreprises à créer des emplois », affirmait Antoine Riboud en 1993. Il n'a guère été entendu. **En période de crise, il est plus facile de jouer sur les peurs et de parler au cerveau reptilien que de parler à l'intelligence et au cerveau citoyen.**
En 1917, quand Henry Ford affirmait qu'il fallait des règles collectives pour augmenter les salaires (afin d'augmenter la consommation), quand Kellog passait ses usines à 30 heures (et augmentait les salaires de 12 %) pour « donner du travail à 300 chefs de famille », ils ont été moqués par les autres patrons américains. En période de crise, le bon sens ne veut-il pas que l'on travaille plus en gagnant un peu moins ? Ce bon sens reptilien a conduit à la crise de 1929.

Ce même bon sens inspire aujourd'hui les leaders de la droite quand ils incitent chacun à travailler plus. En réalité, **le seul moyen de rééquilibrer le marché du travail pour augmenter vraiment les salaires, le meilleur moyen de relancer la croissance, le meilleur moyen aussi de sauver les retraites, c'est de s'attaquer frontalement au chômage. Ce qui passe (entre autres actions) par une forte baisse du temps de travail.**
Beaucoup, à gauche, ont peur d'être ridicules en parlant à nouveau du temps de travail : on en a déjà tellement parlé. Et puis, faut-il vraiment faire le bilan des 35 heures ? Les 35 heures devaient être une étape vers les 4 jours – 32 heures, mais qui s'en souvient ? On a peur d'être ridicule. On a peur de faire « réchauffé ».

Mais la peur n'est pas forcément bonne conseillère. Serons-nous capables de nous ressaisir et d'ouvrir un vrai débat sur cette question cruciale avant que la précarité généralisée ne débouche sur une crise majeure ?

Michel Rocard et Pierre Larrouturou
Le Nouvel Observateur, 21 octobre 2004

Le dossier du temps de travail doit être réouvert et débattu sans tabou

Peur d'être ridicule, peur de faire autrement que les autres... Ne laissons pas la peur nous dicter notre conduite. Il est absolument vital pour notre cohésion sociale d'arriver à reparler de cette question. Sans doute nous faudra-t-il l'aborder avec une méthode différente de celle qui a été employée en 1997, de façon plus franche, de façon plus globale aussi – en faisant le lien avec la question des retraites et en concevant un vrai projet de société autour du temps libéré.

Sans doute faut-il reconnaître les erreurs commises au moment des 35 heures[1]. Mais il serait dramatique de laisser tomber la question du temps de travail comme certains au PS ont proposé de le faire aux dernières universités d'été, début septembre.

Ce n'est pas par hasard que le Medef et l'UMP concentrent leurs critiques les plus vives sur la question du temps de travail. Aucun autre outil utilisé par la

1. Cf. *35 heures, le double piège*.

gauche n'est critiqué avec autant de vigueur ! Pourquoi cette violence dans les critiques contre la RTT ? C'est sans doute parce que, si elle était bien négociée, une forte RTT serait un moyen très puissant de rééquilibrer le marché du travail, donc de renforcer le camp des salariés dans la négociation sur les salaires.

Avec quelle autre réforme peut-on créer, en quelques années, 1,5 million d'emplois en CDI ? Et si l'on crée 1,5 million d'emplois en CDI, qui peut croire que la négociation sur les salaires ne se fera pas dans un autre climat ? Un nouveau partage de la valeur ajoutée, plus favorable aux salariés et à la croissance, devrait assez vite se mettre en place. Voilà pourquoi l'aile libérale du Medef et les dirigeants de l'UMP sont si hostiles à la semaine de 4 jours[1]. Voilà pourquoi la gauche doit renouveler sa vision du temps de travail et ne pas abandonner ce combat.

Patrick Artus a vérifié que le passage à 4 jours (avec le financement que nous proposons) n'engendre pas d'inconvénient macro-économique : « Patrick Artus a exploré le bouclage macro-économique de la formule Larrouturou », écrivait *Options finances* le 15 novembre 1993. « Sa conclusion est formelle : il tient ! Il maintient le potentiel de production, la stabilité des coûts, la sta-

1. En 1993, j'étais salarié chez Andersen quand j'ai lancé le débat sur la semaine de 4 jours. Alain Madelin, qui était alors au gouvernement, a demandé qu'on me licencie (ce que mes patrons ont refusé) et a obtenu d'un député UDF qu'il annule un débat public où je devais exposer mes idées... Ces libéraux sont de vrais démocrates !

bilité (ou la hausse) du revenu disponible de l'ensemble des ménages. Il n'aggrave pas le déficit public. Ce qui ne présage en rien de sa faisabilité pratique », précise-t-il. Mais comme, depuis lors, 400 entreprises sont maintenant passées à 4 jours, la faisabilité pratique est attestée ! Le chantier est énorme mais il n'est pas dangereux pour notre économie. Le chantier est énorme et beaucoup se sentent désarmés devant cette perspective, mais qui peut croire que l'on sortira de la crise en se contentant de rustines ? Qui ne sent le besoin d'inventer du neuf ?

En 1997, quand la Sofres interrogeait les salariés sur les 35 heures, ils avaient de gros doutes sur l'effet qu'auraient les 35 heures sur l'emploi : 69 % des Français pensaient que les 35 heures ne créeraient pas d'emplois (*Le Monde*, 2 octobre 1997), alors que **68 % pensaient que la semaine de 4 jours pourrait créer des emplois** (sondage CSA / *La Vie*, 5 mai 1997). Notons que 67 % des personnes interrogées acceptaient de perdre jusqu'à 5 % de salaire en échange d'une journée entière de liberté.

De farouches partisans de la RTT se demanderont pourquoi nous ne proposons pas une RTT plus forte : « Les gains de productivité vont continuer et la population active continue d'augmenter (si on décale le départ en retraite). L'écart qui est de 32 % aujourd'hui sera de 35 % en 2010. Pourquoi s'en tenir aux 4 jours ? Pourquoi ne pas proposer carrément une réduction de 30 ou 35 % du temps de travail ? » La réponse est hélas que, parmi les 4 millions de chômeurs, un certain nombre ont un niveau de qualification qui ne correspond pas aux attentes des clients et des collègues auxquels ils auraient affaire s'ils étaient embauchés demain. On ne peut pas sortir d'un seul coup d'une crise si longue. Il va falloir procéder par étape et ne pas se tromper dans le timing.

Comme la sauvegarde du système de retraite par répartition exige d'augmenter un peu la durée de cotisation, nous proposons que soit soumise à négociation et à référendum une triple réforme dont la première étape est une réduction de la durée réelle du travail à 4 jours-32 heures en trois ans (avec des exonérations réservées aux entreprises créant 10 % d'emplois nouveaux en CDI).

4-4-42 – Un référendum pour une triple réforme

La réforme complète peut se résumer en trois temps : 4-4-42

➢ semaine de 4 jours à la carte, avec activation des systèmes de formation ;

➢ possibilité de prendre 4 années sabbatiques dans sa vie ;

➢ 42 années de cotisation pour les plus jeunes d'entre nous (42 années y compris les 4 années sabbatiques possibles).

Respecter le bon timing

Respecter le bon calendrier est indispensable :

– réduire le temps de travail avant d'avoir activé le système de formation serait destructeur pour notre économie : on aurait simultanément des tensions fortes sur les salaires et la persistance d'un chômage de masse...

– allonger la durée de cotisation (comme l'ont fait M. Balladur et M. Fillon) alors que des millions de personnes sont actuellement sans emploi serait aussi un non-sens total : cela augmenterait le nombre des chômeurs sans rapporter de cotisations nouvelles aux caisses de retraites. Allonger la durée de cotisation, laisser un million d'actifs sur le marché du travail sans se donner les moyens d'assurer pour chacun un emploi, aurait pour effet de baisser encore la part des salaires dans le PIB, donc d'accroître la crise.

Il faut d'abord créer très massivement des emplois, des emplois non précaires, pour faire remonter la part des salaires dans le PIB et, ensuite, ensuite seulement, augmenter un peu la durée de cotisation. C'est le plus logique économiquement. C'est aussi le plus acceptable socialement. Augmenter aujourd'hui la durée de cotisation, alors qu'une majorité de salariés se plaint du stress et de maladies liées à la pression au travail, alors que de nombreux seniors ne trouvent pas d'emploi, est inacceptable. Tandis que, si on est passé à 4 jours et qu'on peut prendre une année sabbatique tous les neuf ans, travailler deux années de plus ne sera sans doute pas un problème pour ceux qui sont nés après 1960.

Freiner dans la montée ou attendre que le col soit passé ?

« C'est évident qu'il faudra allonger la durée de cotisation. » De la gauche de la gauche à la droite la plus conservatrice, la quasi-totalité des économistes et des politiques que j'ai rencontrés sont d'accord (en petit comité[1] et si on les incite à aller au bout de leurs raisonnements) pour dire que passer à qurante-deux années de cotisation est inévitable, pour le public comme pour le privé.

Mais le timing a son importance : commencer aujourd'hui à augmenter la durée de cotisation, c'est comme si un cycliste faisant du vélo en montagne commençait à freiner dans la montée, sous prétexte qu'il faudra penser à freiner un peu plus tard, une fois que l'on aura passé le col... Il risque de ne jamais arriver au col[2].

Les syndicats qui s'opposent aujourd'hui à l'allongement de la durée de cotisation n'y sont pas hostiles dans le cadre d'une vision plus globale du dossier. La CGT prend bien soin, dans tous ses documents, de dire qu'elle est hostile à l'allongement « dans l'état actuel du dossier » ou « tant que le chômage reste à un aussi haut niveau ».

1. Les provocations du Medef n'aident pas à avoir un débat serein sur ce sujet. En voulant imposer les 45 années de cotisation, supprimer la butée des 65 ans pour avoir droit à une retraite à taux plein, et en ne faisant rien pour faire reculer chômage et précarité, le Medef ne facilite pas la tâche à tous ceux qui essayent de clarifier les enjeux sans les caricaturer.
2. L'image est de Henri Sterdiniak, économiste de l'OFCE.

Waasenar 2012

Les accords de Waasenar ont été signés en 1982 par les syndicats et le patronat hollandais avec le soutien actif de l'État. Les Pays-Bas connaissaient à l'époque un chômage massif (9 % de chômage officiel et plus de 13 % de personnes placées en *invalidité*). À l'issue de plusieurs semaines de négociation tripartite (syndicats, patronat, État), un nouveau pacte social a été rendu public. Il portait aussi bien sur les salaires que sur le temps de travail, sur les gains de productivité nécessaires pour rester compétitifs, sur la formation et la fiscalité...

Ces accords de Waasenar ont permis de diminuer le total « chômage + invalidité » de presque 10 %. Tous les problèmes n'étaient pas réglés mais ces accords apportaient la preuve que, par le dialogue, en mettant « tout sur la table », en prenant le temps d'approfondir la discussion, en acceptant des concessions réciproques (« on simplifie le droit du travail mais on sécurise vraiment les salariés »), on peut faire reculer nettement le chômage et la précarité.

Pendant longtemps, les accords de Waasenar ont été considérés comme ce qui se faisait de mieux en matière de contrat social. Mais, en 2004, l'assassinat de Theo van Gogh a profondément ébranlé la société néerlandaise : on s'est rendu compte qu'un certain « bien-être social » ne suffit pas pour faire société. L'équilibre social est nécessaire mais pas suffisant. Le « chacun a un travail, mais chacun reste chez soi, dans sa communauté » n'est pas vivable à long terme. Voilà pourquoi, en 2007 ou 2012, on ne peut plus penser la cohésion sociale comme on le faisait en 1982 : les questions d'identité, les questions d'habitat, les questions d'éducation (y compris l'éducation à la non-violence, l'éducation à la laïcité), les questions de lien social et d'intimité doivent être prises en compte.

En s'inspirant de ce qui s'est fait aux Pays-Bas, mais en essayant d'en tirer toutes les leçons, il semble fondamental, quand la gauche reviendra au pouvoir en France[1], qu'elle organise une négociation semblable à celle de Waasenar. Ce n'est pas par des décrets ou des lois rédigées en petit comité que l'on sortira notre pays de la crise. Le temps du débat et le temps de la négociation sont fondamentaux.

Concernant le temps de travail, la négociation tripartite (syndicats, patronat, gouvernement) devrait porter, au moins, sur cinq points clefs.

1er chantier : Financer les créations d'emplois

Comment financer le passage à 4 jours sans augmenter les coûts de production ? La source de financement principale est à chercher du côté de l'activation des fonds de l'Unedic. Avant même l'État et les collectivités locales, ce sont les caisses de chômage qui sont les premières bénéficiaires de l'effet sur l'emploi d'une RTT massive. Voilà pourquoi nous proposons que les entreprises qui passent à 4 jours et créent 10 %

1. On reviendra plus loin sur cette question...

d'emplois nouveaux, cessent de payer les cotisations chômage.

Fleury-Michon, Mamie Nova, Monique Ranou et toutes les entreprises passées déjà à 4 jours ont créé entre 10 et 15 % d'emplois nouveaux en CDI sans augmenter d'un centime leurs coûts de production (et sans toucher aux plus faibles salaires).

Pour augmenter l'effet sur l'emploi et pour limiter la pression mise sur les salariés, il faut absolument que les exonérations soient conditionnées à des créations d'emplois :

➢ Pas d'exonération sans une baisse effective de la durée du travail.

➢ Pas d'exonération s'il n'y a pas 10 % au moins d'embauche en CDI.

Tels sont deux des facteurs clefs de succès que devront avoir en tête les négociateurs.

Le principe général (à détailler selon les branches et la taille des entreprises) est le suivant : une exonération de 8 % pour les entreprises ayant réduit leur durée réelle à 4 jours – 32 heures et créé 10 % d'emplois en CDI.

Cotisations	– 8 %	(s'il y a bien 10 % d'embauche en CDI – 6 % Unedic, – 2 % État)
Salaires	– 2 ou – 3 %	(à négocier au cas par cas – maintien intégral du salaire en dessous de 1 500 euros)
Créations d'emplois	+ 10 %	
Équilibre de la masse salariale		

Tel est le principe qui a été mis en place dans les 400 entreprises déjà passées à 4 jours. Il n'y a aucune baisse de revenu en dessous de 1 500 euros nets par mois. Au-dessus, c'est à négocier. Dans beaucoup d'entreprises passées à 4 jours, il n'y a eu aucune baisse de salaire. Ailleurs, les hauts salaires ont perdu 2 ou 3 %. Dans *Urgence sociale*[1], j'avais reproduit le tableau de financement de l'accord de passage à 4 jours d'une entreprise de 800 salariés. Ils sont tous passés à 4 jours (en moyenne sur l'année). Le salaire net n'a pas baissé. Mais, en jouant sur sept autres facteurs de coûts (de la prime de salissure aux congés payés supplémentaires qui augmentaient avec l'ancienneté), l'entreprise a pu créer 15 % d'emplois nouveaux en CDI sans augmenter ses coûts de production. Comme elle travaille pour la grande distribution, elle ne pouvait pas se permettre la moindre augmentation de coût.

2e chantier : Améliorer la formation

C'est sans doute le plus vaste chantier si l'on veut avoir 10 % de personnes qualifiées à embaucher dans tous les secteurs. Les PME représentent une part croissante de l'emploi dans notre pays. Or, la gestion prévisionnelle des compétences est très difficile à réaliser par les patrons de PME, toujours très pris par le quotidien.

1. *Urgence sociale*, Ramsay, 2006. J'envoie le tableau et des explications supplémentaires à tous ceux qui le souhaitent (pierre.larrouturou@gmail.com).

Savoir trois ans à l'avance (au moment du référendum) que toutes leurs entreprises devront passer à 4 jours et embaucher 10 % de salariés nouveaux va obliger les PME, les interprofessions et les partenaires sociaux, à se regrouper et à créer des structures de pilotage de la formation qui permettront d'apprécier les besoins et d'y répondre avant qu'on ne butte sur des difficultés d'embauche. Elles faciliteront la préparation des 4 jours et continueront d'exister ensuite pour le plus grand bien de notre tissu de PME.

On parle depuis des années de réformer la formation mais rien n'avance de façon décisive (sauf dans certains secteurs tels que le bâtiment qui, confrontés à de réelles difficultés de recrutement, ont vraiment innové en matière de formation). Soumettre notre système de formation professionnelle à un petit électrochoc prévisible est la meilleure façon de lui faire franchir une nouvelle étape.

Permettre réellement la formation tout au long de la vie

Une étude publiée par la CGT révèle que plus de 70 % des salariés seraient prêts à consacrer une partie de leur temps libre à se former. 60 % seraient même d'accord pour participer au financement de cette formation ! À la fin d'un débat, à Orléans, un ouvrier prenait la parole et affirmait : « On en a parlé avec ma femme : la semaine de 4 jours, même s'il fallait perdre 5 % de salaire, on est pour ! On est pour, parce qu'on veut se former. Cela fait vingt ans que je travaille dans la même entreprise, vingt ans que je n'ai pas mis le nez dans un livre... À chaque fois qu'on demande une formation, le patron dit qu'on n'a pas le temps en ce moment, qu'on est à la bourre, qu'on verra plus tard. Et ce n'est pas le soir quand on est fatigué ou le week-end, quand il y a les enfants, qu'on peut se former. Avec les 4 jours, même si le patron n'est pas d'accord, on pourra se former... »

L'accès à la formation pendant la journée libérée et pendant les années sabbatiques sera un sujet essentiel de négociation : formations adaptées et évaluées, disponibles sur tout le territoire, aide à l'orientation, bilans de compétences, validation des acquis professionnels... Vaste chantier pour les partenaires sociaux et les services de l'État ! Voilà de quoi donner un vrai contenu à l'idée de formation tout au long de la vie.

3e chantier : Lutter contre la précarité

Il faut négocier et mettre en œuvre un bonus-malus précarité : une entreprise dans laquelle la proportion d'emplois précaires est supérieure à la moyenne de son secteur paiera un supplément de cotisation. Inversement, une entreprise qui a fait un effort pour développer une organisation et une polyvalence lui permettant de faire face aux fluctuations d'activité avec des CDI paiera moins de cotisations. On a divisé par deux les accidents du travail grâce au bonus-malus accident du travail. Pourquoi ne pas faire de même pour faire reculer la précarité ?

Simplifier le Code du travail (son incroyable complexité – 2 100 pages ! – pousse à prendre des intérimaires plutôt que des CDI), favoriser les groupements d'employeurs et développer la polyvalence sont autant de moyens de lutter contre la précarité... Créer un très grand nombre d'emplois en CDI et agir contre la précarité, voilà comment donner un contenu concret à l'idée de Sécurité sociale professionnelle !

4e chantier : Réorganiser le travail

Les questions d'organisation du travail sont négociées entreprise par entreprise, service par service. De même que sous le régime « unique » des 5 jours-40 heures, on trouvait des organisations du travail très différentes (quoi de commun entre l'organisation d'une usine d'agro-alimentaire, d'un service de pédiatrie néo-natale et d'un cabinet d'architecte, qui étaient pourtant tous à « 40 heures » ?), sous la même étiquette de « 4 jours à la carte », sous la même durée légale de 32 heures, on peut trouver un grand nombre d'organisations différentes : 4 jours sur 5 (pour la plupart des salariés), 4 jours sur 6 (chez un concessionnaire automobile, ouvert du lundi au samedi), 4 jours sur 7 (dans un hôpital ou un aéroport), alternance systématique de semaines de 3 jours et de semaines de 5 jours (dans une entreprise de transports routiers), 1 mois libre sur 5 (pour des programmeurs informatiques), 1 année sabbatique tous les 5 ans (pour des chercheurs)...

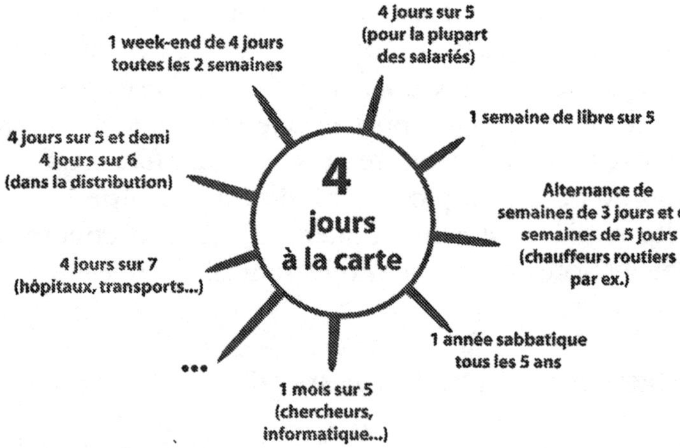

Peut-on réduire le temps de travail dans les PME?

Oui. Parmi les 400 entreprises déjà passées à 4 jours, on compte un très grand nombre de PME. Elles n'auraient sans doute pas pu se réorganiser avec une RTT de deux ou trois heures (qui embaucher pour des miettes d'emplois ?), mais une RTT plus franche, type 4 jours, leur a permis de mettre en place une nouvelle organisation assez efficace et même parfois plus efficace que l'organisation ancienne. Je ne donnerai que deux exemples.

Le premier exemple est une auto-école près de Rouen.

« Jusque-là, explique le patron, j'avais quatre moniteurs et ils travaillaient tous cinq jours par semaine.

« En me comptant, on était cinq à donner des leçons de conduite. En passant à 4 jours, j'ai pu embaucher un cinquième salarié (sans augmenter ma masse salariale). Je les ai laissés choisir leur jour de repos en fonction de leurs activités personnelles et de leur situation de famille avec une seule contrainte : que tout le monde soit sur le pont pour les deux jours de plus forte activité dans notre métier : le mercredi et le samedi. C'est ce jour-là qu'il y a le plus de jeunes qui viennent prendre des cours. Résultat des courses : on est 6 (au lieu de 5) à travailler pendant les deux jours de forte activité et chacun – y compris moi – prend trois jours de repos par semaine. Le statut du week-end n'a pas changé : les salariés ont toujours deux jours de repos consécutifs. Deux salariés ont trois jours de repos consécutifs. Les autres ont un jour libre en semaine. »

« Sans augmenter la masse salariale (du fait de l'exonération liée à l'embauche), l'auto-école a créé un emploi et peut accueillir 20 % de clients en plus sur les deux jours de forte activité (avec six salariés au lieu de cinq ces deux jours-là). Le mardi, il n'y a presque pas de clients. Ce n'est donc pas gênant d'être seulement trois. » Le patron est aussi content que les salariés du passage aux 4 jours. Il est spontanément venu témoigner dans un débat organisé à Rouen par une association de lutte contre le chômage. « Si toutes les PME faisaient comme nous et augmentaient leurs effectifs salariés de 20 ou 25 %, ça irait mieux dans ce pays », disait-il.

Effectifs de l'auto-école

	Lundi	Mardi	Mercredi	Jeudi	Vendredi	Samedi
Avant passage aux 4 jours	Relâche	5	5	5	5	5
Après passage aux 4 jours	Relâche	3	6	4	5	6

Prenons un autre exemple pour montrer que l'on peut adapter la semaine de 4 jours dans de petites structures. Voici une petite entreprise d'ébénisterie.

Martin est le salarié le plus qualifié. C'est lui qui réalise le travail le plus sensible. Durand fait l'assemblage et les enduits. Da Ponte s'occupe des commandes, de la mise en carton, de l'expédition, du suivi des clients. Le patron s'occupe essentiellement de l'activité commerciale. Il travaille parfois aux côtés de Martin.

Martin travaille tout le temps sur le même poste. Durand est à cheval (de façon régulière) sur deux postes. Da Ponte aussi : il fait deux jours d'emballage et deux jours « assemblage et enduits ». Munoz, la nouvelle recrue, a été affecté au poste le moins qualifié. Le besoin de formation n'a pas été trop important car les uns et les autres étaient dans l'entreprise depuis longtemps et connaissaient un peu le métier du voisin.

À travers cet exemple, on voit que le passage à 4 jours est possible dans une petite structure. Il est même souhaitable car, une fois organisée ainsi, cette petite structure est moins fragile : si Martin démissionne pour

Organisation avant le passage à 4 jours

	Poste 1	Poste 2	Poste 3
Lundi	Martin	Durand	Da Ponte
Mardi	Martin	Durand	Da Ponte
Mercredi	Martin	Durand	Da Ponte
Jeudi	Martin	Durand	Da Ponte
Vendredi	Martin	Durand	Da Ponte

Organisation après passage aux 4 jours

	Poste 1	**Poste 2**	**Poste 3**
Lundi	Martin	Durand	Da Ponte
Mardi	Martin	Durand	Da Ponte
Mercredi	Martin	Da Ponte	Munoz
Jeudi	Martin	Durand	Munoz
Vendredi	Durand	Da Ponte	Munoz

passer chez un concurrent ou s'il se casse un genou et doit rester chez lui quelques semaines, Claire Durand peut le remplacer immédiatement : elle a l'habitude du poste. Da Ponte la remplacera sur le poste 2 et Munoz remplace Da Ponte sur le poste 3, quitte à revenir tous à 5 jours pendant quelques semaines (ils rattraperont plus tard ou se feront payer ces journées supplémentaires exceptionnelles).

Le passage à 4 jours demande un effort de formation et d'imagination au moment de la mise en place mais, dans un deuxième temps, il accroît la souplesse et la solidité de la PME.

Quelle flexibilité ?

Dans une entreprise connaissant une forte variation annuelle de son plan de charge (augmentation des ventes en fin d'année, très fréquente dans l'agro-alimentaire, par exemple), la semaine de 4 jours à la carte permet d'introduire une certaine flexibilité sans précarité : ce sont des salariés en CDI (et non en CDD ou en intérim) qui, en repassant à 5 jours pendant quelques semaines, permettent de fournir 25 % de plus sans surcoût et sans problème de qualité, alors que des intérimaires ou des CDD ne connaissent pas toujours bien les normes de fabrication « maison » et augmentent les risques de mal-façon.

Dans plusieurs entreprises passées à 4 jours, on s'est mis d'accord sur un calendrier de production avec des périodes bleues, des périodes blanches et des périodes rouges :

➢ périodes rouges, c'est le coup de feu : tout le monde repasse à 5 jours (voire à 6) pendant deux ou trois semaines.

➢ périodes bleues : on est à 4 jours ou parfois en vacances. L'organisation est stable.

➢ période blanche : ce sont les moments pour lesquels on a moins de visibilité et où les emplois du temps peuvent être modifiés en fonction des commandes, mais avec un délai de prévenance qui a été négocié.

Si l'on veut faire reculer la mauvaise flexibilité (la précarité), il faut fortement inciter les entreprises à recruter des CDI (l'exonération « 4 jours » est conditionnée à 10 % d'embauches en CDI), mais il faut aussi introduire des éléments de souplesse pour les salariés en CDI.

Créer un réseau de PME

Dans les Pyrénées, une douzaine de PME ont décidé il y a quelques années de se mettre en réseau pour réfléchir sur la RTT. Jusque-là concurrentes, elles se sont réunies pour réfléchir ensemble à ce problème. De ce travail collectif d'un an, est sorti un certain nombre de créations d'emplois (très appréciées dans des villages où ces PME sont les principaux employeurs), des déprécarisations d'emplois (en formant un groupement d'employeurs, on peut créer des CDI à plein temps « 4 jours » sur deux petites structures au lieu de créer des temps partiels). Il en est sorti aussi une meilleure connaissance mutuelle et l'envie de continuer à travailler ensemble dans les domaines où c'est possible (gestion des ressources humaines bien sûr, mais aussi marketing, recherche et développement...). La RTT était d'abord une tuile qui leur tombait dessus. En travaillant ensemble ils ont compris que non seulement l'obstacle n'était pas infranchissable, mais qu'il pouvait contribuer à muscler le tissu économique de ces vallées.

Les PME du nord de l'Italie doivent une grande partie de leur dynamisme aux réseaux qu'elles ont constitués depuis de longues années. Le passage à 4 jours n'est-il pas l'occasion de favoriser ces mise en réseau de PME en France[1] ?

Avez-vous vu à la télévision le patron de l'auto-école de Rouen témoigner de l'accord gagnant-gagnant qu'il

1. Cela commence à se faire mais de façon tout à fait marginale par rapport à ce que l'on observe en Italie.

avait signé? Avez-vous entendu le délégué syndical et le DRH de Mamie Nova (Coop Even) qui viennent de fêter les 10 ans de leur passage à 4 jours (avec 120 créations d'emplois)? Avec-vous entendu parler des PME des Pyrénées qui non seulement ont créé des emplois mais ont constitué un réseau qui les aidera à affronter d'autres difficultés? Avez-vous entendu parler de la concession Peugeot de Draguignan qui est passée à 4 jours et en a profité pour élargir ses horaires d'ouverture aux clients? Non. Seuls M. Seillière et ses amis ont exprimé le « point de vue de l'entreprise ». Ainsi, s'est installée l'idée que la RTT n'était pas possible pour les PME. De ce fait, à l'automne 2001, alors que le chômage recommençait à augmenter, le gouvernement a publié un décret permettant aux 4 500 000 salariés de PME de moins de 20 salariés de rester à 41 heures, alors que c'est dans ces entreprises que l'effet sur l'emploi aurait pu être le plus important... Comprenne qui pourra.

Les cadres peuvent-ils passer à 4 jours?

Dans les 400 entreprises passées à 4 jours, les cadres et les dirigeants sont eux-mêmes passés à 4 jours. Si l'on organisait un référendum sur la semaine de 4 jours, les membres du Medef diraient évidemment que la réduction du temps de travail des cadres est une « aberration ». On leur répondra qu'ils sont eux-mêmes la preuve vivante qu'un cadre, un cadre supérieur ou un patron, peut passer à 4 jours. En effet, les responsables du Medef alternent des journées passées à Paris, au siège du Medef, dans des réunions paritaires ou dans des ministères, avec des journées passées dans leurs entreprises. En moyenne, ils font moins de 4 jours par semaine dans leur entreprise[1]. Or, leurs entreprises n'en sont pas mortes. Mme Parisot, la nouvelle présidente du Medef, a longtemps partagé son temps entre le Medef et les deux entreprises qu'elle dirige (une entreprise de sondages et une entreprise industrielle). Elle peut difficilement être à temps plein dans chacune de ces trois fonctions. C'est bien la preuve que si on le veut, si l'on prend son temps pour réfléchir à la question, on peut organiser autrement le travail et déléguer une partie de ses responsabilités. Cela ne se fait pas en claquant des doigts. Ce n'est pas toujours très facile à organiser, mais c'est possible. Les responsables du Medef sont donc bien la preuve vivante que la semaine de 4 jours est possible pour tous les salariés, quel que soit leur niveau de responsabilité[2].

De même, presque tous les cadres des grandes entreprises sont à temps partiel par rapport à leur entreprise.

---

1. Blague à part, c'est l'occasion de souligner l'investissement bénévole d'une multitude de chefs d'entreprise et de syndicalistes qui font vivre le dialogue social, tant bien que mal, dans notre pays.
2. En général, les gens du Medef détestent cet argument. Mais il est assez efficace, que ce soit pour les faire taire un peu afin de pouvoir exprimer un avis différent du leur, ou pour les ramener aux vraies questions quand ils ont tendance à fuir le débat pour des raisons idéologiques.

Dans l'industrie, en particulier, il est exceptionnel que les usines ne tournent pas en trois fois huit et qu'il n'y ait pas des équipes de week-end. Les cadres sont-ils là la nuit et le week-end ? Non, évidemment. Il y a de plus en plus souvent une déconnexion entre la présence individuelle et l'horaire collectif. De même dans une banque ouverte 6 jours par semaine et 52 semaines par an, quel est le cadre qui est présent 6 jours par semaine sans jamais de vacances ? Et même les jours où il travaille, n'y a-t-il pas des moments où il s'absente, pour aller voir un client ou pour se former ? À une époque où le niveau de formation a considérablement augmenté y compris pour les salariés de « premier niveau », la délégation et la responsabilisation de tous sont devenues des règles essentielles du management.

Alors pourquoi les cadres ont-ils si peu baissé leur temps de travail avec les lois Aubry ? Parce que, via des systèmes de forfait, ces lois permettaient aux entreprises d'imposer des horaires très élevés et parce que le financement prévu par les lois Aubry ne permettait pas d'embauche de cadres (sinon de façon marginale).

Des financements adaptés à tous les niveaux de salaire

Dans le projet que nous proposons de soumettre à référendum, l'exonération est de 8 % quel que soit le niveau de salaire. Embaucher un cadre sera aussi facile financièrement qu'embaucher un ouvrier au Smic, alors que l'exonération Aubry II correspondait à 15 % d'un

Smic mais diminuait très fortement pour ne plus représenter que 3 % d'un salaire de 10 000 francs par mois et seulement 1,5 % d'un salaire de 20 000 francs. Comme beaucoup d'observateurs l'ont dit, la loi Aubry était essentiellement une baisse des charges sur les bas salaires, assortie d'un échange « un peu de temps libre contre de la flexibilité ».

À aucun moment, ses concepteurs n'ont vraiment pensé à une RTT forte pour les cadres et encore moins à des embauches de cadres. Ce qui est bien dommage car toutes les enquêtes montrent qu'un très grand nombre de cadres souffrent actuellement de trop travailler.

Les cadres plébiscitent la semaine de 4 jours

80 % des cadres interrogés par le laboratoire CNRS de l'université Dauphine disaient vouloir passer à 4 jours. « Les cadres plébiscitent la semaine de 4 jours » titrait *La Tribune*[1] début 1995. Dans le même temps, des milliers de cadres (jeunes ou moins jeunes) sont au chômage et des dizaines de milliers de diplômés sont dans des emplois sous-qualifiés par rapport à leurs compétences. Des ingénieurs font des travaux de techniciens. Des techniciens sont sur des postes d'ouvriers. Si les cadres passaient massivement à 4 jours, un tel gâchis cesserait.

Le passage à 4 jours ne doit pas être virtuel comme les 35 heures. Ce ne doit pas rester une « illusion

1. *La Tribune*, 23 janvier 1995.

d'optique ». Il doit devenir aussi concret que la semaine anglaise, le passage de 6 jours à 5 dans les années 1960 qui, en quelques années, est devenu une réalité pour la totalité des salariés, cadres et salariés de PME compris !

En proposant une forte réduction du temps de travail, nous poursuivons deux objectifs principaux : créer massivement des emplois et permettre une évolution de société. Ni l'un ni l'autre de ces objectifs ne seront atteints si les salariés des PME et les cadres sont oubliés.

5e chantier : Partager le pouvoir dans l'entreprise

Les actionnaires doivent-ils être les seuls à décider des stratégies de l'entreprise ? Ne doit-il pas y avoir un dialogue avec ceux et celles qui apportent leur intelligence, leur temps, leur force ? La négociation sur les 4 jours doit également porter sur cette importante question. L'actionnariat salarié n'est pas la solution. Il ne s'agit pas de donner un strapontin aux salariés en leur permettant d'avoir 3 % du capital. Il s'agit de leur donner une vraie place, en tant que salariés. Inspirons-nous de l'Allemagne où le personnel est représenté aux conseils de surveillance, en tant que personnel. La cogestion permet aux salariés de mieux connaître la stratégie de l'entreprise pour pouvoir soit l'infléchir, soit montrer que, avec une même stratégie industrielle, plusieurs stratégies « Ressources humaines » sont possibles. Pour relancer l'axe franco-allemand et donner consistance à un modèle social européen, la voie d'une cogestion de l'entreprise paraît tout indiquée... La gauche française devrait en faire un axe majeur de son futur projet.

Le libéralisme tend à concentrer toujours le pouvoir et la valeur-ajoutée aux mains d'un tout petit nombre, que Nicolas Sarkozy veut déresponsabiliser en dépénalisant un certain nombre de comportements délictueux. La gauche doit se battre, au contraire, pour un plus juste partage tant des bénéfices que du pouvoir.

Pourquoi un référendum ?

Quand la gauche reviendra au pouvoir, ce nouveau contrat social devrait être soumis à référendum après quelques semaines de négociation. L'intérêt du référendum, c'est qu'il pousse à tout mettre sur la table. À expliquer les causes du chômage. À expliquer aussi que la mondialisation, le travail des femmes ou « les immigrés » ne sont pas responsables du chômage.

Pourquoi faut-il réduire encore le temps de travail ? Il suffit en général d'un débat de deux ou trois heures pour que 80 % des opposants à l'idée soient convaincus. Mais ces trois heures sont nécessaires et même indispensables après la confusion entraînée tant par les lois Aubry que par les provocations du Medef. Quand avons-nous eu un débat sérieux sur ce sujet que ce soit à l'Assemblée ou à la télévision ? Expliquons l'écart de 33 %, donnons la parole à des patrons et à des salariés qui sont passés aux 4 jours. Allons voir sur le terrain, en France et ailleurs, comment on a réduit le temps de travail : quelles difficultés, quelles solutions ? Quels avantages économiques et humains ?

Ce débat est vraiment indispensable.

Je ne donnerai qu'un exemple pour illustrer le besoin que nous avons tous d'être éclairés par les analyses que d'autres peuvent nous apporter. Un ministre socialiste m'avait écrit fin 1998 pour me dire que mon livre *(35 heures, le double piège)* était « passionnant » et qu'il serait heureux que nous puissions nous voir pour en parler. Rendez-vous est pris pour la semaine suivante au siège du PS, rue de Solférino. Immédiatement, il m'interroge : « Comment faites-vous pour convaincre des entreprises de passer à 32 heures ? Moi, dans ma région, je n'arrive pas à les convaincre d'aller à 35 heures ? » Je lui réponds que ce n'est jamais facile. « Quand j'arrive dans une réunion patronale, à chaque fois, j'en reçois plein la tête. J'ai droit à toutes les blagues possibles sur le sujet avec plus ou moins d'agressivité. La seule condition que je mets pour venir, c'est d'avoir au moins une demi-heure d'exposé avant le débat et de disposer d'un tableau de papier, pour pouvoir faire quelques schémas. » Et, devant le ministre, j'explique que le PIB a augmenté de plus de 70 % mais que, du fait de la productivité, le besoin de travail a baissé de 10 % et, alors que le besoin de travail baissait de 10 %, la population active augmentait de plus de 20 %...

Voyant cette courbe, le ministre lâche son stylo et avec ses doigts il tape à plusieurs reprises sur mon cahier. « La voilà l'explication du chômage. La voilà ! Dit comme ça, on comprend tout. Évidemment... » et, enthousiaste, il se tourne vers son chef de cabinet : « Il faut absolument que Pierre Larrouturou vienne faire des conférences dans notre région. Expliqué comme ça, je suis sûr que la RTT, ça passe beaucoup mieux... ». Je l'ai assuré que je serais très heureux de venir participer à des débats dans sa région et, avant de le quitter, je lui ai aussi montré les trois ou quatre autres schémas qui marchaient « à tous les coups » pour convaincre patrons et syndicalistes du côté « gagnant-gagnant » des 4 jours à la carte. Mais, en repartant, j'ai pensé que c'était malgré tout un peu inquiétant qu'un homme aussi « important », ayant de très hautes fonctions en matière économique et sociale, l'un des principaux responsables d'un parti qui venait de faire voter les 35 heures, découvre si tard l'argument principal qui légitime la RTT et comprenne, du coup, qu'on aurait pu aller beaucoup plus loin que les vraies-fausses 35 heures[1]. Si un référendum était organisé sur le temps de travail, toutes ces données seraient mises dans le débat public.

1. Cette rencontre m'a renforcé aussi dans la volonté d'en finir avec le cumul des mandats. Il m'a écrit que mon livre était « passionnant », mais les chiffres qu'il venait de découvrir avec enthousiasme figuraient page 40 dans le livre en question. Comment un ministre qui cumule un ministère important et de lourdes responsabilités locales trouverait-il du temps pour lire et réfléchir par lui-même ?

Un référendum pour faire avancer nos représentations collectives

Le travail est un élément d'intégration et de construction de soi fondamental. C'est pour ça qu'il faut que tous puissent avoir un emploi et des revenus normaux. Mais passer à 4 jours, c'est reconnaître aussi qu'il n'y a pas que le travail marchand dans la vie. Il y a d'autres activités qui peuvent donner du goût à la vie et créer du lien social : le travail de soi (essayer de se connaître et de réussir sa vie), jouer avec ses enfants ou parler avec leurs copains quand ceux-ci n'arrivent pas à parler à leurs propres parents. Soutenir un projet de développement au Burkina Faso. Prendre son jeudi, chaque semaine, pour être seul(e), tranquille, parce que, même quand on adore son conjoint et ses enfants, on a besoin d'être seul(e) de temps en temps... Se mettre à la danse ou au chant parce qu'on en a marre de vivre seul(e) et qu'on voudrait faire de nouvelles connaissances... Tout cela c'est essentiel. C'est un travail, une œuvre dont au soir de notre vie nous pourrons être aussi fiers que d'avoir été salarié de telle ou telle entreprise.

On parle beaucoup de la crise de la famille et des problèmes d'éducation. Qui d'entre nous peut consacrer tout le temps qu'il voudrait à sa vie de couple et à ses enfants ? Même s'il n'y avait pas le chômage, ne faudrait-il pas penser à d'autres rythmes de vie ?

Il y a un siècle, le travail représentait 70 % d'une vie éveillée de la naissance à la mort. Il ne représente plus aujourd'hui que 12 %, étant donné l'augmentation de l'espérance de vie. Ne faut-il pas réfléchir ensemble aux moyens de reconnaître à leur juste valeur et de mieux organiser les autres activités, au lieu de continuer à faire comme si le travail marchand était la seule activité sociale, comme si tout le reste était seulement du « non-travail » ?

Le référendum, gage de stabilité et donc d'effectivité de la loi

Alors qu'une loi ordinaire peut être mise en cause par une autre loi (voir ce qu'a fait François Fillon des lois Aubry en 2003), alors qu'un décret peut en quelques jours annuler un décret, un référendum assure une très grande stabilité à la nouvelle règle du jeu. C'est un point essentiel : depuis une quinzaine d'années, aucune loi importante en matière d'emploi n'a vécu plus de deux ans. Tant que la loi sera aussi instable, tant que les conditions de financement seront aussi changeantes, les entreprises limiteront le plus possible les créations d'emplois.

Si le nouveau pacte social est adopté par référendum, tous savent qu'il est inscrit dans le marbre. Rien ne sert de finasser, il faut négocier et on peut négocier en toute sécurité car on ne va pas faire des référendums sur le sujet tous les deux ans ! On va vraiment à 32 heures (il n'y aura pas de décret autorisant les heures supplémentaires pour rester à 37 heures). Les financements sont pérennes : on peut donc créer des emplois en sachant comment les financer dans la durée.

Quatre ans après...
Évaluer les 4 jours et la nécessité d'une nouvelle RTT

Une commission d'aide et d'évaluation devra être mise en place sous le contrôle de l'Assemblée dès le vote de la loi référendaire. Elle sera composée de représentants de tous les acteurs des parties prenantes. Elle disposera de moyens d'expertise indépendants du gouvernement. Elle veillera en particulier à évaluer les systèmes de formation mis en place et à favoriser l'échange entre régions : si les métiers de bouche de Normandie développent un système de formation intéressant, autant que toutes les autres régions en profitent rapidement. De même, les partenaires sociaux du bâtiment, en Belgique, ont mis en place depuis plusieurs années une incitation aux 4 jours avec formation sur une partie du temps libre. La Commission d'aide pourrait faire connaître cette expérience aux responsables français de ce secteur...

À partir des difficultés rencontrées par les entreprises passées à 4 jours et des solutions qu'elles y avaient apportées, nous avons constitué il y a quelques années une « carte des pièges de la semaine de 4 jours ». Elle exposait les quinze principales difficultés et, à chaque fois, les trois ou quatre façons concrètes de s'en sortir. Ce genre d'outils pourrait être disponible par site internet, en cassette vidéo, etc. Il serait ridicule de laisser chaque entreprise réinventer la roue de son côté alors que 400 pionniers, de toutes tailles et de tous métiers, ont déjà défriché la voie et essuyé les plâtres.

À l'issue de la mise en place des 4 jours, il conviendra d'organiser un débat public sur l'opportunité de réduire à nouveau le temps de travail en fonction du niveau de chômage atteint et des dynamiques de croissance économique et démographique existantes.

Faudra-t-il encore réduire la durée hebdomadaire ou annuelle ?

Le passage à 4 jours est nécessaire mais pas suffisant pour rééquilibrer le marché du travail. Il faudra à nouveau réduire le temps de travail quelques années plus tard. Mais, dans un grand nombre de métiers qui nécessitent une masse critique d'information et de coordination, le passage à 3 jours pourrait entraîner un « décrochage » néfaste à la cohérence des équipes et à la qualité du travail individuel. Un certain nombre d'entreprises qui avaient mis en place des fins de carrière en biseau y ont renoncé, constatant que, en dessous d'une certaine limite (mi-temps), le salarié fait de la présence mais n'apporte plus guère de valeur ajoutée... Le passage à 3 jours ne paraît donc pas une bonne idée. En revanche, pouvoir prendre une année sabbatique tous les 9 ans (avec maintien de 75 % du revenu) paraît une idée très intéressante. Intéressante aussi bien du point de vue économique (accès à une formation lourde, création d'une entreprise) que du point de vue humain : une année pour s'occuper des enfants et pour voir les amis, une année à l'étranger pour s'immerger dans une autre culture, une année dans la maison de famille en montagne...

« Ne plus perdre sa vie à la gagner. » C'était l'un des slogans de la CFDT dans les années 70 quand elle faisait campagne – déjà – pour la réduction du temps de travail. Passer à 4 jours puis aller vers un certain nombre d'années sabbatiques en cours de vie active va créer un très grand nombre d'emplois et va profondément changer notre relation au travail et nos modes de vie[1].

Si nous adoptions coup sur coup ces deux réformes, notre société en serait sans doute complètement changée en l'espace de dix ans. C'est peut-être ce changement qui fait peur à certains. Je le trouve plutôt excitant. Il y a tant et tant de choses à faire et la vie est si courte.

> « Le travail à faire, individuel ou collectif, en art, en science et en philosophie, est infini. »
>
> Charles Péguy

---

1. « Les 4 jours, ça a complètement changé mes relations avec mon fils », m'a expliqué un ouvrier d'une imprimerie du Nord, il y a quelques années. « Jusque-là, quand j'étais avec lui, il y avait aussi ma femme. Et très souvent ma femme lui parlait plus que moi, le dialogue était surtout entre eux deux. Maintenant, chaque semaine, on va tous les deux à la piscine, sans ma femme. Ça a complètement changé notre relation : on se parle dix fois plus qu'avant. »
Un autre salarié de m'expliquer : « Depuis qu'on est mariés, mon vélo rouille dans le garage. À chaque fois que j'ai envie d'aller faire une grande balade, ma femme me dit qu'il y a les enfants, les courses, la famille... Avec les 4 jours, j'aurais du temps pour faire les courses en semaine et pour faire aussi du vélo en semaine sans empiéter sur le temps de la famille. » C'est un des aspects très importants des 4 jours : du temps vraiment personnel pour des activités que nous ne faisons pas quand nous sommes en famille, le week-end ou pendant les vacances...

Une chose est sûre : de toute façon notre société va évoluer. De toute façon nos modes de vie vont évoluer dans les dix prochaines années. Là n'est pas la question. La question est de savoir si c'est nous qui décidons de ces évolutions ou si c'est le marché qui décide.

Depuis vingt ans, nous avons laissé le marché décider d'un grand nombre d'évolutions « sociales » et nous avons endetté le pays pour amortir les conséquences de notre non-choix. Mais ces évolutions vont s'accélérer car le caractère « stabilisateur » que représentaient tous ces dispositifs mis en place à crédit va de moins en moins bien fonctionner, et les déséquilibres accumulés aux États-Unis vont forcément avoir un impact sur notre croissance. Et, très vite, les Français vont se rendre compte que la politique mise en place par Nicolas Sarkozy accroît la précarité sans faire vraiment baisser le chômage.

Soit la gauche reste incapable d'exprimer un projet et notre pays sombre dans la déprime la plus complète. Soit la gauche est capable de se réveiller et le débat peut très vite se clarifier : réduction forte du temps de travail ou précarisation accélérée de la société ? À nous de choisir.

*
* *

À tous ceux que les lois sur les 35 heures ont déçus ou profondément échaudés, je voudrais rappeler les sept principales différences entre les deux approches :

35 heures	Référendum 4-4-42
1) Loi imposée aux partenaires sociaux.	Loi négociée avec les partenaires sociaux.
2) Loi adoptée sans vrai débat.	Débat public et adoption par référendum.
3) La durée réelle peut rester à 38 voir 40 heures.	La durée réelle doit passer à 32 heures – 4 jours en moyenne.
4) Les exonérations ne sont pas conditionnées à des créations d'emplois.	« Pas d'exonérations sans au moins 10 % de créations d'emplois nouveaux en CDI. »
5) Aucun lien avec la question des retraites.	Le référendum lie les deux questions et permet ainsi de sortir du dilemme « chômage-retraite ».
6) Aucun lien n'est fait avec d'autres questions de société.	Le même jour aurait lieu un référendum sur la citoyenneté. Des négociations sont engagées en parallèle sur l'accès à la formation, la lutte contre la précarité puis sur l'évolution des rythmes scolaires...
7) Bilan : Un peu moins de 350 000 emplois créés. Pour 60 % des Français, les 35 heures n'ont pas créé d'emplois, 25 % seulement pensent qu'elles en ont créé[1]. Les Français sont les Européens les plus frustrés en terme de rythme de vie : 46 % disent consacrer trop de temps à leur travail[2].	La totalité de la réforme « 4-4-42 » doit amener à avoir un peu plus de 2 000 000 d'actifs cotisants supplémentaires... Les rythmes de vie devraient être profondément rééquilibrés.

1. 12 % pensent qu'elles en ont détruit. 3 % ne se prononcent pas. Enquête CSA-France Info-France 3 publiée le 7 octobre 2001.
2. Enquête européenne Ipsos mai 2001.

« Donnez-moi un levier et un point d'appui, et je changerai la course des planètes », affirmait Archimède. Pour changer la course de notre société, nous avons un levier : le changement net et rapide de l'ensemble des temps sociaux (temps de travail, temps de formation, temps scolaires, service civil...). Nous avons un point d'appui : la gravité de la crise (4 millions de précaires, 3 millions de chômeurs et une dette américaine qui menace de s'effondrer...). À nous de savoir si nous voulons appuyer sur le levier et comment nous voulons réorienter la course de notre planète.

Il est temps de sortir du non-sens.

Il est temps de remettre le travail à sa juste place.

Lançant son New Deal, Roosevelt affirmait une conviction forte et simple : « Il faut permettre à tout le monde de travailler. » La réduction du temps de travail qu'il imposa permit de créer 1 750 000 emplois. Les temps ont changé mais le besoin demeure de réguler le marché pour faire reculer les inégalités et la violence. Il faut pour cela avoir le courage de proposer une réduction très forte du temps de travail. Mais réduire le temps de travail et réduire le chômage ne suffisent pas. Qu'allons-nous faire du temps libre ?

Dans *Le Meilleur des mondes*, Huxley affirmait que, en l'an 2000, on travaillerait trois jours et demi par semaine et que la plupart des salariés occuperaient leur temps libre à regarder des publicités et des films pornos en buvant du Coca-Cola... Keynes avait prédit que, en l'an 2000, nous travaillerions 30 heures par semaine et qu'une « dépression nerveuse collective » guetterait nos sociétés. Dès 1961, Hannah Arendt prévoyait le malaise d'une société où l'identité est principalement construite sur le travail alors que le travail vient à disparaître[1] :

> « C'est une société de travailleurs que l'on va délivrer des chaînes du travail, et cette société ne sait plus rien des activités plus hautes et plus enrichissantes pour lesquelles il vaudrait la peine de gagner cette liberté... Ce que nous avons devant nous, c'est la perspective d'une société de travailleurs sans travail, c'est-à-dire privés de la seule activité qui leur reste. On ne peut rien imaginer de pire... »
>
> Hannah Arendt

Comment ne pas entendre Huxley, Keynes et Arendt ?

Sans doute ne faut-il pas exagérer les difficultés « mentales » de notre époque, mais il ne faut pas les ignorer non plus. Parlant des 35 heures et des morceaux de RTT qu'elles donnaient, un éditorialiste soulignait le risque « d'éclatement existentiel ». Qu'en sera-t-il si nous passons à 4 jours et pouvons prendre des années sabbatiques sans avoir aucune réflexion collective sur l'usage possible du temps libre ?

Je me souviens d'une rencontre avec les patrons d'une Union patronale du centre de la France qui m'avait invité à exposer mes idées fin 1998, quelques jours après l'annonce des 35 heures. Quand je suis arrivé vers 14 heures, tous les patrons présents étaient archi-remontés contre le gouvernement et contre la RTT. Moi

1. *Condition de l'homme moderne*, Calmann Lévy, 1961.

qui venais parler des 4 jours, j'en ai pris pour mon grade. Au bout de deux heures (grâce à quelques petits schémas et à un dialogue assez franc), le climat était déjà plus serein. Vers 18 heures, voyant que la salle était très largement convaincue, j'ai proposé d'échanger les rôles et j'ai posé une question à l'assemblée de patrons présents : « Pourquoi étiez-vous tous hostiles au début de l'après-midi ? Pourquoi 90 % des patrons de PME sont-ils hostiles à la RTT ? » J'ai noté sur le tableau de papier toutes les réponses qui ont fusé : « On ne nous l'a jamais expliquée », « Imposée par des technocrates, ça ne peut pas marcher. Vous avez raison, il faut un référendum. » « Les exonérations, on ne sait jamais combien de temps ça tient. Ce n'est pas sérieux... »

Au bout d'un moment, le silence s'est fait. Toutes les (fausses) bonnes raisons de refuser la RTT étaient sorties. Alors, lentement et avec une certaine émotion, le président de l'Union patronale lui-même a repris la parole : « Je crois qu'il faut avouer aussi que ça nous fait peur tout ce temps libre. On se demande qu'est-ce qu'on va en faire. (Silence.) On se demande qu'est-ce qu'on vient faire sur la terre. »

« Qu'est-ce qu'on vient faire sur la terre ? »

Il avait fallu quatre heures pour qu'elle sorte. Les psychologues disent que c'est souvent ce qui sort à la fin qui est le plus important. Il avait fallu quatre heures et trente schémas sur le financement des embauches et l'équilibre de l'Unedic, sur la mise en place des 4 jours dans une menuiserie, une auto-école ou une coopérative d'insémination porcine[1], pour que sorte la plus fondamentale raison de blocage : l'inquiétude métaphysique.

> « On se demande qu'est-ce qu'on va faire de tout ce temps libre.
> On se demande qu'est-ce qu'on vient faire sur la terre. »

La liberté pour quoi faire ?

Oui, mon Dieu, la liberté pour quoi faire[2] ?

Passer à 4 jours puis prendre assez régulièrement des années sabbatiques peut faire peur à certains par l'impression de « lâcher prise », le sentiment de vide que cette évolution induit. Pour certains, le travail est un divertissement, au sens où l'entendait Pascal : une occupation qui remplit la vie et nous évite de nous regarder dans la glace et d'affronter notre condition d'homme mortel, vivant mais mortel, pensant mais fini, obligé de prendre des initiatives sans pouvoir toutes les prendre.

Le débat sur les 4 jours et sur la durée de vie nous amène à constater que nous sommes libres et à accroître notre liberté, mais il nous rappelle aussi notre finitude (même avec 50 % de temps libre en plus chaque semaine on ne pourra pas faire tout ce que l'on veut et même si

1. Une de mes préférées : Inpig, près de Pau. Voir p. 43 dans *Pour la semaine de 4 jours*, Éditions La Découverte.

2. Titre d'une conférence de Bernanos.

l'espérance de vie a augmenté de cinq ans, il y a bien un jour où nous aurons à faire le bilan, quoi que nous pensions sur la suite de l'histoire).

Il serait ridicule de nier que cette souffrance psychologique et métaphysique peut être avivée par le passage à 4 jours[1]. Mais reconnaissons que lorsque notre économie est passée de 6 jours à 5, elle n'en est pas morte et que beaucoup envisagent très sereinement, voire très joyeusement, ce temps libéré.

À elle seule, la réduction du temps de travail ne donne pas de sens à notre société. Si le travail restait le seul lien social, la seule source d'identité, réduire le (temps de) travail serait très dangereux pour l'équilibre psychique et la cohésion sociale de notre société. C'est pour cela qu'il est essentiel, vraiment essentiel, d'engager dans le même temps le débat sur la citoyenneté, sur l'accès à la formation, sur les rythmes scolaires et le nouveau rôle des parents – de l'ensemble des adultes ? – dans l'éducation,

1. Surtout chez certains chefs d'entreprise ou certains « leaders d'opinion » qui ont souvent un contenu de travail et un rythme de travail passionnant, et dont la peur du « vide » est parfois plus forte que chez des salariés ayant un emploi moyennement intéressant mais déjà plein d'autres activités plus captivantes. On a vu récemment un pays d'Europe, où le chef de l'État nouvellement élu a décidé de passer quelques jours dans un monastère pour prendre la dimension de sa nouvelle fonction. Eh bien (vous ne me croirez pas), il n'est pas allé dans un vrai monastère, mais sur un grand yacht d'où il passait trente coups de fil par minute. Et depuis qu'il est revenu à terre, il a la bougeotte. Le « Président remuant », comme l'appelle la presse allemande, vous croyez qu'il se voit à 4 jours ?

sur l'accès à la création culturelle et à la pratique sportive (et pas seulement à la consommation de loisirs), etc.

Si ces débats s'engagent, on verra vite qu'il ne s'agit pas de travailler moins, mais qu'il s'agit d'être plus nombreux à travailler dans la sphère économique et plus nombreux aussi à œuvrer dans d'autres domaines. Après vingt années passées sans débat politique de fond, nous allons devoir ouvrir tous ces débats très rapidement. Après vingt années passées à contempler la puissance du marché (et à en cacher les dégâts), nous allons devoir prendre nos responsabilités. « La liberté pour quoi faire ? » est bien une question spirituelle. C'est bien une question politique. Le XXIe siècle sera politique ou il ne sera pas...

« La République, disait Jaurès, c'est la société où *chacun a le temps* et la liberté pour agir en citoyen[1]. » Sa vision du temps libéré était bien plus positive que celle de Keynes, Arendt ou Huxley.

Société de dépressifs, société de « travailleurs sans travail », société de « Pub et porno » ou société d'intimité et de lien social, société éduquante et République ? À nous de choisir.

Si l'on y réfléchit vraiment, en raison et en conscience, y a-t-il beaucoup à hésiter ?

Imaginons ce qui peut arriver si nous ne réagissons pas rapidement : voyez à quel point le monde du travail s'est

1. Discours à la Jeunesse.

précarisé depuis vingt ans. Imaginez que cela continue encore vingt ans mais avec des budgets chaque année un peu plus faibles[1] pour le RMI, les CES et les CEC, pour les allocations chômage et pour tous les « grands frères » que l'on met dans les quartiers chauds pour éviter l'explosion... En vingt ans, le FN est passé de 1 % à 19 %. Il y a vingt ans, des jeunes de la banlieue de Lyon avaient mis le feu à une vingtaine de voitures. En novembre 2005, ce sont quelque 10 000 voitures et 300 bâtiments publics qui ont brûlé. En vingt ans, la part des salaires dans le PIB a baissé de 11 % et la dette publique a triplé... Et une bombe à retardement peut éclater sur les marchés financiers... Pouvons-nous continuer à gérer la crise sans réagir vraiment ? Ne sommes-nous pas condamnés à l'audace ?

> « Sachez bien que l'immobilisme, la pusillanimité, sont toujours plus dangereux que l'audace.
> Les problèmes sont si difficiles et d'une si grande ampleur, la résistance des égoïsmes est si forte que c'est avant tout de l'audace qu'il nous faut aujourd'hui. De l'audace intellectuelle et politique, plus rare de nos jours hélas ! que le courage physique. »
>
> Pierre Mendès France
> Lettre à Jérôme Duhamel

1. Du fait des contraintes budgétaires.

Chapitre 4

FAIRE FEU DE TOUT BOIS

La semaine de 4 jours à la carte n'est évidemment pas le seul outil à notre disposition pour lutter contre le chômage. Vu la gravité et la complexité du problème, nous devons agir avec force sur d'autres leviers. Nous devons faire feu de tout bois.

Pour créer de nouveaux emplois, l'Europe doit investir beaucoup plus massivement qu'elle ne le fait aujourd'hui dans la recherche et le développement. Dans ce domaine comme dans d'autres, la « main invisible » du marché ne suffit pas. Il faut accroître les financements publics pour la recherche fondamentale et stimuler la recherche « industrielle » par des commandes publiques.

Selon l'OCDE, les commandes publiques à composante technologique importante représentent environ 250 milliards de dollars par an aux États-Unis contre 25 milliards seulement dans l'Union européenne. Ces contrats publics ont un rôle fondamental dans le développement des entreprises américaines car elles garantissent du chiffre d'affaires aux firmes technologiques. C'est un des paradoxes du modèle américain : l'hyper-libéralisme, constaté dans certains domaines, voisine avec une très forte intervention de l'État sur d'autres dossiers.

Un impôt européen pour développer la recherche

Le seul projet industriel européen est aujourd'hui Galileo. Et il n'est pas sûr que la piste privilégiée par les pouvoirs publics français (crédits d'impôts recherche pour les PME innovantes) soit suffisante. Il faut aller plus loin que ces systèmes incitatifs. Soutenir, comme le fait l'administration américaine, le secteur des nouvelles technologies au moyen de contrats publics de recherche est sans doute la meilleure solution. On pourrait penser en Europe à l'aéronautique, l'espace et les télécoms, mais aussi à la santé et à l'énergie (économies d'énergie et énergies renouvelables).

Dans ce domaine comme dans d'autres, il faut cesser les discours et passer à l'action. Toutes les études montrent que, en Europe, les entreprises privées investissent moins dans la recherche que ne le font les entreprises américaines ou japonaises. L'action de la puissance publique n'en est que plus légitime. Comment la financer ?

L'Europe est devenue aujourd'hui un espace de concurrence entre États qui menace d'asphyxie nos finances publiques : l'Irlande a baissé son taux d'impôt sur les bénéfices à 12 %. L'Estonie a un taux 0 sur les bénéfices réinvestis. L'Espagne et l'Allemagne suivent le mouvement... En vingt ans, le taux moyen d'impôt sur les bénéfices a baissé d'un tiers en Europe. Jamais il n'y a eu autant de bénéfices, mais jamais l'impôt sur les bénéfices n'a été aussi faible !

Le taux moyen d'impôt sur les bénéfices est aujourd'hui de 25 % en Europe contre 40 % aux États-Unis[1]**.** C'est le monde à l'envers : les États-Unis, supposés être le *summum* du libéralisme, ont un taux d'impôt sur les bénéfices 15 points supérieur au taux européen ! Pourquoi ? Parce que les États-Unis ont tiré les leçons de la crise de 1929 et, dans ce domaine, ne les ont pas encore oubliées. Avant la crise de 1929, les États américains étaient engagés dans un dumping fiscal comparable à celui que nous connaissons aujourd'hui en Europe. Le Texas baissait son impôt pour attirer les entreprises. Puis c'était la Floride. Puis le Kansas... Et, plus les entreprises faisaient du tourisme fiscal, plus les États s'appauvrissaient. Jusqu'au jour où éclata la crise de 1929 et où les États se rendirent compte que ce dumping les avait privés des moyens d'agir. Suite à cette crise, la fiscalité américaine a été complètement reformatée : 70 % des impôts sont prélevés par le niveau fédéral (Washington) qui redistribue une partie des sommes collectées aux États en fonction de leur démographie. Le reste sert à financer les programmes fédéraux.

Pour éviter le dumping, aux États-Unis, 70 % des impôts sont prélevés par le niveau fédéral contre 0 % en Europe... Résultat des courses, après vingt ans de dumping : le taux d'impôt sur les bénéfices, répétons-

1. Étude KPMG publiée dans *Le Monde*, 12 avril 2006.

le, n'est plus que de 25 % en Europe contre 40 % aux États-Unis. 15 points de différence !

Aucun pays d'Europe ne peut, tout seul, augmenter l'impôt de 15 points, car les entreprises fuiraient son territoire. Mais rien ne nous empêche de créer un impôt *européen* sur les bénéfices.

18 milliards de marge de manœuvre

Si l'on créait un impôt européen sur les bénéfices et si, au total, on appliquait en Europe le même taux qu'aux États-Unis, le budget européen serait financé presque intégralement par ces ressources nouvelles ! Les 18 milliards que verse la France au budget européen pourraient rester dans le budget français. Avec ces 18 milliards, on pourrait financer la santé, la recherche et l'université, le fonds de péréquation de la Poste, une vraie politique du logement et quelques autres politiques prioritaires...

Si le budget européen était financé par un impôt européen, on retrouverait au niveau national des marges de manœuvre considérables ! Tous ceux qui souhaitent une réforme de la fiscalité locale devraient défendre aussi la création d'un impôt européen sur les bénéfices. Car nous savons bien que, sans vraies marges de manœuvre, on ne pourra jamais réformer la fiscalité locale.

Cela fait plusieurs années que nous sommes un certain nombre à plaider pour la création d'un impôt européen[1].

---

1. Cf. Michel Rocard et Pierre Larrouturou, « Pour un impôt européen », *Libération*, 19 mars 2004. Cf. aussi Alain Traut-

Les esprits évoluent : le 18 janvier 2006, devant le Parlement européen, le chancelier autrichien Wolfgang Schüssel affirmait qu'il fallait donner à l'Europe des ressources propres et qu'il était « absurde » que les transactions financières à court terme ne soient pas taxées ! Sur France-Inter, Édouard Balladur s'est prononcé récemment en faveur de la création d'une Taxe Tobin au niveau européen !

Impôt sur les bénéfices, éco-taxe ou taxe sur la spéculation monétaire... Si plus personne n'est hostile à l'idée d'un impôt européen, qu'attendons-nous pour lancer une négociation ? Cela permettrait d'accroître les budgets européens en matière de recherche et d'environnement et cela augmenterait les marges de manœuvre de chacun des États membres. Qui plus est, la création d'une Taxe Tobin améliorée[1] mettrait un peu de rugosité sur les marchés, ce qui est sans doute fort nécessaire

mann, Patrick Pelloux, Gérard Pelletier, Alain Rousset, Claudy Lebreton et Pierre Larrouturou, « Un impôt européen pour la recherche », *Le Monde*, 23 mars 2005.

1. Ceux qui spéculent en achetant des euros mais en les revendant dans la journée sont taxés plus fortement que ceux qui achètent des euros pour les garder longtemps : le taux est de 0,15 % pour les mouvements intra-day et de 0,01 % seulement au-delà de 3 mois. Tous les échanges inter-bancaires et tous les achats de monnaie se faisant par informatique, il n'y a aucune difficulté technique pour taxer les mouvements spéculatifs. Ce système pourrait nettement calmer le jeu sur les marchés monétaires et rapporterait au budget européen des sommes appréciables (en juin 2007, la BRI estimait que 3 000 milliards de dollars sont échangés chaque jour sur les marchés monétaires).

si l'on pense qu'une crise monétaire peut bientôt éclater. Qui plus est, au-delà de ses avantages économiques, la création d'un tel impôt (impôt sur les bénéfices et non sur les personnes) serait sans doute de nature à réconcilier certains citoyens avec la construction européenne...

Oui, répétons-le : si l'Europe a un rôle fondamental à jouer pour renforcer la recherche, elle est aussi sans doute le niveau le plus pertinent pour dégager des financements à la hauteur des enjeux.

Utiliser le FRR pour financer le logement

Pour favoriser l'emploi et répondre à des attentes fondamentales, il faut **aussi investir massivement dans la construction de logements**. Aux Pays-Bas, une grande partie du Fonds de réserve des retraites (FRR) a été investie dans la construction de logement social (et non pas sur les marchés financiers). Pourquoi ne pas faire de même en France ? Après le chômage, la question du logement est un des principaux problèmes de notre pays : beaucoup sont très petitement logés et doivent payer chaque mois des loyers de plus en plus exorbitants, ce qui diminue d'autant l'argent disponible pour d'autres dépenses utiles à la famille. Dans toutes les grandes villes, les files d'attente pour obtenir un HLM sont scandaleusement longues. Le Plan Borloo ne suffit pas : dans certaines villes, au nom de la « rénovation du parc social », on détruit plus de vieux HLM qu'on n'en construit de nouveaux. Il faut construire beaucoup plus massivement : c'est un problème de volonté politique et, évidemment, de financement.

Une grande partie du Fonds de réserve des retraites (qui doit financer une partie des retraites à partir de 2020) est actuellement placée en actions. Or un nombre croissant d'économistes pensent que, indépendamment de la crise de la dette qui nous menace, le cours des actions risque de baisser assez nettement à partir de 2010, quand des millions de retraités américains ou anglais seront obligés de vendre leurs actions pour compléter leur maigre pension publique.

Depuis quelques années, les marchés financiers offrent de très forts rendements aux actionnaires. Cette « belle performance » est due, en particulier, au grand nombre de baby boomers américains qui préparent leurs retraites et achètent des actions (soit directement, soit par des fonds de pension). Comme les marchés financiers sont très élastiques, le prix des actions monte fortement dès qu'il y a un surplus d'acheteurs. Mais que va-t-il se passer à partir de 2010, quand des millions d'Américains vont partir en retraite et vont commencer, tous en même temps, à avoir un comportement de « vendeurs nets », dans un contexte de croissance plus faible qu'aujourd'hui ? Les cours vont chuter aussi vite qu'ils étaient montés. Pour cette raison, il ne semble pas très prudent de placer en Bourse une trop grande part du Fonds de réserve des retraites. Investir ces sommes dans la construction de logement (logement très social, logement social et logement intermédiaire) semble plus juste – dans tous les sens du terme. En activant le FRR, on pourrait tripler le budget du Plan Borloo. On le voit aux Pays-Bas : **une vraie politique du logement peut créer massivement des emplois. De plus, en rééquilibrant le**

marché du logement, elle fait baisser les loyers de millions de locataires et favorise la consommation des ménages.

Développer une vraie politique d'économie d'énergie

Une telle politique, absolument urgente quand on a conscience des problèmes environnementaux et des problèmes de coût du pétrole pourrait, elle aussi, créer massivement des emplois. La consommation d'énergie dans le logement est deux fois plus faible au Japon qu'en France. Si l'on décidait de diviser par deux en quelques années la consommation d'énergie de tous les bâtiments (publics et privés), combien d'emplois pourrions-nous créer ? On a supprimé la vignette auto. Ne vaudrait-il mieux pas, avec le produit d'une éco-taxe (française ou européenne), favoriser les créations d'emplois dans tous les domaines qui touchent au développement durable ?

Investir vraiment dans les énergies renouvelables

C'est là aussi un gisement d'emplois considérable. La France a le premier massif forestier d'Europe. Mais la France est le pays qui utilise le plus d'électricité pour se chauffer ! 90 % de l'électricité utilisée en Europe pour le chauffage l'est en France. Comment expliquer que l'on n'ait pas développé davantage la production de chauffage à partir de la biomasse ? Il y a quelques années, à Bruxelles, le directeur général de la Commission chargée des questions énergétiques, considéré par quelques écolos comme un indécrottable « nucléairocrate », s'étonnait devant moi du peu de moyens investis pour développer les énergies alternatives : *On a mis des milliards pour développer le nucléaire. Pourquoi ne pas donner autant de moyens aux énergies alternatives ?* Pour ce qui est de la biomasse, il y a encore un certain nombre de problèmes à régler (brûler des déchets forestiers peut produire de la dioxine), mais si l'on donnait plus de moyens aux chercheurs, ils trouveraient sans doute le moyen de pallier cette difficulté.

Parce qu'il a pris au sérieux ces questions d'énergie renouvelable, le Danemark est devenu le leader mondial de la construction d'éoliennes. Des milliers de salariés danois travaillent aujourd'hui pour mettre au point et fabriquer des éoliennes qui seront exportées dans tous les coins du globe. Pourquoi, sur la biomasse, la France ne pourrait-elle prendre le leadership qu'elle a su prendre pour le nucléaire ?

Développer le tourisme

Notre forêt et notre biomasse ne sont pas les seuls gisements d'emplois sous-exploités en France : le tourisme pourrait être bien plus créateur d'emplois qu'il ne l'est aujourd'hui. En 2005 comme en 2006, la France a été le premier pays du monde pour le nombre de touristes accueillis. Mais nous sommes assez loin derrière les Espagnols ou les Américains si l'on regarde la durée moyenne des séjours ou la dépense moyenne par visiteur. Un effort de développement de l'offre et de professionnalisation des filières est donc encore nécessaire. Les responsables de ce secteur d'activité ont parfois l'impression de ne pas être pris au sérieux par les politiques. Mais le tourisme, ce n'est pas que le soleil, la plage et les rires des enfants. Le secteur représente déjà quelque 2 millions d'emplois et pourrait sans doute en créer encore 100 000 ou 200 000 si on rattrapait les Espagnols et les Américains pour les critères où ils nous dépassent.

Qui plus est, le tourisme a un effet favorable en terme d'aménagement du territoire. Il crée des emplois sur l'ensemble du territoire, et pas seulement à proximité des autoroutes et des TGV. Et son effet est plus pérenne que ce que l'on croit parfois : de plus en plus de touristes qui ont apprécié l'accueil de nos régions décident de venir y vivre. Actifs ou retraités, leur arrivée redonne vie à certains hameaux abandonnés. Cela permet à l'épicerie ou à l'artisan du canton de garder une activité rentable... Alors que nous sommes la première destination touristique du monde, alors que nous avons des atouts incontestables dans ce domaine, il est curieux de voir que nous ne faisons pas de ce secteur une véritable priorité.

Faire grandir les PME

Pour favoriser la création et le développement des entreprises, ne faut-il pas réfléchir aussi à un Small Business Act à la française ? Aux États-Unis, depuis 1983 et le vote de cette loi sur les petites entreprises, au moins 20 % des montants des commandes publiques doivent obligatoirement être passés auprès des petites entreprises. Cela constitue évidemment une forte entorse au libre jeu du marché (les lobbies des grandes entreprises s'étaient opposés au vote de cette loi), mais c'est un soutien important aux PME. Pourquoi ne pas nous donner les mêmes règles du jeu ?

Beaucoup de progrès ont déjà été faits pour favoriser la création d'entreprises. C'est un des domaines où la droite a utilement maintenu et complété ce qu'avait fait la gauche. Notre taux de création d'entreprises (rapporté à la population) est maintenant l'un des meilleurs du monde. En 2005, il est égal au taux de création d'entreprises observé aux États-Unis. Mais tous les experts constatent que nos Très Petites Entreprises ont du mal à grandir. Sans doute faut-il, comme aux États-Unis, leur réserver une partie des commandes publiques, souvent accaparées par les très grandes entreprises.

Si, grâce à un tel dispositif, les PME avaient une charge de travail plus stable, elles pourraient embaucher davantage et avec des contrats moins précaires... Ce n'est pas par mauvaise volonté que beaucoup de patrons de PME hésitent à embaucher en CDI. C'est parfois parce qu'ils n'ont aucune visibilité sur leur chiffre d'affaires à 6 mois ou à un an. Si 20 % des commandes publiques leur étaient réservées, la précarité dans les PME diminuerait nettement... Cette idée a été reprise pendant la campagne présidentielle par les trois principaux candidats. Il faut espérer qu'elle sera mise en œuvre assez rapidement par le vainqueur.

Sans doute faut-il aussi améliorer la formation des chefs d'entreprise et leur donner des facilités pour explorer les marchés extérieurs. Alors que nous avons rattrapé notre retard en matière de création d'entreprises, les exportations hors Europe de nos PME restent nettement plus faibles que celles des PME italiennes ou allemandes. Certaines régions ont déjà réussi à muscler leur tissu de PME et à augmenter les exportations. Ne faut-il pas rapidement repérer les meilleures pratiques et les généraliser ?

Simplifier le Code du travail

De même, pour favoriser l'emploi et lutter contre la précarité, une simplification drastique du Code du travail s'impose. Le premier Code du travail, édité en 1911, comportait 14 pages. L'édition 2004 compte 2 501 pages... Peut-on dire pour autant que les salariés sont mieux protégés ? La plupart des salariés n'ont jamais lu le Code du travail et ne savent pas ce qu'il y a dedans. Et ces 2 501 pages ont de quoi donner des frayeurs à quiconque, créateur d'entreprise ou patron de PME, envisage d'embaucher un salarié. Disons-le franchement : une telle complexité pousse à embaucher des intérimaires plutôt que des salariés en CDI.

Une RTT massive doit faire massivement reculer le chômage et donc rééquilibrer la relation entre entreprises et salariés. Il faut, dans le même temps, simplifier le Code du travail. Le Code de la route fait une centaine de pages. Il est connu de tous et globalement respecté.

Pour que le Code du travail soit connu et respecté du plus grand nombre, il est nécessaire de le simplifier de façon drastique, d'améliorer la formation des salariés comme la formation des chefs d'entreprises et d'augmenter nettement les moyens de ceux qui sont chargés de le faire respecter. De tous les pays d'Europe, la France est l'un de ceux dans lesquels les inspecteurs du travail sont les moins nombreux.

Créer un bonus-malus anti-précarité

Pour déprécariser l'emploi toujours, il faut négocier, branche par branche, un bonus-malus précarité, qui incite les entreprises à transformer en emplois stables leurs emplois précaires : les entreprises qui auront moins d'emplois précaires que la moyenne de la branche paieront un peu moins de cotisations. Celles qui auront davantage d'emplois précaires que la moyenne devront payer plus. Un tel bonus-malus a permis de diviser par deux les accidents du travail. Pourquoi ne pas encourager aussi les entreprises à déprécariser leur organisation ? Les contraintes ne sont pas les mêmes dans l'agro-alimentaire et dans l'informatique, voilà pourquoi, comme pour les accidents du travail, il faut négocier branche par branche, mais le principe peut s'imposer partout.

Si le patronat s'y oppose trop longtemps, le politique devra prendre ses responsabilités et intervenir par la loi. Cette idée figurait déjà dans le programme du PS en 1997. En 1999, quand les militants socialistes se plaignaient des ambiguïtés de la loi sur la RTT (trop d'heures supplémentaires, trop d'exonérations sans contreparties...), le gouvernement n'avait rien voulu lâcher sur la RTT mais il avait promis une loi contre la précarité (cf. *Le Monde*, 31 août 1999). Huit ans plus tard, hélas, cette loi n'a toujours pas vu le jour...

Sécuriser les salariés au chômage

Pour faire reculer la précarité, il faut également regarder ce qui se fait au Danemark en matière de sécurité et d'accompagnement des salariés au chômage. On l'a dit au début de ce livre, quand des millions de salariés sont au chômage ou sont obligés d'accepter des petits boulots payés en dessous du Smic, c'est tous les salariés qui sont fragilisés. Ce sont tous les salariés qui doivent accepter des salaires et des conditions de travail qu'ils auraient négociés ou refusés s'ils n'avaient pas peur, eux aussi, de tomber dans une trappe à précarité. Un contrat social qui renforce la sécurité des salariés au chômage permet de renforcer la sécurité de l'ensemble des salariés. Cette sécurité est l'un des éléments les plus intéressants du système danois.

Comment sécuriser les salariés sans empêcher les évolutions nécessaires à la survie ou au développement d'une entreprise ? Les syndicats et les patrons danois ont développé un système qui mérite qu'on s'y intéresse. Le système danois de « flexi-sécurité » est très à la mode : on en parle dans tous les journaux et nombreux sont les politiques qui s'y réfèrent. Mais, cet effet de mode, avec tout ce qu'il a de superficiel, ne doit pas nous empêcher de voir l'un des éléments les plus intéressants des réformes mises en œuvre par les partenaires sociaux et l'État danois : **il n'y a que 3 % de salariés en dessous du seuil de pauvreté au Danemark, contre 8 % en France, et la part des salaires dans le PIB a moins diminué que chez nous.**

Trois fois moins de salariés pauvres ! Ce n'est pas négligeable. Cela mérite qu'on regarde de près ce qui se fait chez nos voisins. La flexi-sécurité danoise fonctionne sur un triangle d'or :

- une grande souplesse du marché du travail,
- une protection sociale généreuse,
- des politiques actives de réinsertion.

Souplesse du marché du travail ? Les indemnités de licenciement sont nulles si le salarié a moins de 12 ans d'ancienneté. Et même pour les salariés ayant plus d'ancienneté, elles sont très faibles (1 mois de salaire pour une ancienneté comprise entre 12 et 15 ans, 2 mois de salaire entre 15 et 18 ans, 3 mois au-delà.) Quelle que soit l'ancienneté, en cas de licenciement, le préavis ne dépasse pas quelques semaines. Chaque année, 25 à 30 % des salariés danois changent d'entreprise.

90 % de leur ancien salaire pendant quatre ans

Mais perdre son travail n'a rien de catastrophique au Danemark car, en contrepartie de cette forte flexibilité, l'État assure aux salariés sans emploi des allocations généreuses et des politiques de retour vers l'emploi actives. Les salariés au chômage peuvent toucher 90 %

de leur ancien salaire pendant quatre ans sans dégressivité. C'est l'État qui finance les 2/3 des indemnités. La seule condition à satisfaire est d'avoir travaillé au moins 52 semaines dans les trois dernières années et d'être en situation « d'activation », c'est-à-dire être entré dans un processus de recherche d'emploi ou de formation dans les 12 mois qui suivent la perte d'emploi (ce délai est ramené à 6 mois pour les jeunes de moins de 25 ans).

En France, 45 % seulement des chômeurs touchent une indemnité de l'Unedic. Elle est, en moyenne, de 57 % du salaire brut. Au Danemark, quasiment tous les chômeurs touchent 90 % de leur ancien salaire. En France, la durée de l'indemnisation est très variable mais, pour beaucoup, elle n'est que de quelques mois (ce qui oblige beaucoup à accepter n'importe quel emploi). Au Danemark, tous ou presque sont assurés de 4 années de sécurité financière du moment qu'ils cherchent effectivement un emploi.

En France, actuellement, un chômeur de longue durée n'est convoqué qu'une fois tous les 3 mois à l'ANPE. D'un trimestre à l'autre, il n'est pas sûr de voir la même personne. Au Danemark, c'est tous les mois que le salarié au chômage est reçu à l'Agence pour l'emploi. Et il rencontre toujours la même personne : cet agent connaît vraiment son CV, ses compétences, son histoire et peut réellement l'aider. Cet agent peut aussi, quand c'est le cas, détecter les fraudeurs[1]. En proportion du

1. Il y a évidemment des fraudeurs mais leur nombre ne doit pas être exagéré et la chasse au fraudeur (thème relancé par Nicolas Sarkozy en septembre 2007) ne doit pas servir à culpabiliser

nombre de chômeurs, il y a, au Danemark, trois fois plus d'agents des services publics de l'emploi qu'en France. Les trois quarts des chômeurs danois retrouvent un emploi en moins d'un an.

Il ne faut évidemment pas idéaliser le modèle danois. La flexi-sécurité n'a pas réglé tous les problèmes : « Un quart de la population active (chômeurs de longue durée, handicapés, retraités anticipés) dépend de l'aide de l'État. Le taux d'emploi des étrangers reste très inférieur à celui des Danois de souche et le chômage a un peu augmenté depuis 2002 », explique Per Kongsh-j Madsen, professeur à l'université de Copenhague[1].

Selon Eurostat, le Danemark a créé nettement moins d'emplois que la France sur les dix dernières années. Quand la France créait 11,6 % d'emplois nouveaux, le Danemark en créait 5,4 % seulement.

---

l'ensemble des demandeurs d'emploi. Le département du Rhône a entrepris un travail très systématique pour détecter les faux rmistes. Un peu plus de 3 % des rmistes ont été convaincus de fraude. 3 % ce n'est pas négligeable mais cela signifie que quelque 97 % sont tout à fait honnêtes (et tout à fait « dans la galère »). De même, 5,2 % des entreprises contrôlées par le fisc en 2005 ont été l'objet d'un redressement (suite à une erreur ou à une volonté de frauder). 5 % ce n'est pas nul, mais cela signifie que 95 % des entreprises présentent au fisc des comptes sans aucune erreur et sans aucune triche... La question des faux chômeurs qui resurgit régulièrement est assez marginale. Elle le serait encore plus si on se donnait les moyens d'avoir un vrai accompagnement des personnes sans emploi.

1. L'essentiel des informations sur le modèle danois reprises dans ces pages viennent du dossier de *La Tribune*, 5 janvier 2005.

Créations d'emplois 1995-2005

France	+ 11,6 %
Royaume-Uni	+ 7,8 %
Danemark	+ 5,4 %
Allemagne	+ 1,1 %

Source : Eurostat 2007

Il n'y a pas de miracle : le Danemark refuse les petits boulots et sécurise réellement ses salariés, quand la France décide au contraire de raccourcir la durée d'indemnisation des chômeurs et développe les temps partiels contraints. La France crée plus d'emplois mais des emplois de mauvaise qualité. N'idéalisons pas la flexi-sécurité : vu notre démographie, sans une forte réduction du temps de travail, la flexi-sécurité danoise, à elle seule, ne ferait pas baisser le chômage en France.

De plus, si le taux de croissance est un peu plus élevé au Danemark que chez nous, ce n'est pas seulement grâce à la confiance que provoque ce haut niveau de sécurité sociale. La croissance vient aussi de l'augmentation très forte de l'endettement privé. La dette des ménages danois représente aujourd'hui 200 % de leurs revenus. Record mondial !

Pour toutes ces raisons, il ne faut pas idéaliser ce système. À lui seul, il ne peut pas régler toutes nos difficultés. Mais il doit quand même nourrir notre réflexion. Répétons-le : il y a trois fois moins de salariés en dessous du seuil de pauvreté au Danemark qu'en France, et la part des salaires dans le PIB a moins diminué que chez nous. La sécurité donnée aux chômeurs et l'accompagnement qui leur est assuré ont profité à tous.

Investir vraiment dans l'intelligence

Une des causes de la réussite sociale des pays d'Europe du Nord est aussi leur investissement massif dans l'éducation et la formation. Si l'on veut que notre pays garde son haut niveau de productivité, si l'on veut garder une longueur d'avance par rapport à certains pays qui sont en train de « monter en gamme » assez rapidement comme la Chine et l'Inde, il nous faut, nous aussi, investir massivement dans l'éducation et la formation.

Le passage à 4 jours doit être l'occasion de construire un nouveau droit à la formation pour les salariés, tout au long de la vie, en profitant du surcroît de temps libre. C'est un chantier considérable et fondamental. Permettre à tous (y compris les salariés de PME, y compris les cadres et les patrons de PME) d'avoir accès en permanence à la formation peut être un avantage considérable par rapport à certains pays concurrents.

Mais il faut aussi nous donner les moyens d'améliorer notre formation universitaire et d'en ouvrir plus largement l'accès : 21 % seulement des enfants d'ouvriers âgés de 21 ans poursuivent aujourd'hui des études universitaires, contre 73 % des enfants de cadres et professions libérales[1]. Une des raisons de cet écart est à chercher

1. *Éducation et redistribution*, CERC, La Documentation française, 2003.

dans le financement des études. En France, les frais de scolarité sont assez faibles, mais les aides sont dérisoires et le rattachement fiscal des étudiants au foyer de leurs parents permet aux familles les plus aisées de faire de substantielles économies d'impôts, souvent supérieures aux bourses offertes aux étudiants plus modestes.

L'Europe au service des universités

Selon l'OCDE, la dépense d'éducation dans le supérieur est de 9 800 euros par étudiant en France contre 24 700 euros aux États-Unis et 17 000 euros en Suède. C'est un des domaines où l'Europe devrait intervenir avec beaucoup plus de force. Le programme Erasmus, qui permet des échanges entre universités, est un succès mais il ne concerne encore qu'une minorité d'étudiants. Pour renforcer notre compétitivité et pour renforcer le sentiment européen, l'Europe doit mettre en œuvre un grand Plan Université comprenant aussi bien la mise à niveau « logistique » de ses universités (salles de cours, amphis, campus, bibliothèques, labos de recherche...) que la création de bourses et de prêts à taux 0 % accompagnant le développement à grande échelle des échanges de type Erasmus[1].

1. Comme beaucoup, je suis frappé par la misère de certaines universités françaises et je pense qu'il est urgent de leur donner plus de moyens pour améliorer la formation des étudiants. Mais améliorer la formation n'a pas de sens si les étudiants correctement formés ne trouvent pas d'emplois à l'issue de leur cursus.

Prendre le problème à la racine

Mais ce n'est pas seulement en investissant dans l'université qu'on améliorera le niveau de formation de notre pays. 160 000 jeunes sortent chaque année du système scolaire en situation d'échec. Entre 10 et 12 % des enfants arrivent en sixième avec de très grandes difficultés pour lire. Évalué avec les mêmes critères, l'illettrisme est « seulement » de 3 % au Danemark et en Finlande.

Répétons-le : la France est le pays occidental qui a le plus amélioré sa productivité depuis un quart de siècle. L'Insee estime que 25 % des salariés sont sur-qualifiés par rapport au poste qu'ils occupent. Améliorer la formation sans se donner les moyens de mettre en place un nouveau partage du travail (y compris du travail qualifié) ne réglera aucun problème et peut même accroître la frustration d'une partie de notre jeunesse.

Pendant trente ans, on a répété « Les profits d'aujourd'hui font les investissements de demain et les emplois d'après-demain ». On se rend compte aujourd'hui que, en fait, c'est Faux ! Les profits d'aujourd'hui font les profits de demain ! Le Théorème de Schmidt, qui a inspiré tant de politiques, n'est plus valable. Cela ne signifie pas que le profit n'est pas nécessaire. Mais, aujourd'hui, ce n'est pas de profit que nous manquons. De même faut-il s'interroger sur ceux qui veulent toujours *améliorer la formation et la compétitivité* en refusant de voir l'impact macro-économique de la révolution que nous avons déjà opérée. Le Japon consacre 3 % de son PIB à la recherche et il ne parvient pas, malgré tout, à sortir de la déflation. Cela ne signifie pas qu'il ne faut pas doubler les budgets de l'université et de la recherche. Cela signifie seulement qu'il ne faut pas demander à la recherche de régler tous nos problèmes, en refusant de réfléchir à une vraie évolution de notre contrat social.

Pour lutter contre l'illettrisme, beaucoup a déjà été fait par l'Éducation nationale, les partenaires sociaux et les associations. Mais le résultat des actions entreprises est parfois décevant. Peut-être faudrait-il nous attaquer à l'illettrisme bien plus « en amont » que nous ne le faisons aujourd'hui.

« Mieux vaut prévenir que guérir, surtout quand on ne sait pas guérir, disait un jour une professeur de collège. Le débat public porte beaucoup sur le collège et très peu sur les premières années de la vie. Mais les problèmes du collège viennent très souvent de ce qui s'est mis en place (ou pas mis en place) avant la sixième. Ça explose au collège, quand les hormones titillent les élèves et quand certains se rendent compte qu'ils vont être sur des voies de garage. Mais ce n'est pas au collège que se créent les problèmes, c'est avant la sixième et même sans doute avant l'âge de 6 ans qu'il faut investir beaucoup plus qu'on ne le fait aujourd'hui. »

« Tout se joue avant 5 ans » disent certains psychologues. Ce n'est pas tout à fait exact. Heureusement ! Nous connaissons tous des enfants ou des adolescents chez qui les choses « se mettent en place » plus tard. Mais c'est vrai que les premières années sont absolument fondamentales. Ce sont les années où, physiologiquement, le cerveau est le plus réceptif, le plus malléable.

« L'illettrisme trouve sa source avant le CP », écrit Alain Bentolila, linguiste et professeur à Paris V. Tous les instituteurs et institutrices le confirment : dès la maternelle, on constate de grandes différences entre les enfants dans la maîtrise du langage et dans le rapport au livre. Alain

Bentolila ou Philippe Meirieu soulignent souvent l'importance fondamentale du stock de mots que l'enfant a pu accumuler dans les premières années de sa vie, avant même d'apprendre à reconnaître les lettres et les syllabes :

> « Prenons un exemple : un enfant n'a encore jamais lu le mot "oranger" mais il a appris que chacune des lettres ou groupes de lettres correspondent à un son, dans un ordre particulier. Il va donc construire l'image phonique du mot parce que ce bruit reconstitué représente pour lui la clé d'accès autonome au sens. En découvrant les sons o. r. â. j. é., il va interroger son "dictionnaire mental" afin d'obtenir le sens qui correspond à cette combinaison phonique. En d'autres termes, le "bruit du mot" ainsi reconstitué lui permet de s'adresser à ce dictionnaire mental (qui lui permet de comprendre ce qu'on lui dit) et de lui demander : "Y a-t-il un abonné au numéro que je demande ?"
> On comprend alors l'importance décisive de la quantité et de la qualité du vocabulaire qu'un enfant possède avant même d'apprendre à lire. Certains enfants n'ont en effet pas eu la chance de bénéficier d'une médiation à la fois bienveillante et exigeante. Ces enfants ne possèdent qu'un nombre très restreint de mots, souvent peu précis. Leurs dictionnaires mentaux leur répondront le plus souvent : "Il n'y a pas d'abonné au numéro que vous avez demandé." Et à force de ne pas recevoir de réponse à cette question, ces enfants en insécurité linguistique risquent d'en déduire qu'"il n'y a jamais d'abonné", c'est-à-dire qu'il n'y a jamais de sens derrière l'image phonique qu'ils ont construite.

La responsabilité de l'école maternelle est ainsi essentielle. Dès la petite section, elle doit avec patience et obstination s'attacher à nourrir le stock lexical des enfants, à travailler sur le sens des mots en contexte et hors contexte. C'est là que se gagne la bataille future de la lecture[1]. »

En Finlande, pays qui arrive en tête de toutes les comparaisons en matière d'éducation, il n'y a que 15 enfants par classe en maternelle et en primaire. En France, il y a 25 enfants par classe en maternelle en ZEP et souvent 27 ou 28 dans les établissements hors ZEP. Nous investissons plus que nos voisins au niveau du collège mais nous ne mettons pas les moyens sur la petite enfance, là ou se joue le plus important ! Permettre à tous les enfants d'aller à la maternelle à 3 ans (il y a encore des villes et des villages qui refusent les enfants de cet âge faute de place) et les accueillir dans de bonnes conditions doit être une priorité absolue.

Mais sans doute faut-il aller plus loin et réfléchir au rôle de tous les acteurs (parents, télévision, crèches et nounous...) dans l'éveil au langage des tout-petits. J'ai toujours été frappé par l'inégalité qui existait dès les premières années de la vie dans l'accès au langage. À la fin de mes études, pendant presque un an, j'ai fait du colportage de livres avec des militants d'ATD Quart Monde. Le samedi après-midi, nous allions dans des quartiers difficiles et, au culot mais avec un peu de

1. Alain Bentolila, *Le Figaro*, 14 décembre 2005.

délicatesse, nous frappions aux portes des familles qui habitaient ces immeubles. Il fallait souvent plusieurs semaines pour établir le contact et construire un minimum de confiance, avant de pouvoir rentrer dans l'appartement. Dans de grands sacs à provisions, nous apportions des livres pour enfants. Nous proposions aux enfants de leur lire des histoires. Puis, nous laissions des livres aux parents. Des livres pour les petits et des livres pour eux-mêmes, s'ils le souhaitaient.

Dans certains familles, avant notre passage, il n'y avait aucun livre. Absolument aucun. Il y avait presque toujours une grosse télévision et un magnétoscope mais pas de livre. Ou alors, quelques beaux livres, haut perchés sur une étagère. Avec interdiction formelle pour les enfants d'y toucher. Avec les amis d'ATD, nous apportions des livres de qualité, avec de belles photos ou de beaux dessins, mais des livres que nous avions déjà un peu abîmés, mâchouillés, un peu déchirés et scotchés. Notre but était de faire rentrer des livres chez ces familles et de montrer que le livre n'est pas un objet sacré, qui doit rester sur une étagère, mais un objet de la vie quotidienne.

Maintenant que je suis papa à mon tour, je suis frappé de voir comment, dans des familles comme la mienne, les enfants baignent dans les livres et les mots dès leur plus jeune âge : Paul, à l'âge de 18 mois, était déjà abonné à *Popi* par son grand-père. Et tous les soirs, nous lisions deux ou trois histoires de *Popi* ou d'*Ours brun*. À deux ans et demi, un beau matin, il était parti à la garderie avec un livre sous le bras. Il voulait le montrer à Saïd, son meilleur copain. Quant à David, qui vient de fêter ses trois ans et demi, dès que je rentre à la maison le soir, il m'oblige à poser mon manteau et à me mettre à côté de lui, sur le divan du salon, pour lui raconter des histoires : *Mireille l'abeille*, *Léon le bourdon* ou *Les 101 Dalmatiens*. Pour s'endormir, il prend presque tous les soirs quelques livres que Paul a rangés dans sa petite bibliothèque...

D'un côté des millions de familles dans lesquelles il n'y a aucun livre. De l'autre, des millions de familles où l'on ne passe pas une soirée sans lire une ou plusieurs histoires ou sans chanter une chanson... Et si c'était là une des causes fondamentales des inégalités dont Pierre Bourdieu avait mesuré la très grande pérennité ?

Ces quelques lignes paraîtront peut-être un peu niaises à certains. Parler de *Mireille l'abeille* et de *Léon le bourdon*, cela fait moins sérieux que de commenter des courbes de PIB ou de productivité. Mais si nous voulons radicalement lutter contre l'échec scolaire (pour des raisons de dignité humaine et de justice sociale autant que d'efficacité économique), ne devons-nous pas nous pencher vraiment sur ce qui se passe « d'intime » dans les premières années de la vie ?

Personne ne met en doute que c'est dans l'infiniment petit de l'ADN que s'écrit une grande partie de notre développement physique. C'est sans doute dans le petit et l'intime de nos premières années que se construisent la force, l'intelligence et la capacité de dialogue d'un adulte, la puissance tranquille d'une nation.

On écoute de plus en plus les généticiens. Mais on n'écoute pas (ou très peu) les chercheurs qui travaillent sur le développement de l'enfant et sur le rôle des parents dès les premières semaines de la vie. Pourtant, ce qu'ils disent est souvent passionnant.

« Éduquer un enfant, ce n'est pas remplir un vase, c'est allumer un feu », disait Montaigne. Allons-nous enfin nous donner les moyens d'allumer un feu chez tous les enfants ? Comment aider les parents à jouer pleinement leur rôle dans l'éveil de l'intelligence de l'enfant ? L'éducation de l'enfant est sans doute une des missions les plus importantes et les plus compliquées de l'adulte. Mais rien n'est fait (ou presque) par la collectivité pour l'aider à s'y préparer. Durant notre adolescence, nous passons des dizaines d'heures à faire des maths et de la physique, à calculer des dérivées et des intégrales, à estimer le PH de solutions alcalines... toutes choses fort utiles pour notre vie d'adultes ! Mais rien n'est fait par la collectivité pour nous préparer à ce qui est le plus important et le plus difficile. Tout ce qui touche aux relations humaines et à la transmission...

C'est sans doute l'ensemble du cursus qu'il faudrait revoir, mais je n'en ai pas l'ambition. De façon très modeste, je me demande seulement si, pour aider tous les parents à « allumer un feu » chez leur enfant, il n'y a pas des choses assez simples à mettre en place autour de la naissance.

Visites obligatoires chez le pédiatre, radiographie des hanches obligatoire à 8 mois, gouttes de fluor et de vitamine D données tous les jours pour les dents... Le développement physique de l'enfant est très suivi. Mais, pour ce qui est du développement psychologique et intellectuel de l'enfant, chaque famille bricole comme elle le peut.

➢ De même qu'il y a des séances de préparation à l'accouchement puis des visites obligatoires chez le pédiatre, pourquoi ne pas organiser des rencontres régulières dans les premières années de la vie pour aider les jeunes parents à y voir clair sur la responsabilité qui est la leur ?

En terminale, notre professeur de philo nous a passé quelques films sur l'éveil de l'enfant et sur le rôle des parents. C'était le seul moment où elle obtenait sans problème que nous fassions silence et c'est sans doute ce que j'ai le mieux retenu de son enseignement...

Comme les cours de préparation à l'accouchement (où l'on voit de plus en plus de papas), comme les visites chez le pédiatre, cette école des parents serait proposée à tous les parents d'une même zone géographique. Une fois tous les trois mois, dans la première année de l'enfant, par exemple, on se retrouve un samedi matin à l'école maternelle du secteur pour voir un film sur l'éveil du petit enfant, puis pour dialoguer à partir de ce film et à partir des expériences de chacun(e). Le jeune cadre dynamique et le chômeur de longue durée sont sur un (relatif) pied d'égalité pour échanger sur leur rôle de papa. Ces « écoles des parents » seraient des lieux de convivialité et permettraient sans doute de recréer du lien social.

➢ Quelle formation pour les 300 000 assistantes maternelles qui s'occupent des enfants 8 ou 9 heures par jour ? Dès la première année de la maternelle, des « parcours » guident les instituteurs qui ont pourtant déjà reçu une solide formation et qui peuvent toujours demander conseil à leurs collègues et voisins plus âgés. Mais qu'en est-il des assistantes maternelles souvent isolées dans leur appartement ? Quelle formation ? Quels outils ? Quel suivi ?

➢ Quel cahier des charges pour les émissions de télévision destinées aux enfants ? Pour changer une ligne d'un programme de mathématiques, il faut réunir dix commissions et cinquante experts. Pour décider du programme des émissions pour enfants (qui ont parfois un impact bien plus important que le cours de maths), seul compte sur certaines chaînes l'avis de ceux dont le métier est de « vendre du temps de cerveau disponible »... N'est-ce pas là aussi un débat fondamental qu'il est temps d'ouvrir ?

➢ Comment favoriser l'accès de tous au langage ? Comment être sûr que chaque enfant, en arrivant à l'école, aura déjà une certaine quantité et une certaine qualité de vocabulaire dans ce que Bentolila appelle son « dictionnaire mental » ? À l'âge de 18 mois, des milliers d'enfants sont abonnés à des petites revues alors que des milliers d'autres enfants vivent sans aucun livre. N'est-ce pas une inégalité facile à combattre ? En France, les livres nécessaires à la scolarité sont gratuits pour les élèves des collèges et des lycées. En lien avec l'école des parents évoquée plus haut, ne faudrait-il pas donner à tous les enfants le moyen de s'abonner gratuitement à une petite revue ? Tous les mois, en arrivant à la maison, ce petit journal augmenterait le stock d'histoires et de recettes disponibles, il rappellerait aux parents leurs responsabilités éducatives.

Ce ne sont là que quelques pistes. Je ne prétends pas du tout « faire le tour » de cette question complexe. Je veux seulement souligner que, plutôt que de se concentrer seulement sur l'université, plutôt que de se déchirer sur le collège, nous gagnerions à réfléchir vraiment à tout ce qui peut être fait dans les premières années de la vie. Tous les pédagogues et tous les économistes auprès desquels j'ai testé ces idées m'ont encouragé à les mettre dans le débat public : « leur coût sera marginal par rapport au bénéfice qu'on peut en espérer » m'a dit l'un d'eux à qui j'avais hésité à en parler tant il est habitué à ne parler que de grands équilibres macro-économiques. Alors pourquoi ne pas essayer ?

Expérimenter dans quelques départements

La première chose à faire est sans doute de réunir et d'écouter toutes celles et ceux qui travaillent sur ces questions depuis bien longtemps. On pourrait ensuite, et assez rapidement, expérimenter dans quelques départements les pistes qui feront consensus mais aussi celles qui feront débat. Plusieurs présidents de Conseils généraux m'ont déjà dit leur intérêt. Ainsi, en quelques années, nous pourrons évaluer l'effet de ces propositions.

De même que le RMI avait été mis en œuvre dans quelques départements (« de droite » comme « de gauche ») avant d'être généralisé, de même que des actions de santé périnatales ou de santé de l'adulte (tests angine virale/angine microbienne) ont été testées dans quelques départements avant d'être généralisées, nous pourrons évaluer la qualité de ces propositions : est-il utile d'organiser une « formation » des jeunes parents ? Est-il utile d'abonner tous les enfants de 18 mois à un petit journal ? Quel accompagnement pour les jeunes parents analphabètes qui veulent apprendre à lire à cette occasion[1] ? Peut-on très vite tester des classes de 15 élèves en maternelle ? Au vu des résultats de ces expérimentations, il faudra reprendre la réflexion collective et organiser la généralisation des pratiques qui auront fait leurs preuves.

On dit souvent que l'Éducation nationale n'est pas réformable. Après avoir rencontré un bon nombre d'acteurs (syndicats, experts, parents d'élèves, professeurs et instituteurs de terrain...), je suis persuadé du contraire. Beaucoup aspirent au changement. Mais c'est vrai qu'il faudra sans doute changer de méthode et commencer par le bon bout.

Faire le maximum pour « allumer un feu » chez tous les enfants, en essayant d'avoir une approche vraiment globale du sujet, est peut-être une bonne façon de reconstruire la confiance entre les politiques, les enseignants et les parents.

On a su vaincre la variole. Il y a trente ans encore, elle provoquait la mort de millions d'enfants à travers le monde. Elle est aujourd'hui totalement éradiquée.

Quand certains, il y a trente-cinq ans, évoquaient la possibilité de créer une monnaie unique et de vaincre l'inflation dans l'ensemble des pays d'Europe, beaucoup ont souri. Mais nous y sommes parvenus.

1. L'arrivée d'un enfant peut être l'occasion aussi d'allumer un feu chez des parents en situation de grande difficulté. Autant ils ont du mal à se motiver pour une formation tournée vers l'emploi (car ils n'ont jamais eu que des emplois précaires), autant l'arrivée d'un enfant permet, parfois, de tourner la page et de retrouver une envie d'apprendre qui avait disparu depuis longtemps.

On a su vaincre la variole. On a su vaincre l'inflation. Pourquoi ne pas s'attaquer vraiment à l'illettrisme? Pourquoi ne pas mettre la même ambition au service de l'éveil de l'intelligence de tous les enfants? Dans un pays qui doute de son avenir et qui voit s'effilocher sa cohésion, n'est-ce pas un objectif hautement mobilisateur?

*
* *

Augmenter l'effort de recherche, utiliser le Fonds de réserve des retraites pour financer une vraie politique du logement et une vraie politique d'économie d'énergie, simplifier le Code du travail, instaurer un bonus-malus anti-précarité, prendre dans le système danois tout ce qui a fait reculer la précarité, favoriser les groupements d'employeurs, construire un vrai droit à la formation tout au long de la vie... la semaine de 4 jours n'est évidemment pas la seule arme contre le chômage[1] mais c'est un outil indispensable : quel autre levier permettrait de créer plus d'un million d'emplois CDI en quelques années?

---

1. Voir, page 379, les 20 propositions pour un nouveau contrat social.

Livre 3

QU'EST-CE QUI BLOQUE ?

« Si les hommes auxquels le pouvoir est confié interprètent convenablement la réalité historique, ils peuvent *favoriser des accouchements*, les rendre moins pénibles, moins douloureux *ou, au contraire, freiner* tel ou tel progrès. »

Pierre Mendès France
Lettre à Jérôme Duhamel

« On n'ose plus parler du capitalisme – je suis le seul à employer ce mot – alors que ce système vit une crise foudroyante et suicidaire à moyen terme pour l'humanité.

Nous, socialistes, *devrions* être bien placés pour l'expliquer et y répondre. »

Michel Rocard
Le Parisien, 25 août 2007

Chapitre 1

QU'EST-CE QUI BLOQUE ?

C'est vers 23 heures, tous les soirs, que la question revient. Oui, tous les soirs, quand je participe à un débat dans une ville où l'on m'a invité pour exposer mes idées, c'est toujours vers 23 heures (une fois passé le temps des questions « techniques ») que surgit cette question : « Monsieur Larrouturou, qu'est-ce qui bloque ? On peut ne pas être d'accord à 100 % avec vos propositions, mais nul ne peut contester qu'elles sont assez argumentées. Comment expliquer que, non seulement le PS ne reprend pas vos idées, mais qu'il ne les met même pas en débat ? Qu'est-ce qui bloque ? »

La question revient chaque fois. Et chaque fois je suis gêné pour répondre. Je suis assez à l'aise pour répondre à toutes les questions sur la croissance aux États-Unis ou sur la situation en Chine. Je suis intarissable sur le traité de l'Europe sociale, l'Europe démocratique, la semaine de 4 jours et la lutte contre l'illettrisme, mais je ne sais jamais comment répondre à cette question : *Qu'est-ce qui bloque ?*

La question ne concerne pas que « mes » idées. Le problème est le même pour ceux et celles qui travaillent sur les questions de santé, pour celles et ceux qui travaillent sur le dérèglement climatique, sur les relations Nord-Sud ou sur les questions de logement... Comment expliquer que le projet du PS soit aussi creux alors que notre pays est plein de réseaux ou de personnalités qui proposent, dans le domaine qui est le leur, des solutions pour contrer le *laisser-faire* libéral et sortir de la crise ?

Une majorité des participants au Grenelle de l'environnement sont engagés à gauche. Pourquoi le PS n'a-t-il jamais engagé une vraie réflexion sur le dérèglement climatique ? De la maternelle à l'université, un grand nombre de militants socialistes sont enseignants ou chercheurs. Et combien sont parents d'élèves ? Comment justifier la pauvreté du discours du PS en matière d'éducation et le flou en matière de recherche ? Le PS dirige une majorité de départements et la quasi-totalité des régions. Quelle est précisément notre vision de la décentralisation ? Bon nombre d'hommes et de femmes de théâtre, bon nombre de journalistes votent à gauche. Quel est le projet du PS en matière de culture ? Quelle vision des médias ?...

Que l'UMP fasse une politique de droite, c'est dommage, mais ce n'est pas très surprenant. Que le Medef soit aussi libéral, c'est dommage[1] mais ce n'est pas très nouveau : la France a depuis longtemps un

1. La plupart des patrons que je rencontre dans toutes les régions françaises sont nettement plus ouverts que les dirigeants du Medef.

patronat rétif à tout progrès social. Je l'ai dit plus haut : en 1936, quand tous les pays d'Europe avaient déjà une ou deux semaines de congés payés, le patronat français continuait à affirmer que les congés payés allaient ruiner le pays : « Les ouvriers vont se mettre à boire. Ils vont partir au bord de la mer, et ils ne reviendront plus ! »

Oui, hélas, que l'UMP ou le Medef soient à droite, ce n'est pas très surprenant. Ce qui est le plus troublant, le plus scandaleux, c'est la médiocrité du projet du PS. Quand *Les Échos* consacrent quatre articles en une semaine au risque d'effondrement du capitalisme mondial, quand le FMI souligne que la baisse des salaires dans le PIB atteint partout des proportions historiques, quand la BRI insiste sur les risques d'une déflation mondiale, on pourrait penser que le PS relaie ces critiques du « modèle » libéral et propose une alternative. Non. Rien.

Je le répète : ce qu'il y a de plus nouveau dans le *néo*libéralisme, ce n'est pas l'avidité de certains actionnaires ni l'inconscience de certains banquiers (il y a toujours eu des actionnaires trop gourmands et des banquiers inconscients). Ce qu'il y a de plus nouveau et de plus inquiétant, c'est, depuis vingt-cinq ans, la *néo*incapacité des « forces de progrès » à construire une alternative[1]. Voilà pourquoi cette question est cruciale :

1. Je n'ai pas la place ici de traiter de la question des « Collabos », toutes celles et ceux qui collaborent activement avec le système et lui permettent de se maintenir. « Nous, les collabos, on ne devrait pas payer d'impôts, affirmait un jour Jean-Marie Bigard (oui, Bigard, l'amuseur proche de Nicolas Sarkozy). Pendant la guerre, les collabos ne payaient pas d'impôts et

qu'est-ce qui bloque ? Qu'est-ce qui empêche la gauche de construire une alternative à la marchandisation et à la précarité généralisée qu'impose le néolibéralisme ?

1995, 2002, 2007 : trois défaites consécutives à des élections présidentielles. Et la victoire aux législatives de 1997 était due autant à la surprise de la dissolution, au rejet d'Alain Juppé et aux 70 triangulaires imposées par le FN qu'à la qualité du projet du PS... Oui, hélas ! Ça fait bien longtemps que la gauche n'a plus gagné une élection nationale sur la qualité de son projet !

Les mêmes causes produisent les mêmes effets

Si le PS n'est pas capable de se remettre en cause, s'il recommence avec les mêmes têtes et les mêmes fonctionnements, il n'y a aucune chance qu'il arrive d'ici 2012 à des résultats différents. Sauf à vouloir laisser le pouvoir à la droite pour les dix ans qui viennent, il est donc vital de comprendre ce qui, dans ses fonctionnements collectifs, a conduit, à trois reprises, à l'échec.

Je veux éviter tout ce qui peut nourrir la polémique et les querelles personnelles. Mais, pour apporter ma contribution au débat, je veux rendre compte de quelques scènes vécues au PS entre 2002 et 2007. Étant membre de la commission Économie et, depuis peu, délégué national chargé de l'Europe, j'ai eu la chance

---

nous aussi, on est des collabos : tous les soirs, on fait rire les gens. On leur fait oublier les injustices et toutes les raisons d'être en colère. On les colle à l'écran pour qu'ils n'aillent pas causer avec leurs voisins... C'est grâce à nous que le système n'explose pas. On ne devrait pas payer d'impôts. »

(ou la malchance) de voir de près comment fonctionne réellement la direction du PS dans ces deux domaines : l'Europe et les questions économiques.

« Le poisson pourrit par la tête »

« Le poisson pourrit par la tête » dit le proverbe. On ne peut pas expliquer la victoire du libéralisme (victoire quasiment sans combat), on ne peut pas expliquer les blocages de la gauche française, si on ne comprend pas le fonctionnement réel de l'équipe qui dirige le parti dominant à gauche.

Beaucoup critiquent l'absence de renouvellement du PS, mais ils seraient étonnés par la vitalité des débats dans bon nombre de fédérations. Si la gauche gagne souvent les élections locales, ce n'est pas seulement parce qu'elle surfe sur le rejet de la droite installée au niveau national. C'est aussi parce que, au niveau local, bon nombre de militants, bon nombre d'élus sont en prise directe avec la réalité. Et ils travaillent. Ils réfléchissent. Ils inventent. Ils regardent ailleurs ce qui fonctionne et ce qui ne fonctionne pas... Hélas, cette ouverture au monde, indiscutable à la « base » du parti, disparaît complètement quand on entre au siège du PS, rue de Solférino !

Je suis revenu au PS en 2002. Je pensais que le « choc du 21 avril » avait été suffisamment fort pour que s'ouvrent enfin quelques débats de fond. François Hollande m'avait fortement encouragé à reprendre ma carte : « Je préfère que tu sois turbulent à l'intérieur plutôt qu'à l'extérieur. Il faut que tu reprennes ta carte et que tu rentres à la commission Économie : si on t'avait écouté sur les questions sociales, peut-être qu'on n'aurait pas eu le 21 avril... »

Entre 1997 et 2002, à plusieurs reprises, j'avais rencontré François Hollande pour lui demander de pousser le gouvernement Jospin à plus d'audace en matière sociale ou en matière européenne. Chaque fois, il m'accueillait très cordialement, prenait des nouvelles de ma petite famille et, chaque fois, il affirmait partager mon analyse... Mais, avec une petite blague (ou une grosse vacherie) sur Jospin, Védrine, Moscovici ou Aubry, il m'expliquait qu'il ne pouvait rien faire, que les décisions se prenaient non pas à Solférino, mais à Matignon, au Quai d'Orsay ou au ministère du Travail.

Du coup, en 2002, puisqu'il avait les mains libres, puisqu'il n'avait plus personne au-dessus de lui pour l'empêcher de le faire, je pensais que Hollande allait ouvrir toutes grandes les portes et les fenêtres du PS, que nous allions connaître quelques années de débats passionnants. À ceux qui doutaient de sa volonté d'ouverture, j'opposais l'argument Gorbatchev : « Gorbatchev aussi a dû avaler beaucoup de couleuvres pour monter dans l'appareil du PC. Mais, quand il est arrivé au sommet, on a vu que c'était un vrai réformateur. Maintenant que Hollande a les mains libres, on va voir quelles sont réellement ses convictions et ses méthodes. »

Cinq ans plus tard, je dois admettre que je me suis (très légèrement) trompé dans mon pari gorbatchevien : en cinq ans, nous n'avons connu aucun débat de fond.

Absolument aucun ! Éducation, santé, retraites, relations Nord-Sud, politique de la ville, recherche, culture, agriculture, Europe, chômage, fiscalité ou effet de serre... Que ceux qui me trouvent trop sévère me disent sur quel sujet nous avons avancé entre 2002 et 2007 ? Au printemps dernier, dans quel domaine notre projet était-il clair et convaincant ?

UMP-PS : 20 à 0 !

Les statuts du PS indiquent que, tous les six mois, le parti devrait tenir une grande Convention pour approfondir un élément du projet. En cinq ans, donc, en s'en tenant seulement au respect de ces statuts, nous aurions dû organiser 10 temps forts de réflexion. Nous en avons eu ZÉRO ! Zéro convention thématique en cinq ans, ce n'est pas beaucoup. Dans le même temps, au contraire, l'UMP a tenu 20 conventions... Certes, ce ne furent pas des conventions très longues ni très démocratiques. Mais 20 à 0, c'est quand même une vraie différence.

Fin 2002, après avoir repris ma carte d'adhérent, je demande à rencontrer le permanent de Solférino responsable des études et des revues. Il accepte de me recevoir et m'accueille assez chaleureusement (nous nous étions croisés dans les réseaux rocardiens à la fin des années 1980). Très vite, il me dit son inquiétude sur la situation du PS : « Je crains que le parti ne se *bunkérise* sans aucun vrai renouveau. Chaque fois que nos anciens ministres sortent de Solférino, ils se font chahuter : Aubry se fait siffler par les infirmières à cause des 35 heures à l'hôpital. DSK se fait siffler par les fonctionnaires qui ne lui pardonnent pas ses propos sur une possible privatisation d'EDF. Allègre se fait siffler par les profs... Il y a vraiment un risque que tout le monde rentre dans le bunker dans l'attente des prochaines élections, en misant sur un mouvement de balancier qui nous ramènera au pouvoir après douze ans de Chirac. On peut sans doute gagner en 2007, mais sur le fond, sur notre capacité à réfléchir, je suis assez inquiet. »

Comme je partage son inquiétude, je lui demande si, pour susciter le débat, il me permet de publier dans *l'Hebdo des socialistes* un article un peu argumenté sur le chômage et la précarité. Immédiatement, il accepte cette proposition. Je m'informe alors de l'adresse internet à laquelle je peux envoyer mon texte. Un peu gêné, il me répond qu'il y a bien un ordinateur sur son bureau « mais il n'est pas branché. C'est pour rassurer les gens. Si tu peux me *faxer* ton article, c'est aussi simple... »

Je n'ai jamais été à l'avant-pointe du progrès technique. Je ne faisais pas parti des 10 000 pionniers d'internet en France. Mais, fin 2002, ne pas être relié au réseau quand on est Le Monsieur Réflexion du PS, cela m'a semblé un peu bizarre. Si Solférino devient un bunker et que le bunker n'est relié au reste du monde que par pigeons voyageurs, la rénovation va prendre du temps...

Après tout, me suis-je dit en quittant Solférino, Beethoven était sourd et cela ne l'a pas empêché de composer *Fidelio*, la *Messe en ré* et *L'Hymne à la Joie* ! Le coup du fax, ce n'est pas très grave. On peut réfléchir sans internet...

Mais ont-ils seulement envie de réfléchir ?

En février 2003, avec mon ami Claude Daubas, je publie à nouveau un article dans *l'Hebdo des socialistes*. Alors que personne ne parle encore d'un référendum sur la Constitution européenne et que le PS se désintéresse des travaux de la convention Giscard, nous voulons tirer la sonnette d'alarme.

> « Si nous n'arrivons pas à imposer un vrai traité de l'Europe sociale, nous serons piégés quand la Constitution sera soumise à référendum. Cette Constitution intégrera Maastricht mais risque de ne comporter que des mentions très vagues en matière sociale. Le *non* risque de l'emporter dans plusieurs pays. L'Europe restera une zone de libre-échange sans projet politique. Les libéraux auront gagné la partie.
> Avec les socialistes allemands, espagnols, italiens ou tchèques, nous devons imposer un Traité de l'Europe sociale aussi concret et contraignant que le fut Maastricht en matière monétaire... Invitons les socialistes et les syndicats des vingt-cinq pays à se retrouver pour trois jours de débats à la Sorbonne, fin juin, puis, ensemble, faisons pression sur les négociations en cours. »
>
> Pierre Larrouturou et Claude Daubas,
> *L'Hebdo des socialistes*, 22 février 2003.

À l'époque, je n'étais pas délégué national chargé de l'Europe. J'étais un « militant de base ». Mais, comme nous étions vraiment persuadés qu'on allait vers un référendum et vers une victoire du non, nous voulions tout faire pour que le PS reprenne l'idée de Traité social que nous avions lancée avec quelques amis à l'occasion des élections européennes de 1999. Il restait plusieurs mois avant que la convention Giscard ne rende ses conclusions, il n'était donc pas trop tard pour agir. Mais il fallait agir vite et avec force. Il nous paraissait urgent et fondamental que les socialistes et les syndicats des vingt-cinq États membres se mettent en mouvement pour imposer des avancées sociales.

Début 2003, j'essaie donc de me faire entendre de François Hollande et de quelques autres dirigeants, mais seul les intéressait le congrès du PS qui se tiendrait à Dijon à la mi-mai. Au culot, je réserve le grand amphithéâtre de la Sorbonne et quelques salles de travail pour le dernier week-end de juin, en expliquant que le PS en aura besoin pour une grande réunion internationale mais qu'il ne l'annoncera qu'à l'issue de son congrès.

Dès que la victoire de Hollande est officielle (sa motion obtient 62 % des votes des militants), je lui fais passer des argumentaires pour que, dans le grand discours qu'il prononcera en conclusion du congrès, il annonce qu'il invite effectivement les « forces de progrès » des 25 États membres à se retrouver à la Sorbonne fin juin pour se mettre d'accord sur le contenu d'un Traité social qu'elles demanderont ensuite aux chefs d'État d'ajouter au Traité proposé par la convention Giscard.

Et le soir du congrès, à l'issue de la commission des Résolutions[1], devant tous les dirigeants du PS rassem-

---

1. La commission des Résolutions est un des grands moments de la vie du PS. Tous les trois ans, à chaque congrès, durant la nuit

blés, je prends la parole alors que François Hollande vient de conclure les travaux : « Excuse-moi, François, je voudrais la parole juste une minute. Je suis absolument persuadé qu'il y aura un référendum sur l'Europe et que le *non* va l'emporter si nous n'agissons pas très vite, avec d'autres, pour imposer un volet social. Nous avons rédigé un projet de Traité social qui a déjà reçu quelques soutiens dans plusieurs pays. La Sorbonne est réservée pour la fin juin. Est-ce que tu annonces demain l'initiative dont je t'ai parlé ? » Le tout au milieu de quelques ricanements : qui est ce petit gars qui prend la parole alors que le Chef a conclu les travaux ? Et de quoi qu'il nous cause ? L'Europe ! Qu'est-ce que ça vient faire ici, l'Europe ? François Hollande me répond d'un mot (« Tu as raison, Pierre, l'Europe c'est très important. J'en parlerai demain. »), puis il lève la séance. Le lendemain, évidemment, il n'annonce aucune initiative.

Quelques jours plus tard, je vais le voir en tête à tête et lui explique à nouveau pourquoi je suis persuadé qu'il y aura un référendum et pourquoi je sui persuadé que le *non* va l'emporter. Et je mets en avant aussi des arguments plus personnels : « François, tu as gagné le congrès, mais beaucoup s'interrogent sur ta stature : es-tu simplement capable de gagner un congrès en passant des *deals* avec les fédérations des Bouches-du-Rhône, de

du samedi au dimanche (la nuit, ça fait plus mystérieux !), se dévoilent les alliances ou les ruptures entre courants. C'est là que se dessinent les synthèses et que se constituent les majorités qui vont gouverner le parti jusqu'au prochain congrès.

l'Ariège et du Pas-de-Calais, ou bien es-tu un homme d'État capable de porter un projet de société ? Si tu veux être candidat en 2007, il vaut mieux que le PS n'explose pas sur la question européenne et il vaut mieux que tu prennes une initiative forte pour peser sur la négociation européenne... » À défaut de le convaincre sur le fond, j'espérais que les arguments bêtement personnels (toi, en 2007...) le mettraient en mouvement. Hélas, non. « Il n'y aura pas de référendum ». Il en est persuadé. Et il souhaite ardemment que j'abandonne mon initiative sur l'Europe sociale.

Un peu têtu, je demande à rencontrer deux des proches de François Hollande. L'un d'eux m'explique que « ce Traité social n'intéressera personne en Europe » et que, de toute façon, « le politique ne peut rien faire sur le chômage, sur le logement ou sur l'illettrisme ». Il ne voit donc pas l'intérêt de fixer des critères de convergence dans ces domaines[1]. Le deuxième m'explique qu'il n'y aura évidemment pas de référendum (« Crois-moi, Pierre, j'ai été ministre. Je connais Chirac. Il ne fera pas de référendum ») et que c'est le congrès réuni à Versailles qui devra ratifier le nouveau Traité : « Le PS peut très bien s'abstenir au moment du vote, et c'est l'UMP qui va se diviser. »

1. L'ami italien qui était venu avec moi à Solférino ce jour-là n'en revenait pas de tant de cynisme. « Mais bon sang ! Pourquoi il fait de la politique ce gars-là, s'il pense que le politique ne peut rien faire contre le chômage ou contre l'illettrisme ? Il faut qu'il change de métier. Banquier d'affaires, ça lui irait mieux que politique au PS. »

Je suis sorti de ces rencontres avec un goût amer dans la bouche. La voilà, en réalité, la grande ambition de nos dirigeants : « Sur le chômage, le logement ou l'illettrisme, le politique ne peut rien faire. » Et sur l'Europe ? « Le PS peut très bien s'abstenir. » Bravo ! Quel talent !

En 1930, dans son premier livre[1], Pierre Mendès France expliquait qu'une course de vitesse était engagée entre l'Internationale des peuples et des salariés et l'Internationale des capitaux. Et le jeune Mendès (il n'avait que vingt-trois ans) expliquait que le meilleur moyen d'assurer la victoire de l'Internationale des peuples, c'était de construire les États-Unis d'Europe, avec une vraie monnaie européenne et un vrai pouvoir démocratique.

« Une course de vitesse est engagée », écrivait Mendès France en 1930... Mais, en 2003, alors que, à nouveau, le capitalisme menace ruine et que partout montent les tensions, c'est à une course de lenteur que les dirigeants socialistes semblent participer. Surtout ne rien faire ! Voilà la stratégie de Solférino sur les questions européennes :

➢ attendre que la convention Giscard ait rendu ses conclusions,

➢ attendre que les chefs d'État aient conclu la négociation,

➢ établir ensuite la liste des insuffisances du Traité,

➢ s'abstenir au moment du vote du congrès...

1. *Contribution à l'étude du problème des États-Unis d'Europe*, Librairie Valois, 1930.

Quelle vision ! Quel courage !

Malgré tout, avec quelques amis[1], nous décidons de continuer l'action en faveur d'un Traité de l'Europe sociale. Le Monsieur Europe de Solférino nous avait dit que notre projet n'intéresserait personne mais, en passant quelques coups de fil et en faisant circuler le texte, nous arrivons assez vite à réunir 400 soutiens d'importance dans 9 pays de l'Union. Jacques Delors, Michel Rocard, José Bové, Bronislaw Geremek, Elio di Rupo, Bruno Trentin, Enrique Baron Crespo, Pierro Fassino, Timothy Radcliffe, Antonio Gutteres sont parmi les premiers à nous signifier leur soutien. Et début 2004, Romano Prodi, président de la Commission européenne, accepte de nous recevoir et de soutenir publiquement notre initiative.

1. Encore merci à Catherine, à Luc et à Frédéric...

Devant tous les journalistes présents, Romano Prodi affirme que notre initiative est la bienvenue. « Les critères que vous proposez sont tout à fait raisonnables. Et l'idée même d'un Traité de convergence sociale est raisonnable et importante. C'est une question de volonté politique » affirme-t-il à deux reprises. Notre délégation est composée de responsables politiques, syndicaux ou associatifs de six pays. Le président du PS belge a annulé ses rendez-vous pour être avec nous (sur la photo, Elio di Rupo est l'homme au nœud papillon). Il y a là un ancien ministre des Finances luxembourgeois et des parlementaires de quatre pays, mais il n'y a personne du PS. À Solférino, la consigne est toujours la même : *Il n'y aura pas de référendum. Larrouturou nous casse les couilles...*[1]

Jean-Louis Bianco qui voulait soutenir notre initiative est allé demander son feu vert à François Hollande. En sortant de son bureau, il m'appelle avec sa voix des mauvais jours : Hollande est formel. Aucun député ne doit soutenir notre initiative. Le PS doit préparer les élections régionales et rien d'autre !

Trois mois plus tard, comme arrivent les élections européennes, changement de discours : la direction du PS reprend l'essentiel de nos idées sur l'Europe sociale. « On va pomper 80 % de ton texte. Tu pourras demander des droits d'auteur ! » m'annonce le directeur de cabinet de François Hollande en riant.

---

1. Au PS, on est des vrais mecs, alors on parle comme des mecs ! La rudesse du vocabulaire est censée cacher le manque de courage politique...

Hélas, il n'y a pas de quoi rire. En juin 2004, il est bien tard pour peser sur la négociation du Traité constitutionnel. Si le PS voulait peser sur la négociation, il fallait se mettre en mouvement plus tôt ! Et la parole du PS est d'autant moins écoutée à Bruxelles que, pour faire plus « à gauche », François Hollande décide de rajouter un critère un peu révolutionnaire à nos 5 critères de convergence sociaux : le PS demande d'abord et avant tout la création d'un SMIC européen. Le même partout. J'ai beau expliquer (avec beaucoup d'autres) que ce n'est pas possible[1] et que, en rajoutant ce critère, on se prive du soutien de Geremek, di Rupo, Prodi, Gutteres et de tous ceux qui ont signé le « vrai » projet de Traité social, rien n'y fait. La direction du PS veut faire « à gauche ». Et tant pis si la crédibilité d'un véritable Traité social doit en souffrir...

Arrive le référendum du 29 mai 2005, avec le résultat que l'on sait.

Quelques jours avant le vote, je rencontre les responsables du *Nouvel Observateur*, qui nous avaient bien aidés à lancer l'idée du Traité social en organisant début 2004 un grand débat autour de nos propositions. Le 25 mai 2005, je demande à Laurent Joffrin si, en cas de victoire du *non*, le *Nouvel Obs* est d'accord pour

1. Entre le Smic portugais et le Smic luxembourgeois, il y a déjà un écart de 1 à 4. Comment croire que les 25 peuvent avoir tous le même Smic alors qu'il y a des différences énormes de productivité ? Aucun syndicat ne le demande. Aucun économiste ne peut y croire. Mais cela devient le 1er critère de l'Europe sociale qu'exige le PS, le temps d'une élection...

relayer un appel à reprendre la négociation européenne, signé par des partisans du *oui* et du *non*. Joffrin est d'accord, et le déclare publiquement dès le jeudi suivant :

> **« Au-delà du *oui* et du *non* »**
>
> Le « *oui* de gauche » et le « *non* européen » ont une base d'accord : les uns et les autres, en fait, veulent une Europe plus sociale. Il y a un an, *le Nouvel Observateur* réunissait quelque mille personnes pour discuter d'un projet de Traité social que ses promoteurs, Pierre Larrouturou, Michel Rocard et bien d'autres, proposaient d'adjoindre au Traité constitutionnel.
> À l'époque, les sceptiques avaient pris cette initiative pour une entreprise sympathique mais irréaliste. On voit aujourd'hui ce qu'il en coûte. Un tel ajout aurait désarmé une bonne partie des arguments du *non*. José Bové, Jacques Delors ou encore Susan George, animatrice d'Attac, avaient soutenu le texte. Pourquoi cette convergence serait-elle aujourd'hui impossible ?
> Autour d'un projet de cette nature – donner à l'Europe des objectifs sociaux en plus des objectifs monétaires et financiers existants –, les pro-Européens de gauche peuvent encore se retrouver. Qu'ils aient voté *oui* ou *non*. »
>
> Laurent Joffrin,
> *Le Nouvel Observateur*, 9 juin 2005

Hélas, alors que les dirigeants de la Confédération européenne des Syndicats et les dirigeants de la droite allemande affirment qu'il faut entendre le peuple français et compléter les traités avec un volet social, aucun dirigeant du PS n'acceptera d'agir dans ce sens : les partisans du *oui* refusent de tendre la main aux partisans du *non* et veulent pouvoir les accuser toujours d'être les fossoyeurs de l'Europe. Quant aux leaders du *non*, ils ont déjà oublié la question européenne. Ils ne pensent qu'à la désignation du candidat pour 2007, persuadés que la « victoire » du *non* est *leur* victoire et qu'elle leur donne un avantage décisif pour la suite des événements...

Dix mois après le référendum, en mars 2006, une délégation de dirigeants socialistes allemands vient à Paris pour une journée de travail avec les dirigeants du PS français. Objet de la réunion : réfléchir aux meilleurs moyens de sortir l'Union de l'impasse. Comme je viens d'être nommé délégué national Europe, j'obtiens de participer à cette réunion.

Du côté français, nous sommes cinq « politiques » (Pierre Moscovici, Jean-Louis Bianco, Pervenche Berès, Benoît Hamon et moi). Hélas, très vite, les Allemands constatent que nous avons cinq discours différents : Pervenche Bérès affirme que la mondialisation est responsable de la crise sociale en Europe, alors que je viens de distribuer la traduction en allemand d'un article où Michel Rocard et moi expliquons le contraire... Les responsables du SPD ouvrent de grands yeux mais s'adressent à nous très gentiment, comme on parle à des enfants malades : « Pervenche, j'ai bien aimé ce que tu as dit. Mais je préfère un petit peu ce qu'a dit Pierre, commence Angelica Schwall-Düren, vice-présidente des députés

SPD au Bundestag. L'Allemagne a plus de 100 milliards d'excédent commercial et a quand même 4 millions de chômeurs. Ce n'est pas la mondialisation qui explique notre chômage... »

Vu l'importance de la rencontre (les Allemands vont bientôt prendre la présidence de l'Union européenne et c'est un socialiste qui est ministre des Affaires étrangères), nous aurions dû préparer cette rencontre depuis longtemps et passer au moins un week-end à nous mettre d'accord sur ce que nous allions proposer à nos alliés. Hélas, nous n'avons pas pris une heure en commun pour préparer cette journée... et ça se voit !

L'après-midi est consacré spécifiquement à la question de l'Europe sociale : quel contenu mettre derrière le slogan ? Quel partage des rôles entre l'Europe et les États membres ? Quelles initiatives prendre pour relancer la négociation ? Après le déjeuner, le débat reprend un peu laborieusement (ce n'est pas le moment où le cerveau est le plus créatif) mais, vers 15 heures, la discussion devient vraiment intéressante. Avec une humilité que l'on connaît peu à Paris, les dirigeants du SPD avouent qu'ils sont paumés : « Le vice-chancelier, Franz Müntefering, me disait l'autre jour qu'on est un peu perdus : il faudrait un débat de fond sur le capitalisme financier, avance Angelica Schwall-Düren, qui préside la délégation allemande. Qu'est-ce qui se passe en ce moment ? Comment marche l'économie ? Qu'est-ce que nous pouvons faire réellement ? »

« Plus je vieillis et plus je vois s'éloigner l'objectif de plein emploi, continue un de ses voisins. J'aimerais qu'on travaille vraiment sur ce point : le plein emploi est-il encore possible ? » Chacun fait part de ses doutes, de ses questions et de ses propositions. C'est la première fois que j'assiste à une discussion de fond dans les murs de Solférino... Hélas, à 15 heures 50, alors que nous sommes plusieurs à lever la main pour participer au débat, Moscovici se lève et veut clôturer la séance. Je regarde le programme : la séance devait durer jusqu'à 17 heures et, vu l'importance des sujets traités, je pensais que nous allions jouer les prolongations et même inviter les Allemands à dîner, pour ceux d'entre eux qui pouvaient rester à Paris. Je fais signe à Pierre Moscovici que je veux reprendre la parole mais, assez sèchement, il répète « C'est fini pour aujourd'hui ! On se reverra en octobre à Berlin ».

C'est au tour d'Angelica Schwall-Düren de manifester son étonnement : « Mais Pierre, c'était intéressant aujourd'hui. Pourquoi attendre octobre pour se revoir ? Vous pourriez venir en mai à Berlin pour qu'on continue à discuter. » « Très bien, on viendra en mai ! » conclut Moscovici avant de quitter la salle. Il n'a pas dit « Rien à foutre » mais tout le monde l'a entendu !

À 15 heures 55, Moscovici a quitté la salle sans saluer tous les présents. Jean-Louis Bianco et moi restons un moment pour parler avec les délégués du SPD, mais le charme est rompu. Aucune vraie discussion n'est plus possible. La journée consacrée au meilleur moyen de relancer la construction européenne s'est achevée en queue de poisson, sans conclusion, sans perspective...

Quelques semaines plus tard, Pierre Moscovici et une dizaine de députés européens socialistes élus en France annoncent qu'ils renoncent à leur mandat de député européen et préfèrent être députés à l'Assemblée nationale. Certes, ils continueront à siéger à Strasbourg jusqu'à leur élection au Parlement français (le job de député européen est très bien payé), mais tous leurs collègues députés ont compris le message : l'Europe, ils n'en ont rien à cirer !

Français, votre europessimisme nous désespère

(...)
Ma première réaction fut le désespoir. Comment avancer en Europe sans la France ? Que faire, s'il est de bon ton, même au sein des partis europhiles français, de fustiger le projet européen ?
Que les hommes et femmes politiques de l'Hexagone décident de se rallier à cette morosité europessimiste, au lieu de se battre pour la cause européenne, voilà qui laisse pantoise.
Je ne parle pas des partis traditionnellement eurosceptiques. Ils restent fidèles à leurs traditions francocentrées. Non, je parle des grands partis. De ceux sur la base desquels se décide la position de la France à l'échelle internationale. Et c'est là que se pose la question fondamentale : *envisage-t-on sérieusement une politique tricolore sans bannière étoilée ?*

Angelica Schwall-Düren
Le Monde,6 février 2007

Angelica Schwall-Düren n'est pas la seule à désespérer des socialistes français. À Strasbourg et à Bruxelles, la démission pour convenance personnelle d'une grosse dizaine de députés européens français a été la goutte qui fait déborder le vase: « Les socialistes français ont le groupe le plus important au Parlement européen car le PS a cartonné avec la campagne sur l'Europe sociale, en 2004. Mais quand Moscovici et les autres ont annoncé qu'ils voulaient quitter le Parlement, deux ans à peine après y être entrés, cela a fini de discréditer les Français, explique un permanent du Parlement. Au moment où reprennent les négociations pour un nouveau Traité, c'est vraiment dramatique. C'est totalement déprimant[1] ! »

Oui, je ne suis pas le seul à être désespéré par l'inertie et le cynisme des dirigeants du PS[2]. Alors qu'ils ne peuvent pas prononcer un seul discours sans parler,

1. Le 9 décembre 2006, Pierre Moscovici qui était président de la branche française du Mouvement européen, est débarqué de ce poste par ses amis. Mais il reste encore et toujours Le Responsable pour les questions internationales au PS...

2. Il y a quelques jours, un de mes amis m'appelle. Médecin et syndicaliste, il sort d'une réunion à Solférino et me propose qu'on prenne un café ensemble avant qu'il ne reparte vers sa lointaine province. « Ça va ? » lui demandè-je. « Oui, ça va. Comme chaque fois que je quitte Solférino, j'ai pris un double whisky et un double Prozac, et ça va. Ça va mieux ! » Angelica Schwall-Düren n'est pas la seule à souffrir de l'inertie de nos dirigeants. Des millions de gens souffrent directement des dégâts du libéralisme et, parmi ceux qui ne sont pas directement touchés, nous sommes nombreux à souffrir de ce que Karl Jaspers appelait une *culpabilité métaphysique*: des millions d'hommes souffrent autour de moi. Certes, je n'y suis pour rien directement, mais je n'arrive pas à agir pour changer le système. Et cette impuissance est, pour moi, cause de souffrance.

avec des trémolos dans la voix, de la mondialisation et des souffrances (réelles ou supposées) qu'elle provoque, comment peuvent-ils à ce point ignorer la question européenne ?

Pourquoi l'Allemagne renonce-t-elle de plus en plus clairement à une stratégie de coopération européenne ? Pourquoi l'Allemagne s'engage-t-elle de plus en plus dans une stratégie de dumping intraeuropéen, en baissant ses salaires, en augmentant les taxes sur les produits importés et en baissant l'impôt sur les bénéfices ? Parce que, depuis plus de dix ans, les dirigeants français agissent comme s'ils se désintéressaient complètement des questions européennes !

Bien sûr, les socialistes français peuvent hurler à l'ultralibéralisme quand un Commissaire européen propose de « réduire à zéro le taux d'impôt sur les sociétés »[1]. Bien sûr, nous pouvons critiquer le directeur général de la Commission qui affirme « qu'une baisse générale des salaires de 4 % générerait 1 % de croissance dans la zone euro »[2]. Bien sûr, nous devons critiquer la dérive libérale de la Commission depuis le départ de Jacques Delors. Cette dérive est hélas incontestable. Comme l'écrit Favilla dans *Les Échos*[3], « Il ne faudrait pas que

---

1. Fritz Bolkestein, *Le Monde*, 21 février 2004.
2. « Le directeur général en charge des affaires économiques, Klaus Regling, souligne qu'il ne s'agit pas, pour lui, d'une simple hypothèse de travail, mais bel et bien d'un "objectif" que doit se fixer l'Union européenne, ou à tout le moins la zone euro ». *La Tribune*, 7 octobre 2005.
3. *Les Échos* du 25 septembre 2007.

l'Europe devienne l'idiot du village global. Les bureaux de Bruxelles ont trouvé dans une naïve idéologie libérale le substitut à l'inexistence d'une volonté politique. » Mais pourquoi *la naïve idéologie libérale* s'impose-t-elle aussi facilement (et en provoquant autant de dégâts) ? Depuis cinq ans, depuis dix ans, quels sont les actes que nous, socialistes français, avons posés, quelles sont les idées que nous avons avancées pour contrer les attaques des libéraux[1] ?

Élargissement à 25, puis à 27 états membres, négociation d'une Constitution... Nous venons de vivre des années « charnières » pour l'Europe. À l'heure de la mondialisation galopante, comment négocier avec la Chine, comment obtenir un nouveau Bretton Woods, si l'Europe est paralysée par des institutions d'un autre âge ? Et comment ne pas voir que, dans plusieurs pays, les peuples refusent toute avancée dans le domaine institutionnel si la question sociale est toujours remise à plus tard ?

Sans doute notre projet de Traité social n'a-t-il rien de génial. Mais si tant de responsables politiques, de José Bové à Bronislaw Geremek, lui ont apporté leur soutien, c'est qu'il peut probablement constituer une base de

1. Là encore, il ne faut pas confondre l'ensemble du PS et sa direction. Quand je vais à Bruxelles pour participer à des journées de réflexion sur l'avenir de l'Europe, je suis toujours surpris de rencontrer des militants de telle ou telle fédération du PS français qui sont venus, parfois en payant le déplacement sur leur cassette personnelle, pour se tenir au courant, pour faire connaître leurs analyses ou pour se remonter le moral. Malgré l'inertie de Solférino, l'ambition européenne d'un grand nombre de militants n'est pas morte !

négociation. La direction du PS avait tout à fait le droit d'ignorer nos propositions. Évidemment. Mais elle n'avait pas le droit de ne rien faire (absolument rien !) durant ces cinq années où l'Europe se cherchait un avenir.

Comme tout bon Rocardien, je connais par cœur tous les défauts de François Mitterrand. Mais, s'il y a bien un domaine dans lequel on ne peut pas douter des convictions de François Mitterrand, c'est la construction européenne : c'est l'hymne européen qui retentit le 21 mai 1981, quand Mitterrand remonte la rue Soufflot devant le Panthéon. Du début à la fin de ses deux septennats, il ne cessera d'agir pour l'Europe. Et, le 11 janvier 1996, de tous les chefs d'État présents à Notre-Dame-de-Paris pour rendre un dernier hommage au Président défunt, c'est Helmut Kohl qui a le plus de mal à retenir ses larmes... Sans doute avons-nous toujours à faire l'inventaire des deux septennats de François Mitterrand. Mais dans l'héritage, il y avait au moins une très forte ambition européenne. Qu'en avons-nous fait ?

Je le dis avec beaucoup de tristesse, mais pour moi c'est, hélas, une évidence : si le *néo*libéralisme avance aussi facilement ses pions en Europe et dans le reste du monde, c'est d'abord et avant tout à cause du *néo*-je-m'en foutisme d'un certain nombre de dirigeants socialistes.

> « Par notre inertie,
> nous enlevons au monde son visage humain. »
>
> Alain[1]

1. Alain, philosophe, 1868-1951.

> « Le monde ne sera pas détruit par ceux qui font le mal, mais par ceux qui les regardent sans rien faire. »
>
> Albert Einstein

À un certain niveau, l'inertie et la paresse ne sont pas de petits défauts, facilement pardonnables. Quand le PS, le plus grand parti de gauche en France, le plus grand groupe au Parlement européen, ne fait rien (absolument rien) pendant cinq ans sur la question européenne, il participe à la déshumanisation du monde.

*
* *

Mais la question européenne n'est pas le seul domaine où j'ai pu observer le fonctionnement de la direction du PS. Étant membre de la commission Économie, j'ai pu suivre de près aussi « l'avancée » de sa réflexion en matière économique.

La première réunion de la commission Économie, après le congrès de Dijon, s'est tenue le 1er juillet 2003. Je me souviens de la date car c'est le 1er juillet 2003 que toute la presse économique avait titré sur le rapport de la Banque des règlements internationaux évoqué plus haut, le rapport qui soulignait le risque d'une déflation mondiale généralisée.

Pour nous, socialistes, ce rapport était du « pain béni » puisqu'il affirmait clairement que les politiques néolibérales, avec leur cortège de précarité et de baisse des salaires, pouvaient conduire à une vraie crise économique. Pour des gens de gauche, un argumentaire de ce type, signé par la très prestigieuse Banque des règlements internationaux, c'était Noël en juillet ! Mais ce rapport de la BRI nous plaçait assez brutalement devant nos responsabilités : quelles politiques faut-il mettre en place pour éviter une *déflation mondiale généralisée* ? C'est évidemment un enjeu considérable.

En arrivant à Solférino, j'étais persuadé que l'essentiel de la réunion allait tourner autour de ce rapport. Je pensais que certains membres de la commission Économie feraient étalage de leur science et que nous aurions droit à de subtils *distinguos* entre « déflation » et « récession ». En rentrant dans la salle Marie-Thérèse Eyquem, la grande salle de réunion de Solférino, j'ouvre mon cahier et dessine deux colonnes. Une pour Déflation. Une pour Récession. Je ferai le compte en fin de soirée pour voir quel mot a été le plus employé.

En attendant que la réunion commence, je regarde la revue de presse qui traîne sur les tables. Le bureau national du PS vient de s'achever et certains participants ont laissé sur la table la revue de presse hebdomadaire qui leur est distribuée. Les articles des *Échos* et de *La Tribune* consacrés au rapport de la BRI y sont-ils ? Non. À ma grande surprise, la revue de presse donnée aux membres du bureau national, l'instance de direction du parti, ne traite absolument pas d'économie, ni de questions internationales, ni de santé, ni des questions de société. Elle est divisée en deux parties :

- le PS,
- le reste du monde (le PC et les Verts).

La première partie est la plus volumineuse mais pas la plus variée. Qu'on en juge en lisant quelques titres :

➢ À la fête de la Rose de Jouy-sur-Yvette, François Hollande affirme : « Monsieur Raffarin, vous faites fausse route ! »

➢ À la fête de la Rose de Lannemezan, François Hollande déclare : « Avec la droite, la facture va être salée... »

➢ À la fête de la Rose de Bure-en-Breiz, François Hollande accuse la droite d'augmenter la précarité !

➢ À Toulon, le premier secrétaire du PS s'en prend à la droite : « La droite est méchante ! »

J'exagère. Mais à peine.

Je n'ai jamais vu une revue de presse aussi pauvre et aussi nombriliste. Il n'y est question que des déplacements et des prises de parole de nos leaders ! Mais, peu importe. Je referme la revue de presse car Éric Besson arrive et la réunion de la commission Économie commence.

Éric Besson a mis son plus beau costume. Et, dès les premières minutes, il fait un lapsus qui nous permet de comprendre pourquoi il est aussi beau : il sera bientôt ministre. C'est sûr ! Très vite, il nous confie qu'il sort à l'instant du bureau de François Hollande (voyez un peu la proximité avec le Chef !). Il nous dit que François Hollande va bientôt publier les « décrets d'attribution » qui clarifieront les compétences de cette commission. Pour ceux qui n'auraient pas compris, il bute volontairement sur les mots *décrets d'attribution*, et sourit de son lapsus. On parle en général de décrets d'attribution quand un gouvernement est constitué... Le message est clair : en 2007, quand la gauche va retrouver le pouvoir, si Hollande est à Matignon, Éric Besson sera ministre ! On est content pour lui.

Suit un long monologue d'où il ressort que le travail de notre commission est important... puisque François Hollande viendra lui-même, tous les trimestres, pour nous écouter rendre compte de nos travaux[1]. Et François pourra poser des questions. Et nous pourrons répondre en direct à François...

Au bout d'un moment, j'ai posé mon stylo. J'avais compris ! Les mots *déflation* ou *récession* n'ont pas été utilisés une seule fois pendant la soirée. Pas une fois, on n'a parlé du rapport de la BRI qui faisait la une des journaux économiques le matin même. En revanche, « François Hollande », « François » et « François m'a dit » ont fait exploser les compteurs...

La réunion confirmait le sentiment donné par la revue de presse : Solférino vit en vase clos. Le monde entier peut tomber en déflation, la Chine peut détruire des satellites et moderniser ses sous-marins, les États-Unis peuvent sombrer dans la récession si ça les amuse, la petite Cour qui entoure François II continue de vivre avec son cérémonial propre.

Mais, me direz-vous, on ne peut pas juger le travail d'une commission sur la seule réunion d'installation. Sans doute, à la prochaine réunion, va-t-on s'attaquer aux sujets de fond. Hélas, ce ne sera jamais le cas : Les sujets qui fâchent seront systématiquement mis de côté. Je me souviendrai toujours du soir où l'un des membres

1. Moi qui croyais que nos travaux étaient importants à cause des 4 millions de chômeurs qui attendent un travail et à cause du risque de déflation mondiale, j'étais complètement à côté de la plaque !

de la commission a exposé ses idées en matière de fiscalité du travail. Cela faisait plusieurs mois que ce militant demandait à pouvoir développer sa vision des choses. Ce soir-là, il est convenu qu'Éric Besson lui donnera la parole pour quelques minutes. Ce qu'il fait très cordialement. Mais, une fois l'exposé fini, la conclusion d'Éric Besson est assez claire : « C'était très intéressant, Jacques, mais tu as bien conscience que ce que tu proposes n'est pas dans la droite ligne de ce que nous avons fait pendant cinq ans avec Lionel Jospin. Cela nous obligerait à des contorsions. »

Pour Éric Besson, nul ne l'ignorait, Lionel Jospin était le meilleur cheval pour 2007 :

> « C'est Jospin qui incarne le mieux l'image de Président.
> Qu'on le veuille ou non, le Président reste en France le Père de la Nation. Et au PS, c'est Jospin, mieux que d'autres, qui incarne cette image. »
>
> Éric Besson, *Libération*, 21 janvier 2006.

Pour Éric Besson, les choses sont claires : Jospin a la meilleure image. Donc Jospin sera le meilleur candidat. Si l'on veut faciliter le retour de Jospin, il faut absolument rester « dans la droite ligne de ce qu'on a fait entre 1997 et 2002 » et éviter toute idée neuve qui pourrait obliger à des contorsions[1].

Et, comme nous sommes quand même assez nom-

1. Depuis, Éric Besson a fait preuve d'un certain goût pour la contorsion...

breux dans la commission Économie à vouloir ouvrir des pistes nouvelles, et que Besson n'aime pas l'affrontement, il choisit la facilité : il n'y aura plus aucune réunion de la commission Économie dans les deux années qui précèdent la rédaction du projet.

Aucune réunion en deux ans ! Cela limite évidemment les risques de contorsions. Ce n'est qu'après l'adoption du projet du PS, en juillet 2006, que la commission se remet au travail avec un seul objectif : décortiquer le projet UMP pour en trouver toutes les failles. Besson ne veut pas faire de cadeaux à l'ennemi !

Pendant toute la campagne présidentielle, Éric Besson critiquera assez vivement le *tout-pour-l'image* de la candidate socialiste et le manque de fond de son projet. Mais, cher Éric, *qui* était responsable de la réflexion économique depuis 2003 et *qui* l'a sabordée par respect pour *l'image du Père de la Nation* ?

Et François Hollande, me direz-vous, pourquoi François Hollande a-t-il accepté que la commission Économie ne fasse rien pendant deux ans ? Pour Hollande, le choix de Jospin pour 2007 était nettement moins évident (Hollande voulait être candidat lui-même) mais il n'avait aucune envie qu'on fasse le bilan des années 1997-2002. Il était le patron du PS durant toute cette période. Il a approuvé chacune des politiques mises en œuvre et, pendant cinq ans, il a empêché tout débat sur les choix du gouvernement. Faire le bilan des années Jospin reviendrait à faire le bilan des années Hollande et il n'en a aucune envie.

D'ailleurs, en décembre 2005, quand Lionel Jospin veut revenir dans le jeu et comprend qu'il ne peut pas totalement échapper au bilan de son action[1], il conseille aux socialistes de faire l'inventaire des années où il a été au pouvoir. Le soir même, François Hollande affirme : « L'inventaire a été fait ».

POLITIQUE

Hollande à Jospin : « L'inventaire a été fait »

« Devoir d'inventaire » sur les années Jospin ? A défaut de s'y livrer personnellement – *« On ne se juge pas soi-même »* –, l'ancien Premier ministre a invité hier ses camarades socialistes à exercer ce

Hormis cette analyse et quelques regrets (sur le fait de n'avoir pas accordé le droit de vote aux immigrés aux élections locales ou sur l'ouverture du capital de France Télécom), la direc-

Circulez, y a rien à voir ! Le bilan 1997-2002 était parfaitement génial. En laissant le pouvoir le 21 avril 2002, les socialistes avaient réglé la totalité des problèmes du pays !

Et du côté des rénovateurs ? me direz-vous. Si la direction a verrouillé le débat, qu'ont fait Montebourg, Peillon et le NPS[2] qu'ils animent ? Pourquoi n'ont-ils pas avancé plus d'idées neuves ? Là aussi, hélas, au-delà des déclarations de principe (« Il faut tout revoir, tout repenser ») et

1. C'est Lionel Jospin qui, le premier, avait affirmé un *droit d'inventaire* sur les années Mitterrand...

2. NPS : Nouveau Parti socialiste, c'est le courant créé fin 2002 par Arnaud Montebourg, Vincent Peillon et Julien Dray.

des propositions de rénovation des institutions, la liberté d'innover est assez encadrée. Certes, dans les universités d'été du NPS, les débats sont libres et très intéressants. Mais quand il faut rédiger les motions, quand ça devient sérieux, Jacques Rigaudiat, ancien conseiller social de Lionel Jospin, et Benoît Hamon, ancien conseiller politique de Martine Aubry, veillent au grain : bien sûr, il faut tout remettre en cause, tout repenser, *faire une politique nettement plus à gauche !*, mais, concrètement, pas question de toucher à ce qu'ont fait Jospin et Aubry en matière économique et sociale.

Sur le temps de travail, par exemple, alors que, en principe, une motion de congrès est là pour ouvrir des débats ou pour fixer seulement les grandes lignes d'un projet politique, la motion NPS précise jusqu'au volume d'heures supplémentaires qu'il faudra accorder avec les 35 heures : c'est un simple copier-coller des décrets d'application des lois Aubry ! *L'objectif du NPS pour 2007-2012 est-il simplement de recopier les décrets publiés en 1999 ? Ne faudrait-il pas ouvrir le débat avant de le refermer ?* s'interrogeront certains militants. En vain !

Et quand, en mars 2006, avec quelques amis, nous lançons une pétition pour demander que le PS se mette enfin au travail, quand nous affirmons que le projet du PS n'est pas à la hauteur et qu'il faut prendre quelques mois pour se mettre vraiment au travail[1], c'est vers les

1. La campagne de l'UMP ne commencera qu'en janvier 2007. Pourquoi boucler le projet du PS en juillet 2006 si tout le monde a conscience qu'il n'est pas bon ?

leaders de NPS que nous nous tournons pour obtenir du renfort. Hélas, ils nous rient au nez.

Je me revois encore, en avril 2006, essayant de convaincre l'un des chefs de file du NPS : « Il faut absolument prendre trois mois pour travailler sur les questions sociales : on n'a rien à dire de sérieux sur le chômage[1] et sur les retraites. Mettre en avant la retraite à 60 ans, ce n'est pas crédible. On laisse un boulevard à Sarkozy. » « La retraite à 60 ans ? Pourquoi tu critiques ? On ne dit pas avec quel niveau de revenu les gens partiront en retraite » me répond-il en riant. Et quand je lui fais remarquer que la question des retraites sera une question importante de la campagne présidentielle[2] et qu'on ne pourra pas s'en sortir avec ce genre d'ambiguïté, il me coupe assez sèchement : « Écoute, Pierre, fais pas chier ! Tous les sondages donnent Ségolène victorieuse. Tu ferais mieux de monter dans le train plutôt que de critiquer. »

---

1. « Les emplois-tremplins, c'est bien. Mais ça ne dure que six mois, remarquait un militant. Les emplois-jeunes duraient cinq ans. En cinq ans, on peut prendre confiance en soi, se former et apprendre vraiment à travailler avec d'autres. Mais un emploi-tremplin de six mois, ce n'est pas sérieux. Qu'est-ce qu'on apprend vraiment en six mois ? Et *tremplin* vers quoi ? »

2. Début 2007, interrogée sur la question des retraites, Ségolène Royal répondra que « la question n'est pas de son niveau (!), mais du niveau d'un secrétaire d'État ». Faut-il s'étonner ensuite du très mauvais score réalisé au deuxième tour chez les plus de 50 ans ?

Le PS doit prendre le temps d'inventer

Si la gauche continue à être inaudible sur les questions sociales, c'est Nicolas Sarkozy qui, l'an prochain, gagnera la bataille. Et même si la gauche gagnait, dans l'état actuel du projet, on peut craindre que la crise sociale ne continue d'empirer !

Malgré le 21 avril 2002, malgré le *non* au référendum, malgré les 10 000 voitures brûlées en novembre 2005, le PS semble incapable d'innover vraiment. Pour lutter contre le chômage, le PS compte essentiellement sur le retour de la croissance « à 3 % en moyenne » alors qu'elle est de 1,5 % depuis le début de la décennie et que la Caisse des dépôts prévoit 0,8 % de croissance à moyen terme pour la zone euro ! Le PS veut « basculer les cotisations patronales sur la valeur ajoutée ». L'idée est intéressante mais, d'après les études les plus récentes, cela créerait seulement 50 000 emplois... 50 000 emplois, c'est bien, mais il y a 4 millions de chômeurs et 1 million de rmistes !

C'est une évidence pour qui a lu l'ébauche du projet : il y a de nombreuses idées intéressantes, mais l'ensemble n'est pas du tout à la hauteur des enjeux. C'est le 6 juin que le bureau national du PS doit décider du contenu du projet. Il y a urgence ! D'ici au 6 juin, il faut parvenir à bousculer Solferino. Tel est l'objectif de la pétition lancée sur www.urgencesociale.net. Vu les statuts du PS, si cette pétition recueille 5 000 signatures, la direction sera obligée de soumettre ce texte au vote de tous les militants avant l'été.

> Pour augmenter les chances de victoire en 2007 et pour que cette victoire soit synonyme de progrès social, il nous faut trois mois de travail, avec tous ceux qui le voudront. Rien ne nous oblige à boucler le projet avant l'été. L'UMP ne désignera son candidat qu'en janvier. Pourquoi ne pas prendre jusqu'à l'automne pour construire un vrai projet social ? C'est sans doute le meilleur moyen de gagner en 2007.
>
> Éric Halphen et Pierre Larrouturou,
> *Le Monde*, 2 juin 2006

Cette tribune que *Le Monde* a publiée en 48 heures tellement il paraissait évident que le PS devait se mettre au travail, cela faisait plus d'un mois que nous avions proposé à des « grandes figures » du PS de la signer avec nous. Si l'un ou l'autre avait encouragé son réseau à signer notre pétition, nous aurions obtenu très facilement les 5 000 signatures nécessaires pour obliger la direction à ouvrir le débat. Mais aucun n'a voulu nous aider[1]. Où étaient-ils en juin 2006, tous ceux qui affirment aujourd'hui le besoin de renouveau du PS ?...

---

1. En rendant publique notre pétition le 2 juin, il ne nous restait plus que quelques jours pour recueillir les 5 000 signatures avant l'adoption définitive du projet. Si nous avons tant tardé, c'est que, jusqu'à fin mai, nous avons pensé qu'un des leaders « rénovateurs » nous aiderait et que nous aurions facilement les 5 000 signatures... Les uns après les autres, ils se sont tous défaussés. Malgré tout, malgré la couardise des chefs, nous sommes arrivés en une semaine à rassembler un peu plus de 3 000 signatures en interne au PS et le double à l'extérieur (mais les signatures extérieures, « ça ne compte pas »). Mais

« Par notre inertie,
nous enlevons au monde son visage humain. »

Alain

Je veux m'excuser ici auprès du lecteur pour lui avoir imposé ces pages un peu pénibles à lire. J'ai eu moi-même beaucoup de mal à les écrire[1]. Décortiquer et critiquer le fonctionnement de sa propre famille, alors que l'on veut combattre le camp d'en face, n'a rien d'évident. Mais je suis persuadé que ce travail de compréhension est absolument indispensable si nous ne voulons pas connaître bientôt de nouveaux échecs. *Les mêmes causes produisent les mêmes effets*, dit-on. Si nous ne changeons pas radicalement nos modes de fonctionnement, le libéralisme a encore de beaux jours devant lui...

De même qu'il faut comprendre les mécanismes économiques du libéralisme pour pouvoir le combattre, il faut comprendre ce qui bloque à Solférino pour réveiller la maison endormie.

D'autant qu'il n'est pas sûr que la défaite du printemps dernier ait suffi pour que nos Princes se remettent en cause... Fin août, François Hollande a déclaré publiquement qu'il allait laisser sa place de premier secrétaire

---

dans un parti où comptent seulement les rapports de force, notre pétition a été totalement ignorée par la direction : la phase de réflexion sur le projet était bouclée. Et tout le monde ne s'intéressait plus qu'à la désignation du candidat...

1. Je remercie ici l'éditeur et le service de fabrication à qui j'ai rendu ce chapitre avec beaucoup de retard...

mais qu'il ferait tout pour être candidat aux présidentielles de 2012[1]. Voilà qui s'appelle une vraie remise en cause. Voilà qui devrait mettre du baume au cœur à tous les chômeurs, tous les salariés et tous les retraités qui se tournent vers le PS en espérant qu'il apportera des solutions à leurs tourments. Voilà qui devrait limiter les conséquences en Europe d'une récession américaine et qui devrait calmer le jeu en Mer de Chine : réjouissez-vous, *sonnez hauts-bois, résonnez musettes*, François Hollande a entendu vos appels. Il sera candidat en 2012 !

Et comme le poste de premier secrétaire est bientôt libre, Pierre Moscovici annonce qu'il se verrait bien à cette place[2]. À Berlin, Angelica Schwall-Düren a offert le champagne à tous ses amis. Champagne et Prozac !

Je rigole, mais c'est super : François Hollande, candidat en 2012. Pierre Moscovici, premier secrétaire. Et pour réfléchir au projet, on reprend Éric Besson ? On ne change pas une équipe qui gagne !

---

1. *Cf. Le Point.fr* et *Le Monde* du 2 septembre 2007.
2. Dépêche AFP du 11 septembre 2007 : Moscovici envisage de briguer la succession de Hollande. Pierre Moscovici a indiqué mardi qu'il était de ceux « qui pourraient, le moment venu, prétendre » à la succession de François Hollande au mandat de premier secrétaire du PS. « Je ne vois rien dans le paysage socialiste qui m'empêcherait le moment venu de penser à briguer le poste de premier secrétaire », a-t-il dit.

Chapitre 2

NOUVELLE GAUCHE

Si nous voulons répondre enfin à l'attente de justice sociale de nos concitoyens, si nous ne voulons pas qu'à travers le monde les dégâts du libéralisme s'aggravent jusqu'à provoquer une crise majeure, il nous faut, très vite, construire une nouvelle gauche.

Construire une nouvelle gauche, cela signifie d'abord clarifier notre objectif : *quelle est vraiment notre ambition ?*

➢ Choix 1 : être une bonne force d'opposition et gagner des collectivités locales en critiquant la politique que mène la droite au niveau national.

➢ Choix 2 : gagner le pouvoir national en 2012 ou 2017 et adoucir un peu les souffrances de ceux qui sont les plus exposés aux coups du libéralisme.

➢ Choix 3 : gagner le plus vite possible et être l'une des forces qui aidera à accoucher d'une nouvelle société.

J'ai une préférence pour le choix 3. Et je pense que nous sommes très nombreux à partager le même sentiment. Mais, objectivement, dans la réalité du fonctionnement du PS depuis quelques années, rien ne permet d'être certain que nos dirigeants ne penchent pas pour le choix 1 (laisser la droite faire le sale boulot[1] et gagner des collectivités locales) ou pour le choix 2 (l'alternance pépère).

C'est le premier principe à affirmer pour reconstruire la gauche : comme l'affirmaient déjà Pierre Mendès France et Jacques Delors au milieu des années 1970, notre ambition ne peut pas être seulement d'aménager à la marge le désordre existant : « Cette organisation sociale ne permet pas à tous de vivre dignement, et elle ne permet pas à chacun de vivre pleinement. » Cette double critique que formulait Jacques Delors est plus que jamais d'actualité. Pour permettre à tous de vivre dignement et pour permettre à chacun de vivre pleinement (nous n'avons qu'une vie !), nous ne pouvons pas nous contenter de poser quelques rustines ici ou là. Notre ambition doit être d'accoucher d'une *nouvelle société*.

Soyons modestes : nous ne sommes pas les seuls à pouvoir agir (pas les seuls en France, pas les seuls au monde). Soyons modestes mais ne nous cachons pas la nature et l'importance de notre responsabilité : construire une véritable alternative au modèle libéral, accoucher d'une nouvelle société.

Si telle est bien notre ambition, ayons conscience de l'ampleur de la tache : ce n'est pas en améliorant la bougie qu'on a inventé l'ampoule électrique. Ce n'est pas en améliorant la monarchie qu'on a inventé la République. Ce n'est pas en améliorant la calèche

1. « Les fonds de pension, de toute façon, faudra bien y arriver. » m'expliquait l'un de nos leaders en 2001 à l'issue d'un déjeuner convivial...

qu'on a inventé l'automobile puis l'avion. De même, ce n'est pas en mettant quelques rustines à un système structurellement injuste, que nous construirons une nouvelle société...

> « La civilisation, la vraie,
> se construit non sur des complicités faciles,
> des démissions, des esclavages,
> mais sur des refus, des ruptures, des dépassements »
>
> Théodore Monod, *Carnets*

Refus, ruptures, dépassements

Sommes-nous capables encore de refus, de ruptures, de dépassements ? À La Rochelle, à la fin de l'été, François Hollande a affirmé à deux reprises qu'il fallait en finir avec l'idée du Grand Soir. Si l'on s'en tient à la définition classique du Grand Soir (« pendre le dernier patron avec les tripes du dernier curé »), il a évidemment raison. Ça ne se fait pas ! Mais est-ce vraiment la question ? Durant les quinze années où le PS a été au pouvoir depuis 1981, on a finalement pendu assez peu de patrons. Et dans mon quartier, le curé vote à gauche depuis longtemps. Il est bien plus inquiet pour la cohésion sociale du pays que pour son intégrité physique personnelle...

Refuser l'idée du Grand Soir, ça fait moderne. « Le PS rompt avec ses vieilles lunes » a peut-être titré *Le Figaro Magazine*. Ça fait moderne, mais cela ne suffit pas pour clarifier notre ambition.

Vu la gravité de la crise sociale (en Europe, comme ailleurs), vu les déséquilibres financiers colossaux que le libéralisme a creusé depuis vingt-cinq ans, vu la gravité des problèmes d'environnement, quels moyens la gauche se donne-t-elle pour construire une alternative avant qu'il ne soit trop tard ? Les dirigeants du PS ont-ils conscience de la brutalité du marché non régulé ?

Quand Ford annonce 30 000 suppressions d'emplois, quand General Motors en supprime autant, quand British Airways supprime un tiers de ses emplois de cadres, personne ne parle de « Grand Soir ». Quand Carlos Ghosn supprime 30 000 emplois chez Nissan, personne ne le prend pour un révolutionnaire... Si le capitalisme procède par ruptures et par bonds mais que le politique a toujours peur de son ombre et en reste à l'homéopathie, on va à la catastrophe !

La question n'est donc pas : *Grand Soir ou pas Grand Soir ?* La question est simplement de savoir, sans nous payer de mots, si nous sommes capables, oui ou non, de construire des réponses à la hauteur des enjeux. En matière monétaire, nous avons été capables de vaincre l'inflation[1] et de créer une monnaie unique. Ce n'était pas le Grand Soir mais ce fut un chantier colossal et, globalement, il a été mené à bien. De même, pour améliorer l'indépendance énergétique de notre pays, on a investi des milliards et recruté des milliers de chercheurs, d'ingénieurs et d'ouvriers pour développer la filière

1. En vingt ans, l'inflation est passée de 13 % à 2 % !

ENTREPRISES | INDUSTRIE

AUTOMOBILE Ford s'apprête à supprimer 30.000 emplois outre-Atlantique

■ Le constructeur en crise pourrait réduire drastiquement ses effectifs et fermer dix usines en Amérique du Nord.
■ Le plan de restructuration devrait être annoncé en janvier.

Après GM, c'est au tour de Ford de sabrer dans ses usines et ses effectifs. Le groupe à l'ovale bleu pourrait fermer au moins dix sites et supprimer

Carrefour prévoit de supprimer 1.700 postes en France en deux ans

Carrefour, le numéro deux mondial de la distribution, a an- vendredi aux partenaires

British Airways va supprimer un tiers des emplois de cadres d'ici à 2008

BA : réduction des effectifs cadres

DaimlerChrysler veut se séparer de 6 000 « cols blancs »

AUTOMOBILE
Ford ferme 14 usines en Amérique du Nord

Le constructeur supprimera 25.000 à 30.000 emplois en Amérique du Nord

PAPIER Stora Enso va supprimer 5.000 emplois en Europe

Stora Enso, l'un des plus grands producteurs de papier au monde qui emploie 43.000 personnes, a annoncé hier la suppression de quelque 5.000 emplois en Europe commerciaux ou techniques vont être supprimés d'ici à 2007 afin d'améliorer le résultat de 300 millions d'euros par an.

General Motors supprime 30.000 emplois en Amérique du Nord

■ Le constructeur américain en crise fermera neuf usines en trois ans pour diminuer des capacités pléthoriques

Fujifilm supprime 5.000 emplois et dél
D'ici septembre prochain, le fabricant japonais de materiel photo au Japon et 4.000 à l'étranger dans sa division image, qui compre numériques et de films.

EN BREF
Télévision : NHK supprime 1.200 emplois et lance la télévision à la carte au Japon
Le groupe audiovisuel public japonais NHK va supprimer 1.200 emplois sur trois ans, soit 10 % de ses effectifs. Une annonc faite hier lors de la présentation de son plan triennal (2006-2009). Il s'agit du plus vaste plan social depuis la création du groupe, alors que ce dernier est critiqué pour plusieurs scandales de détournement de redevances. Par ailleurs, dans le cadre du plan triennal, la NHK va lancer un ambitieux projet de télévision « à la carte » intelligente en partenariat avec des industriels de

nucléaire. C'était un chantier colossal mais, globalement, on l'a mené à bien.

Pour faire face à la gravité de la crise sociale, pour faire face à la gravité de la crise environnementale, acceptons-nous, oui ou non, d'ouvrir des chantiers d'une ampleur comparable ? Sommes-nous encore capables de réfléchir ensemble à un avenir commun ? Sommes-nous capables encore de travailler ensemble ?

N'en déplaise à mon premier secrétaire préféré, je continue à rêver du Grand Soir ! Je rêve que le PS se mette au travail. Je rêve qu'il respecte ses statuts et que, tous les six mois, il s'attaque sans tabou ni œillère à une des grandes questions qui conditionnent l'avenir de notre société. Et que, à chaque fois, il ne se contente pas de critiquer la droite mais qu'il s'oblige à déterminer très concrètement les 3, 4 ou 5 mesures décisives qui permettent réellement de changer la donne.

Pour moi, c'est ça le Grand Soir : qu'en s'appuyant sur l'intelligence de ses militants et de ses élus, en s'ouvrant à l'ensemble de la société, en dialoguant avec les socialistes des pays voisins, le PS soit capable de se remettre au travail : concrètement, quelle nouvelle donne contre le chômage et la précarité ? Concrètement, quelle nouvelle donne pour l'Europe ? Quelle nouvelle donne en matière d'éducation et de recherche ? Quelle nouvelle donne en matière d'énergie et de modes de vie ? Quelle nouvelle donne démocratique ?

Mais, pour inventer du neuf, il faut être capables de faire le bilan de nos actions passées. En politique comme ailleurs, c'est une des clefs du succès.

D'Europa 2 à Ariane 5

À l'époque, j'habitais Toulouse et le père d'un de mes amis travaillait au CNES[1]. C'est pour cela que, le 24 décembre 1979, j'ai pu assister en direct (depuis le CNES de Toulouse) au premier lancement réussi de la fusée Ariane. Cela faisait six mois que le lancement était régulièrement reporté. Et à chaque report, pour nous faire patienter, l'un ou l'autre des ingénieurs nous racontait les mésaventures des premiers lanceurs. Depuis le lancement de la fusée Eldorado en 1969, jusqu'au succès d'Ariane 1 en 1979, le CNES avait connu pas mal d'échecs : en 1971, en particulier, la fusée Europa 2 offrit aux spectateurs un très beau feu d'artifice...

Les échecs font partie de l'Histoire de la conquête spatiale. Mais – et c'est là une différence fondamentale avec ce qui se fait dans le monde politique ! – les échecs sont admis, reconnus et analysés très précisément pour être source de progrès : « En 1996, la première Ariane 5 explose en vol après 40 secondes. L'échec était dû à une erreur informatique. Un programme d'un gyroscope provenant d'Ariane 4 n'ayant pas été re-testé » peut-on lire sur le site du CNES.

Quand une fusée explose en vol, on ne renonce pas au programme. On ne coupe pas la tête du chef de projet. Mais, au lieu de rester dans le *non-dit* comme en politique, on décortique tous les éléments restant à disposition pour comprendre très précisément ce qui

1. Centre National d'Études Spatiales.

s'est passé : pourquoi le gyroscope a-t-il bogué ? Est-ce la seule cause de l'explosion ? On prend quelques mois pour tout mettre sur la table. Sereinement et sans aucun tabou. C'est ainsi qu'en quelques années, malgré plusieurs échecs, Ariane est devenue l'un des lanceurs les plus puissants et les plus fiables de la planète. Il y a vingt ans, Ariane 1 ne pouvait lancer que 1,8 tonne. L'été dernier, Ariane 5 a mis en orbite quelque 8 tonnes... On a multiplié par 4 la puissance du lanceur !

Face à la puissance déstructurante du libéralisme non régulé, face à la crise qui vient, une nouvelle gauche doit être capable, elle aussi, de construire des outils nettement plus puissants que les outils créés il y a vingt ou trente ans. Elle ne parviendra à gagner en puissance que si elle est capable, sereinement, de se pencher sur ses échecs pour en comprendre la cause.

Construire une Europe puissance ?

Face à la mondialisation libérale, on a dit plus haut l'urgence qu'il y a à construire de nouvelles politiques européennes[1]. Ceci suppose évidemment que le PS rompe avec l'inertie qui est la sienne en matière européenne. Mais cette inertie des années 2002-2007 ne peut pas se comprendre et ne pourra pas se dépasser si nous ne mettons pas à jour ce qui s'est passé entre 1997 et 2002...

1. Montants compensatoires négociés avec la Chine, nouveau Bretton Woods, Impôt européen sur les bénéfices, Traité social pour éviter le dumping intra-européen...

Souvenez-vous du débat lancé, avant l'élargissement à 25, par le ministre allemand des Affaires étrangères : « *L'élargissement rend indispensable une réforme fondamentale des institutions* » affirmait Joschka Fischer le 12 mai 2000 dans un discours historique prononcé à l'université Humboldt de Berlin. « Comment imaginer un Conseil européen à 30 chefs d'État ? Combien de temps les réunions vont-elles durer ? Dans les institutions actuelles, à 30, comment parvenir encore à agir ? Comment éviter que les compromis ne soient de plus en plus étranges ? Il existe une réponse toute simple : le passage à un système entièrement parlementaire que demandait déjà Robert Schuman il y a cinquante ans. »

Élaguer et mettre en place un régime parlementaire

« Les problèmes du XXIe siècle ne peuvent être résolus avec les recettes des XIX et XXe siècles, continuait Joschka Fischer. Une répartition précise des compétences entre la Fédération et les États nations devrait **laisser à la Fédération uniquement les questions demandant à être réglées impérativement au niveau européen** tandis que le reste demeurerait de la compétence des États. Il en ressortirait une Fédération élaguée, capable d'agir et compréhensible pour ses citoyens parce qu'elle aurait surmonté son déficit démocratique. »

Dans un système intergouvernemental (le système actuel), il n'y a que des *chefs* de gouvernement et des *chefs* d'État autour de la table de décision. Or, sur une question importante, mettre un *chef* en minorité est quasiment impossible car c'est prendre le risque d'humilier tout son pays. C'est donc la règle d'unanimité qui s'impose sur toutes les questions fondamentales. Mais chercher l'unanimité de 27 gouvernements, représentant toutes les couleurs politiques, c'est se condamner à adopter toujours le plus petit commun dénominateur. La règle d'unanimité est mortifère pour la démocratie. Et quand les politiques sont paralysés, ce sont les technocrates ou le marché qui font la loi.

Alors que si l'on adoptait un système parlementaire, si les décisions étaient prises par un gouvernement responsable devant le Parlement européen, des députés

Dans un système intergouvernemental, l'unanimité est structurellement la règle sur toutes les questions importantes : des CHEFS d'Etat et des CHEFS de gouvernement ne peuvent pas être mis en minorité... Il faut que les 25 Chefs d'Etat soient d'accord pour que l'on change le contenu d'une politique. Aucune alternance n'est possible. Le système n'est pas démocratique. La paralysie est assurée.

européens français pourraient être mis en minorité sans drame national puisque d'autres députés européens français seraient, eux, dans la majorité... C'est bien un débat politique (droite/gauche) qui est tranché dans un Parlement et non un combat entre nations.

Dans un système parlementaire,
il suffit d'une majorité de députés pour faire bouger les choses. Tous les 5 ans, le vote des citoyens a un impact réel et rapide sur les politiques mises en oeuvre. C'est un fonctionnement démocratique.

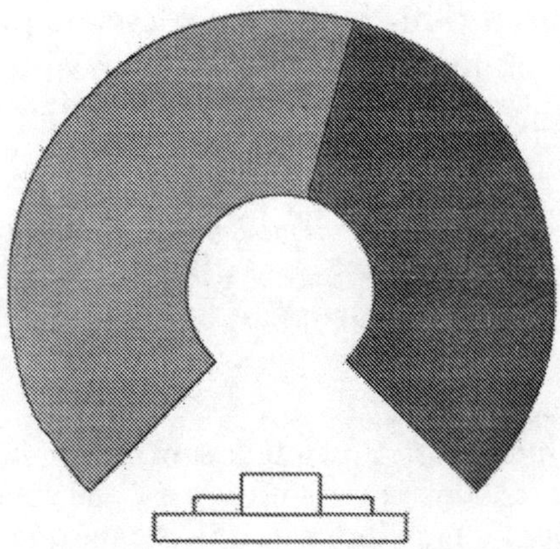

Si l'on adoptait le fonctionnement parlementaire proposé par Joschka Fischer, l'ensemble de la Commission, le Gouvernement européen, serait d'une seule couleur politique (celle qui a la majorité au Parlement européen). Le gouvernement européen n'interviendrait que sur les questions pour lesquelles un pays isolé n'a plus vraiment de souveraineté, celles pour lesquelles nous devons absolument nous unir pour être efficaces (défense, diplomatie, monnaie, recherche, environnement...).

On peut très bien avoir une diplomatie et une recherche communes en conservant des politiques différentes dans d'autres domaines : aux États-Unis, les lois et les modes de vie sont très différents en Floride et au Texas. De même, en Inde, le Kérala et le Bengale ont des organisations sociales assez différentes. Cela ne les empêche pas d'appartenir à une même fédération[1]...

Si l'on adoptait un système parlementaire, le gouvernement européen serait désigné par la majorité du Parlement européen pour mettre en œuvre le projet exposé aux citoyens avant les élections européennes. Il aurait cinq ans pour mettre en œuvre ce projet (le Conseil n'ayant qu'un rôle limité, comme le Sénat en France). L'Europe disposerait d'une fiscalité propre. Impôt sur les bénéfices, écotaxe ou taxe Tobin améliorée, un impôt voté par le Parlement européen financerait la défense, la

1. L'exemple indien est très intéressant. C'est la plus grande démocratie du monde. Sa constitution est une constitution clairement fédérale : l'Union indienne ne s'occupe que des domaines pour lesquels un des 28 États indiens n'aurait pas les moyens d'agir seul (recherche, monnaie, défense, relations internationales...). Et cette Constitution comporte une sorte de « Traité social » qui a permis de rassurer les États qui avaient le système social le plus avancé, comme le Kérala. Grâce à ce Traité social, ils étaient sûr de ne pas régresser, de ne pas être tirés vers le bas en intégrant l'Union avec des États moins avancés socialement. Ainsi, même si des États n'ont pas la même ambition sociale, même si le gouvernement élu au niveau de l'Union est très peu social, le Kérala est sûr de pouvoir garder ses spécificités.

diplomatie, la recherche, la politique agricole, les fonds structurels, l'aide aux nouveaux adhérents...

Sur ces questions, tous les cinq ans, les élections européennes seraient l'occasion de vrais débats politiques. Les citoyens pourraient faire le bilan de la majorité sortante et décider de lui donner ou non cinq ans de plus... L'Europe aurait les moyens d'agir efficacement et rapidement sur tous les dossiers où la décision politique est aujourd'hui paralysée par l'unanimité.

En 2000, par sa force et sa simplicité[1], la proposition de Joschka Fischer avait suscité l'enthousiasme de tous ceux qui veulent construire une Europe politique, capable d'agir dans le monde et de faire équilibre à l'hyper-puissance américaine. À gauche, un très grand nombre de militants et d'élus avaient immédiatement exprimé leur soutien à Fischer. Et, à droite, les Européens convaincus applaudissaient aussi : « Ces propositions tombent à pic. Si nous n'allons pas dans ce sens, l'Europe ne ressemblera plus à rien. » affirmait Hubert Haenel, le président RPR de la délégation du Sénat pour l'Union européenne[2]. **Alain Juppé, pressentant l'opposition anglaise, affirmait qu'il ne fallait pas avoir peur d'une « crise clarificatrice » avec les Anglais[3].**

---

1. L'Europe n'avance qu'avec des idées simples, affirmait souvent Jean Monnet.

2. *Le Monde* du 30 mai 2000.

3. Churchill avait raison ! Dans le discours prononcé à Zurich en 1946, Winston Churchill pressait la France et l'Allemagne de construire les États-Unis d'Europe mais il affirmait déjà que la Grande-Bretagne n'avait pas vocation à en faire partie ! La

Le *Non* de Védrine

Hélas, très vite, le ministre français des Affaires étrangères entreprit d'étouffer l'enthousiasme naissant. Hubert Védrine expliqua d'abord que Fischer s'exprimait à titre personnel. Mais comme le Chancelier Schröder et le Président Rau exprimèrent leur soutien à la démarche de leur ministre, l'argument ne fit pas long feu. Puis, M. Védrine expliqua que ces questions n'étaient pas d'actualité et qu'il n'avait pas « de goût pour les controverses théoriques », comme si le fait de passer d'une usine à gaz technocratique à une démocratie parlementaire était une controverse théorique !

Au sein de l'ensemble de la gauche pro-européenne, le trouble grandissait : pourquoi Védrine était-il tellement fermé à la proposition allemande ? On expliqua

---

Grande-Bretagne garderait un rôle de charnière entre les États-Unis d'Amérique et les États-Unis d'Europe. Pourquoi, aujourd'hui, ne pas accorder au Royaume-Uni cette position distincte et privilégiée ? Nul ne peut être obligé d'aller plus loin qu'il ne le souhaite. Mais nul n'a le droit de ralentir exagérément la marche des autres !

Et qu'on ne nous dise pas qu'il faut forcément l'unanimité pour modifier un Traité international. Dans *le Nouvel Observateur* du 4 décembre 2003, Robert Badinter rappelait que « de nombreux Traités internationaux comportent une clause de révision à la majorité simple ou à la majorité des 2/3 comme la Charte des Nations unies. » Le protocole de Kyoto est entré en vigueur malgré l'opposition des États-Unis quand 55 États, représentant 55 % des émissions de CO_2, l'ont ratifié. De même, une vraie Constitution européenne pourrait voir le jour, même sans l'accord des Anglais (sachant que la porte leur sera toujours ouverte).

aux militants socialistes que, à cause de la cohabitation, la France ne pouvait pas répondre aux initiatives allemandes. Mais quand le Président Chirac, devant le Bundestag, affirma que Fischer avait raison et qu'il fallait donner une Constitution à l'Europe, c'est Pierre Moscovici qui prit ses distances en affirmant immédiatement que le discours du Président n'engageait pas les autorités françaises...

L'explication de la cohabitation s'effondrait. *Non, non et non !* Védrine et Moscovici ne voulaient pas refonder l'Europe ni lui donner une Constitution. La discussion devait porter seulement sur « le reliquat d'Amsterdam » disaient-ils (c'est-à-dire le reliquat du reliquat de Maastricht...). Quelques jours plus tard, alors que Joschka Fischer et d'autres continuaient à dire qu'il était vital de refonder les institutions *avant* l'élargissement, le ministre français finit par le traiter de « joueur de flûte » (ce que même de Villiers n'avait pas encore fait) ! Estourbi et écœuré, Joschka jura qu'on ne l'y reprendrait plus ! Et les dirigeants français purent tranquillement négocier le désolant Traité de Nice.

En 2000, les dirigeants socialistes français ont refusé la refondation démocratique de l'Europe. En 2005, certains ont refusé le Traité qui améliorait, *a minima*, les règles existantes... Que veulent les Français ? Veulent-ils absolument d'une Europe paralysée ? *Envisagent-ils sérieusement une politique tricolore sans bannière étoilée ?* comme l'écrit Angelica Schwall-Düren.

Voilà l'histoire qu'il faut connaître pour comprendre l'état des relations franco-allemandes. Voilà qui explique peut-être pourquoi tel ou tel de nos anciens ministres écourte parfois les rencontres franco-allemandes et n'a pas envie de rester trop longtemps dans un Parlement européen où il n'a guère d'amis.

À peine élu Président de la République, Nicolas Sarkozy a voulu boucler en quelques semaines la négociation d'un mini-traité européen, un *Traité simplifié compliqué*, comme l'a nommé le Premier ministre luxembourgeois, Junker. Un Traité qui ne règle, hélas, aucun des problèmes des institutions européennes. Deux mois plus tard, Nicolas Sarkozy demandait la création d'une commission chargée de réfléchir à l'organisation de l'Europe dans vingt ans... Comprenne qui pourra ! Fallait-il conclure la négociation en urgence et réfléchir ensuite ?

Face aux dégâts du libéralisme, si nous voulons construire une Europe puissante, capable d'agir avec force pour humaniser la mondialisation, nous ne pouvons pas nous contenter du mini-traité ni attendre vingt ans pour construire de nouvelles institutions. Et, collectivement, nul ne peut le nier, nous sommes grandement responsables de l'*impasse* dans laquelle se trouve l'Europe. Si nous avions dit *oui* à Joschka Fischer en 2000, l'Europe aurait aujourd'hui un tout autre visage.

Plutôt que de nier le problème et de laisser pourrir le dossier en fuyant le dialogue avec nos partenaires, plutôt que de laisser les dirigeants allemands s'enfermer dans une attitude de moins en moins coopérative, ayons la simplicité et le courage de reconnaître nos erreurs !

Tous les militants et tous les élus à qui je propose que l'on relance une négociation européenne à partir du projet de Joschka Fischer et du Traité de convergence sociale (et sans chercher une impossible unanimité, Churchill avait raison !), pensent que c'est un bon moyen de sortir l'Europe de la crise. Alors qu'est-ce qu'on attend pour le dire ? Prenons quelques mois pour clarifier notre vision des choses et redoublons d'efforts pour rattraper le temps perdu. Au lieu de persévérer dans son europessimisme (attitude qui permet au libéralisme d'avancer sans rencontrer de véritable résistance), la gauche française doit redoubler d'efforts pour sortir l'Europe de l'impasse.

Avons-nous renoncé à la puissance ?

Oui, répétons-le : si nous avions dit *oui* à Joschka Fischer en 2000, quitte à « clarifier » le débat avec nos amis anglais, comme le proposait Alain Juppé, l'Europe aurait aujourd'hui un tout autre visage ! En 1993, Shimon Pérès et les autres signataires des accords d'Oslo demandaient à l'Europe de les aider à construire la paix au Proche-Orient... Quatorze ans plus tard, tous les matins, la radio nous apprend combien d'hommes, de femmes ou d'enfants sont morts sur les rives du Jourdain, du Tigre et de l'Euphrate et nous nous sentons dramatiquement impuissants.

Si, en 2000, nous avions accepté la proposition allemande de refondation démocratique de l'Europe, sans doute aurions-nous construit depuis une diplomatie et une force de paix capables d'intervenir au Darfour ou d'agir pour construire la Paix entre Israël et la Palestine.

L'Europe est en train de renoncer à la puissance

« Si, au cours des années 1990, l'Europe avait tenu ses promesses, le monde serait sans doute aujourd'hui bien différent : les États-Unis et le vieux continent négocieraient aujourd'hui à présent les termes nouveaux d'une relation fondée sur des puissances à peu près égales.
Dès 1992, les récriminations réciproques allaient bon train à propos de la Bosnie. La première administration Bush refusa d'agir. Les Européens déclarèrent alors qu'ils allaient le faire, soulignant que *l'heure de l'Europe avait sonné*. Mais cette déclaration devait rester lettre morte. Même en Bosnie, l'Europe ne pouvait se passer des États-Unis.
C'est Hubert Védrine, ministre des Affaires étrangères français, qui forgea le terme *hyperpuissance* pour désigner un mastodonte américain trop inquiétant par son pouvoir pour être simplement qualifié de superpuissance. (...) Pourquoi l'Europe n'a-t-elle pas *réalisé la promesse* de l'Union européenne en matière de politique étrangère et de défense, ni répondu aux sollicitations de certains de ses principaux dirigeants en créant une force militaire juste suffisante pour rétablir un certain équilibre et ainsi se soustraire, même modérément, à la domination de l'Amérique ?
Avec une population productive et très instruite de 400 millions de personnes, l'Europe dispose aujourd'hui de la richesse et des capacités technologiques pour devenir une puissance mondiale sur le plan militaire. À condition de le vouloir.

Après avoir un jour déploré l'*hyperpuissance* américaine, l'ancien ministre Hubert Védrine a cessé de parler du besoin de faire contrepoids aux États-Unis. Désormais, il hausse les épaules et déclare qu'il n'y a « aucune raison pour les Européens d'entrer en concurrence avec un pays qui peut livrer quatre guerres à la fois ».

L'Europe est en train de renoncer à la puissance. »

Robert Kagan, *La Puissance et la faiblesse*[1]

« Par défaut de volonté,
par insuffisance d'être,
par pleutrerie,
par instinct de servitude,
l'Europe est en train de se résigner
à n'être qu'un espace commercial régi par le libéralisme
et, politiquement, un dominion des États-Unis. »

Jacques Julliard,
Le Nouvel Observateur,
9 janvier 2003

Oui, en matière sociale comme en matière diplomatique, c'est d'abord par défaut de volonté, par pleutrerie que l'Europe s'enlise. Nous sommes la première puissance économique du monde. Nous avons la monnaie la plus solide. Globalement, nous avons plus de diplomates et de militaires que les États-Unis mais nos diplomates et nos militaires sont éparpillés entre

1. Robert Kagan *La Puissance et la faiblesse*, Plon, 2003.

Chiffres 2002	Diplomates	Militaires
Europe des 15	40 000	1 553 000
États-Unis	18 000	1 414 000

15 diplomaties et 15 armées dont aucune n'a la masse critique pour agir...

C'est évident : le problème est politique et institutionnel bien plus qu'économique. Les dirigeants français ont empêché la refondation démocratique que d'autres, nombreux, voulaient engager ! S'ils ne veulent plus de l'Europe, quelle est la stratégie alternative qu'ils proposent pour protéger notre modèle social et peser sur la marche du monde ? C'est cela qu'ils doivent nous expliquer.

1983, la parenthèse

En 1983, on a dit aux Français que les socialistes faisaient une pause dans les réformes, qu'ils ouvraient une « parenthèse », le temps de construire l'Europe. Le cadre national n'était plus approprié pour mener certaines politiques. Il fallait faire l'Europe pour pouvoir retrouver les moyens d'agir en socialistes, nous a-t-on expliqué. Le raisonnement se tenait. Nous sommes nombreux à l'avoir approuvé ! Mais vingt ans plus tard, on a l'impression que certains socialistes ne savent plus où ils habitent et ont renoncé tant à l'Europe qu'au socialisme...

Au début de ce chapitre, je m'interrogeais sur l'ambition réelle de la gauche : voulons-nous gagner le pouvoir pour accoucher d'une nouvelle société ou voulons-nous simplement critiquer la droite et engranger des collectivités locales ? La même question peut se poser au niveau mondial : avons-nous renoncé à construire une Europe politique pour ne pas avoir à exercer une puissance nouvelle ? Est-il plus confortable de laisser les États-Unis (et bientôt la Chine) comme seule(s) hyper-puissance(s) ? Laisser le global aux États-Unis et au libéralisme. Mais garder pour nous le local et le « leadership moral » (critiquer les Américains et plaindre les pauvres), est-ce là, au fond, notre véritable ambition ? *Avons-nous renoncé à la puissance ?*

La même question se pose en matière sociale.

« Entre 1997 et 2002, le chômage a reculé d'un million » affirmaient les tracts du PS en avril 2002. « Entre 1997 et 2002, le chômage a reculé d'un million » répétaient les dirigeants socialistes. Mais beaucoup disent que, dans leur région, la situation ne s'était pas améliorée aussi franchement qu'au niveau national...

Le chômage a-t-il vraiment baissé d'un million entre 1997 et 2002 ? Non, hélas. Durant cette période, le nombre de « dispensés de recherche d'emploi » a bondi de 37 %, à la suite du décret de juin 1999 qui abaissait nettement l'âge à partir duquel un chômeur est dispensé de recherche d'emploi (et donc classé hors ANPE). Dans le même temps, le nombre de chômeurs des catégories invisibles de l'ANPE (les catégories 2, 3, 7 et 8) passait de 507 000 à plus de 830 000...

Au total, entre 1997 et 2002, malgré la croissance (le pétrole à 11 dollars le baril...), malgré les emplois-jeunes et les 35 heures, le chômage n'a diminué que de 450 000. Le 21 avril 2002, il restait toujours 3 800 000 chômeurs et un peu plus d'un million de Rmistes...

Ces chiffres méritent, au moins, deux commentaires :

➢ La gauche ne devrait pas avoir peur de dire la vérité : même en donnant les « vrais chiffres », son bilan est meilleur que celui de la droite puisque, on l'a vu plus haut, malgré les 500 000 départs en retraite prématurés, le chômage n'a pas du tout baissé entre 2002 et 2007.

Pendant la dernière campagne, nous avons été un certain nombre à vouloir faire ressortir plus clairement le bilan de l'UMP au pouvoir depuis cinq ans. Mais, à deux reprises, on m'a expliqué que « Ségolène ne veut pas polémiquer. Et puis tu sais bien que, nous-mêmes, sur les chiffres du chômage, on n'a pas toujours été très *clean...* ».

➢ Eh bien, soyons *clean* ! En utilisant les mêmes règles de « redressement » pour les deux périodes, en intégrant toutes les catégories de l'ANPE et les chômeurs dispensés de recherche d'emploi, le bilan des années Jospin est nettement meilleur que le bilan de la droite. Y a pas photo !

Comparé au vrai bilan de l'UMP, le vrai bilan du PS est bon. Mais la réalité est coriace : il restait quand même 3 800 000 chômeurs, 1 000 000 Rmistes et des millions de précaires début 2002. La part des salaires dans le PIB était à un plus bas historique et nous n'avions rien fait sur les retraites. Nous avons calmé le jeu, mais nous ne sommes pas parvenus à sortir de la crise. En aucune façon, nous ne sommes parvenus à *accoucher d'une nouvelle société*. En voyant ce bilan, nous devons admettre l'insuffisance des politiques classiques et nous interroger sur la puissance de nos outils.

Quand le CNES veut lancer 2 satellites avec une seule fusée Ariane, il construit le moteur le plus puissant possible. Quand la SNCF veut voir le TGV battre le record du monde de vitesse[1], ses techniciens s'arrangent pour être en situation, le jour J, de mettre toute la gomme ! De même, en informatique, HP ou Intel travaillent d'arrache-pied pour, tous les dix-huit mois, pouvoir annoncer qu'ils ont doublé la puissance de leurs puces.

Et en politique ? Que faisons-nous pour augmenter la *puissance* de nos outils ? Grand Soir ou pas Grand soir, face au rouleau compresseur libéral qui avance de plus en plus vite[2], si l'on veut arracher notre pays à la crise, si l'on veut construire une nouvelle société avant que l'ancienne ne s'écroule ou n'explose, il y a évidemment à s'interroger sur l'espace pertinent pour agir (si l'espace national ne suffit plus, il est urgent de construire une Europe politique) mais il y a aussi une vraie question à se poser sur la façon dont nous utilisons les outils qui restent à notre portée au niveau national.

Pour revenir sur la réforme la plus emblématique des années Jospin, avons-nous utilisé le levier du temps de travail au maximum de sa puissance autorisée ?

---

1. 574 km/h en mars dernier... Bravo les gars !

2. On l'a dit plus haut, plus la riposte tarde à s'organiser, plus les libéraux se croient tout permis.

En 1997, quand la gauche arrive au pouvoir, les esprits avaient bien évolué sur cette question. « En 1997, explique un sociologue, la France était en travail. Comme on le dit d'une femme qui va bientôt accoucher, la France était en travail. 1993 avait fait mûrir les esprits : 1993, c'est l'année où le chômage touche massivement les cadres et les enfants de cadres. 1993, c'est l'année où Philippe Seguin critique le *Munich social* d'un gouvernement qui se résigne trop facilement à un niveau de chômage et de précarité insupportable. Et le débat lancé par la société civile sur la semaine de 4 jours avec le soutien de Michel Rocard et de Gilles de Robien, comme la publicité faite aux entreprises passées ensuite à 4 jours, ont fait grandement évoluer les mentalités. »

C'est significatif : le ministère du Travail lui-même testait l'option d'un passage à 32 heures. Et dans tous

Pour lutter contre le chômage,
certains proposent de ramener à 35 ou 32 heures la durée du travail.

A votre avis, une telle mesure créerait-elle vraiment des emplois ?

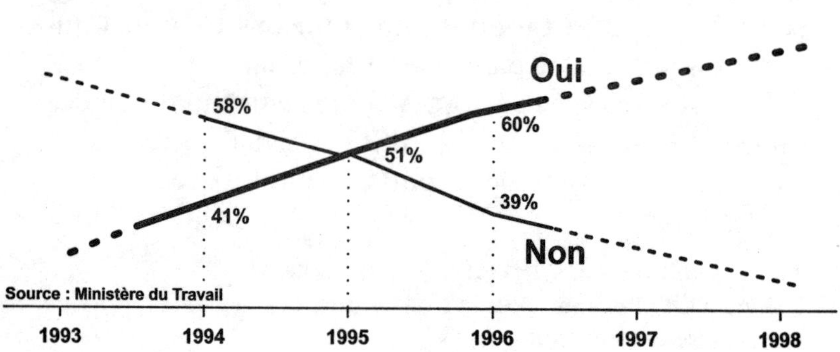

les sondages[1], la semaine de 4 jours écrasait les 35 heures aussi bien en terme d'efficacité contre le chômage que de qualité de vie.

Dans le service où vous travaillez, si on passe à **35 heures**, que se passe-t-il à votre avis ?

➢ une augmentation des embauches : 28 %.
➢ **sans conséquence pour l'emploi : 69 %.**

Pensez-vous que **la semaine de 4 jours puisse créer des emplois ?**
➢ **Oui : 68 %.**
➢ Non : 26 %.

Déjà, en 1993, Antoine Riboud, le patron de BSN Danone, affirmait qu'il fallait « passer à 32 heures *sans étape intermédiaire* ». Michel Rocard soutenait la même option. L'Association Nationale des Docteurs es Sciences Économiques prenait position, elle aussi, pour une baisse de 20 % du temps de travail assortie d'une baisse de 10 % des cotisations.

En octobre 1995, la commission Boissonat[2], mise en place pourtant par le très prudent M. Balladur, rendait

1. Enquête Sofres, *Le Monde*, 2 octobre 1997. Sondage CSA, *La Vie*, 5 mai 1997. Voir aussi le sondage CSA, l'*Évènement du jeudi* du 29 janvier 1998 : 65 % des Français favorables à la semaine de 4 jours (même avec une baisse de 5 % des salaires, en moyenne).
2. *Le Monde* du 6 octobre 1995.

public son rapport et concluait à la nécessité de baisser le temps de travail de 20 à 25 %. Certes, les sages « balladuriens » étaient assez flous sur le calendrier, mais ils affirmaient clairement que, si l'on agissait sur le temps de travail, il fallait le faire de façon assez massive pour que l'effet sur l'emploi soit à la hauteur des attentes.

En 1995 encore, Jacques Chirac, qui avait commencé sa campagne en se moquant de la RTT, changeait d'avis publiquement : le 13 juillet 1995, pour sa première visite en province, le nouvel élu choisit d'aller visiter les Brioches Pasquier, un des pionniers de la semaine de 4 jours. « Je me demande pourquoi ce que fait Brioches Pasquier ne se fait pas ailleurs » affirmait le Président devant les caméras en quittant l'usine.

Début 1997, pour faire connaître la proposition de semaine de 4 jours, nous avions organisé un Tour de France de débats : 110 débats publics organisés en commun par 20 associations. Parmi ces 20 mouvements, il y avait la CFDT énergie et le MNCP (Mouvement National des Chômeurs et Précaires), ce qui n'est pas très surprenant, mais il y avait aussi le Centre des Jeunes Dirigeants, qui regroupe plusieurs milliers de jeunes chefs d'entreprise, et les parents d'élèves de la PEEP, qui ne sont pas tous à gauche[1]...

Le 1er mai 1997, c'est la CFDT qui organisait « 32 heures de manifestations pour les 32 heures ». Depuis son congrès de Montpellier en 1995, la CFDT demandait une loi pour aller à 4 jours. En 1997, les

1. *Le Monde* du 7 mai 1997.

militants se font entendre et organisent partout des débats pour convaincre les citoyens du bien-fondé de leur revendication.

De même, à FO, à la CGT, à la CFTC et à la CFE-CGC, de nombreuses fédérations syndicales prennent position pour la semaine de 4 jours : « dans de nombreux métiers, compter en heures n'a plus de sens. C'est le nombre de jours de travail qu'il faut baisser. Et il faut le baisser assez fortement pour que la productivité ne mange pas l'effet sur l'emploi », résume un militant de la CGT Cadres.

Oui, en 1997, quand la gauche arrive au pouvoir, les esprits avaient mûri. Mais, au PS, il n'est pas question de la semaine de 4 jours. Ou plutôt, il en est question mais comme d'un horizon lointain : « La perspective est d'aller vers une semaine de 4 jours, mais, dans le cadre de la législature, les socialistes proposeront une loi-cadre qui abaissera la durée légale à 35 heures » explique Henri Emmanuelli[1]. Nous sommes nombreux à expliquer que réorganiser une entreprise est un vrai chantier et qu'il n'est pas forcément utile d'ouvrir deux fois ce chantier à quelques années d'intervalle. Si l'objectif est d'aller à 4 jours, pourquoi ne pas y aller directement, avec le temps et les financements nécessaires ?

Nous sommes nombreux aussi à rappeler l'expérience de 1982 : « Le passage à 39 heures était *une étape* vers les 35 heures, mais comme la première étape a été un vrai bide, il a fallu quinze ans à la gauche pour oser parler à nouveau du temps de travail. »...

1. *Le Monde* du 6 novembre 1996.

Militants du PS ou militants hors-PS, nous avons été nombreux à plaider pour le passage à 4 jours. En vain ! À Solférino, le débat était tranché avant d'avoir commencé. « Le directeur général de Fleury-Michon va passer son entreprise à 4 jours. C'est un gars de droite, mais il accepte de passer son entreprise à 4 jours. Comment se fait-il que Fleury-Michon passe à 4 jours mais que le débat soit impossible au PS ? » s'emportait un militant socialiste de la Roche-sur-Yon...

En Allemagne, en Belgique et en Suisse aussi, les esprits évoluaient. Nous alimentions régulièrement les syndicalistes de ces trois pays avec les nouvelles des entreprises déjà passées à 4 jours en France...

En avril 1997, les syndicats allemands font de la semaine de 4 jours leur revendication principale. Y compris dans les secteurs qui ne sont pas encore passés à 35 heures !

VENDREDI 11 AVRIL 1997

ECONOMIE

LA BATAILLE DES 32 HEURES S'OUVRE EN ALLEMAGNE

Le syndicat IG-Metall réclame une réduction radicale du temps de travail

Une semaine de travail réduite à 32 heures, groupées sur quatre jours, avec baisse différenciée des revenus : en lançant cet objectif, mercredi, lors d'un sommet pour l'emploi des syndicats allemands, le président d'IG-Metall, Klaus Zwickel, a ouvert un nouveau front social, en Allemagne et en Europe. Le président du plus puissant syndicat européen (2,8 millions d'adhérents) a brisé un double tabou : d'une part, une nouvelle réduction radicale du temps de travail, alors que le patronat se plaint déjà de devoir affronter en Allemagne les coûts sociaux les plus élevés et la durée du travail la plus courte du monde ; d'autre part, une concession salariale, alors que les syndicats allemands s'étaient toujours battus jusqu'à présent pour une réduction des ho-

Et en Belgique, les deux grands syndicats (le Syndicat chrétien social et la FGTB) font cause commune en faveur des 4 jours. Après quelques mois de débats approfondis, le PS belge reprend la même ligne forte : début 1998, on pouvait voir sur les murs de Bruxelles des immenses affiches avec le visage souriant de Philippe Busquin, le président du PS (le prédécesseur d'Elio di Rupo[1]), et le slogan *Pour changer la société, la semaine de 4 jours.*

En Suisse aussi, les syndicats s'unissent pour demander un référendum pour les 4 jours. « On est d'accord pour faire 9 heures par jour, mais on veut passer à

1. Pour le lecteur qui commence à ne plus très bien savoir *qui est qui* au PS belge, rappelons qu'Elio di Rupo est l'homme qui se tient derrière le nœud papillon en page 266.

4 jours » explique un des responsables du collectif mis en place par les syndicats pour obtenir le référendum...

Au PS, quelques-uns ont fait semblant de croire (et ont expliqué aux journalistes) que la semaine de 4 jours était une fixette personnelle d'un petit agronome isolé[1], mais, en réalité, nous étions plusieurs millions en France et à travers l'Europe à penser que, vu la gravité de la crise sociale et vu les gains de productivité considérables accumulés depuis trente ans, il fallait passer à 4 jours, de façon souple et négociée, mais sans étape intermédiaire. « On ne traverse pas un fossé en faisant des petits pas... » Peut-être avions-nous tort, mais on aurait aimé avoir un débat.

Si l'on refusait le débat sur les 4 jours, s'est-on au moins donné les moyens de réussir vraiment le passage à 35 heures ? Non. Clairement non. Si l'on veut que la gauche puisse un jour parler à nouveau du temps de travail, il est temps de faire, sereinement, le bilan des 35 heures.

D'ailleurs, faut-il encore parler des 35 heures puisque l'Insee affirme que, en moyenne, la baisse réelle du temps de travail a été un peu inférieure à 5 % et que la durée réelle pour un emploi à temps plein est plus proche aujourd'hui de 38 heures que de 37 ? Continuer à parler des 35 heures, c'est entretenir la confusion. Pour une majorité de salariés, les 35 heures n'ont pas eu lieu !

1. « Martine Aubry et Alain Minc vous détestent. Vous n'avez pas fait l'ENA... » m'expliquait François Hollande en décembre 1993.

Faut-il parler des « lois Aubry » ? Si l'on veut faire sereinement le bilan de la réforme, il vaut mieux ne pas trop personnaliser la question. Même si Martine Aubry a eu un rôle fondamental dans cette réforme, il serait assez injuste de lui faire seule « porter le chapeau » d'une mesure décidée par un petit collectif : il y avait un Premier ministre, Lionel Jospin. Il y avait Jean-Pierre Jouyet, qui à Matignon pilotait tous les dossiers économiques[1]. Il y avait un premier secrétaire, François Hollande, et un président de groupe à l'Assemblée, Jean-Marc Ayrault, qui tous les deux ont agi avec talent et persévérance pour empêcher tout débat dans le parti et chez les députés. Plutôt que de parler des lois Aubry, parlons des lois JAJHA (Jospin, Aubry, Jouyet, Hollande, Ayrault).

On l'a dit, la première loi JAJHA était équilibrée : il fallait baisser la durée réelle du travail de 10 % et créer au moins 6 % d'emplois nouveaux en CDI pour avoir droit à des aides. C'était quasiment le décalque de la loi de Robien de 1995. Patrons et salariés confondus, tous ceux qui ont négocié avec Jajha 1 en sont satisfaits. Hélas, seule une minorité de salariés ont négocié avec Jajha 1. L'immense majorité des entreprises a négocié

1. Je me souviens d'une rencontre un peu difficile avec Jean-Pierre Jouyet. En sortant de son bureau, je me demandais pourquoi cet homme, intelligent et sympathique, avait choisi de s'engager à gauche plutôt qu'à droite. Lui aussi, visiblement, s'est posé la question. Il est maintenant membre du gouvernement Sarkozy-Fillon. Mais c'est lui qui pilotait tout le pôle Économie au cabinet de Lionel Jospin...

avec Jajha 2. Avec Jajha 2, il n'y avait aucune obligation de créer des emplois pour obtenir des exonérations.

Créations d'emplois exigées pour bénéficier des exonérations

Loi de Robien	10 %
Loi Jajha 1	6 %
Loi Jajha 2	0 %

De plus, la loi Jajha 2 et les décrets qui l'accompagnent accordaient aux entreprises un très fort volume d'heures supplémentaires. On a vu plus haut que le président de la CGPME[1] se vantait publiquement[2] d'avoir passé son entreprise à 35 heures, « mais nous continuons à faire 38 heures 50 ».

Qui plus est, les rédacteurs de la loi Jajha 2 avaient enlevé une phrase essentielle qui figurait dans la première loi. Avec Jajha 1, il était interdit de changer la définition du temps de travail. Avec Jajha 2, on pouvait changer la définition du temps de travail et considérer que des temps de pause, d'habillage ou de douche, étaient une RTT. Dans l'industrie, on a vu des entreprises qui sans rien changer à l'organisation réelle du travail, arrivaient déjà à un décompte de 37 heures simplement en requalifiant les temps de pause prévus par leurs conventions depuis des décennies...

Quand le contenu de la loi Jajah 2 a été rendu public en juin 1999, nous avons été nombreux à tirer la

1. Confédération générale des PME.
2. *Le Figaro*, 6 novembre 2000.

sonnette d'alarme. L'OFCE, l'institut d'économie de Sciences-Po, a publié une étude assez critique (« Une réduction réduite ») et, à l'université d'été du PS, fin août, l'atelier consacré aux 35 heures a été assez houleux. Beaucoup de militants ne comprenaient pas qu'on donne autant d'heures suplémentaires autant de flexibilité, autant d'exonérations.

« On sera toujours très à gauche pour le Medef »

> Face à l'inquiétude des militants, le rapporteur du texte, Gaetan Gorce, dut défendre le projet de loi, évoquant des améliorations et « des garanties à compléter » au cours de la discussion parlementaire.
> « On sera toujours très à gauche pour le Medef », a-t-il plaidé, s'attirant immédiatement une réponse acide de la salle : « Si c'est ça notre référence... »
>
> *Le Monde*, 31 août 1999

Quelques semaines après ces universités d'été, constatant que les militants et les élus de terrain ne sont pas du tout écoutés, un secrétaire de section me propose de lancer une pétition sur un point qui lui paraît vraiment scandaleux : « on va donner chaque année 110 milliards de francs d'exonération sans aucune contrepartie en emploi. C'est absolument stupide. S'il n'y a pas de création d'emplois, il n'y a pas de surcoût. Alors pourquoi donner des exonérations ? En plus, l'entreprise qui créerait des emplois va être désavantagée par rapport à celle qui aura les exonérations sans en créer. Mettre 110 milliards d'exonérations sans contrepartie, c'est ahurissant ! »

JEUDI 9 DÉCEMBRE 1999

Rebonds

La seconde loi Aubry n'impose aucune création d'emploi aux entreprises pour bénéficier des aides de l'Etat dans le cadre de la réduction du temps de travail.

35 heures : oui mais avec des emplois !

La loi sur les 35 heures ne sera votée définitivement que les 21 et 23 décembre à l'Assemblée nationale. D'ici là, tous ceux qui veulent vraiment que reculent le chômage, la précarité et l'exclusion doivent se mobiliser pour améliorer cette loi. En effet, le texte de la loi voté en première lecture est décevant. Bien des points peuvent être discutés ou critiqués. Mais un point nous semble vraiment scandaleux : l'absence de condition de création d'emplois.

Une entreprise pourra ne créer aucun emploi et recevoir les aides de l'Etat !

Alors que, pour avoir droit à une exonération, la loi Robien exigeait la création de 10 % d'emplois en CDI ; alors que la première loi Aubry n'exigeait déjà plus que 6 % d'embauches (en CDI ou en CDD), la deuxième loi Aubry, elle, n'impose aucune création d'emplois !

Si la loi n'est pas modifiée sur ce point essentiel, les entreprises vont augmenter les cadences, le stress et, pour les cadres ou les commerciaux, le travail emporté à la maison.

Elles feront faire des heures supplémentaires : en réalité, la loi permet aux entreprises de rester à 38 heures avec un surcoût de seulement 0,6 % de la masse salariale en 2000 et de 1,5 % l'année suivante. Dans ces conditions, comment espérer des créations d'emplois massives ? Certes, depuis deux ans, les chiffres officiels du chômage ont baissé. Mais le problème est loin d'être réglé. La précarité et la pauvreté n'ont jamais été aussi importantes. Ce n'est donc pas maintenant qu'il faut baisser les bras.

Aussi, nous, signataires, demandons instamment au gouvernement et aux parlementaires que les aides prévues (110 milliards de francs au total) soient conditionnées à la création de 6 % d'emplois au moins en CDI et que des aides un peu plus importantes – en proportion – soient accordées aux entreprises qui passeraient à 32 heures et créeraient 12 % d'emplois en CDI.

Face aux dégâts du libéralisme, il est temps que la France montre réellement qu'un autre modèle de développement est possible ●

Parmi les premiers signataires :

Marie-Claire Mendès-France, Stéphane Hessel, Mgr Olivier de Berranger (président de la Commission sociale des évêques de France), Hubert Constancias (président du Mouvement national des chômeurs et précaires), Philippe Villechalane (président de l'Apeis), AC! (Agir ensemble contre le chômage!), Claire Villiers, Christophe Aguiton (AC!), Mgr Jacques Noyer (évêque d'Amiens), Jean-Luc Cazettes (président de la CFE-CGC), Alain Deleu (président de la CFTC), Guy Juquel (secrétaire national de l'Union des cadres UGICT-CGT), Syndicat de la magistrature, Syndicat national des journalistes, Monique Vuaillat (secrétaire générale de la FSU), Daniel Le Bret (secrétaire général de la FSU), Annick Coupé, Gérard Gourguechon, Union syndicale «Groupe des 10», Claude Aufort (président de Vie nouvelle), Philippe Gayet (Comité chrétien de solidarité avec les chômeurs), Maurice Pagat (président du mouvement Partage), Jacques Nikonoff (président d'Un Travail pour chacun), François Leboue, (président de Culture et Liberté), Alain Godin (président de l'Union des familles laïques), Eddie Aït (vice-président du mouvement Jeunes Européens-France), Rémi Longo (secrétaire national de la JOC), Philippe Val («Charlie Hebdo»), Bernard Marris (professeur d'économie et journaliste), François Geze (éditeur), Bernard Ginisty («Témoignage Chrétien»), Denis Sieffert («Politis»), Mohammed El Kaddioui (rédacteur en chef de «l'Itinérant»), Claude Debons (secrétaire national CFDT-FGTE), Bernard Dufil (secrétaire général CFDT Banques), Alain Ottavi (secrétaire général CFDT-ANPE), Dominique Rols (secrétaire général UD-CFDT du Rhône), Annie Bonnaud (secrétaire générale UD-CFDT Haute-Vienne), Alain Comont (secrétaire général UIS-CFDT Eure), Jacqueline Giraud-Eyraud (secrétaire générale URI-CFDT Paca), Jean-Louis Mourgue (secrétaire général de FO-PTT Ile-de-France), Huguette Bouchardeau (ancienne ministre), M. Ragaru (responsable de la section PS des Postes et Télécommunications), Hélène Flautre (députée européenne Verts), Françoise Dutut (collège exécutif des Verts), Jean-Marie Harribey (professeur d'économie à Bordeaux-IV, membre du conseil scientifique d'Attac), Sylvie Floris (maître de conférence à Sciences-Po), J. Reinhardt (professeur retraité, université de Paris-Sud), J. A. Beswick (professeur, université Paul-Sabatier de Toulouse), Philippe Durand (professeur émérite université Paul-Sabatier), J.-P. Malrieu (directeur de recherches au CNRS), E. Brugalorас (conseiller régional Verts), Jean Durup (professeur émérite université Paul-Sabatier), Erwan Lecœur (porte-parole de Chiche : Jeunes écologistes alternatifs et solidaires), MRJC, Unef-ID, Cercle Mendès-France, Pierre Larrouturou (président de Combat pour l'emploi).

(Contact e-mail: pourlemploi@voila.fr)

Très vite, la pétition[1] recueille des dizaines de signatures : Marie-Claire Mendès France (la veuve de Pierre) et Stéphane Hessel, le président de la Commission sociale des Évêques de France et l'Union des Familles Laïques, Christophe Aguiton de la LCR et le président des cadres CGC, le SNJ, la FSU, un grand nombre de fédérations de FO, de la CFDT et de la CFTC sont parmi les premiers signataires...

Marie-Claire Mendès France est la première signataire. À 78 ans, elle va porter elle-même la pétition et un dossier argumentaire à Matignon (« Je connais bien Olivier Schramek, le directeur de cabinet. Il va me rece-

1. La pétition est publiée dans *Libération* le 9 décembre 1999.

voir »). Mais très vite, Olivier Schramek lui fait comprendre que ni la loi ni les décrets ne seront modifiés. Il n'y aura aucune incitation à la création d'emplois !

Aucune obligation d'aller réellement à 35 heures, aucun obligation d'embauche, possibilité d'accroître la flexibilité et de modifier la définition du temps de travail, PME laissées hors du champ de la réforme... Faut-il s'étonner que certains fassent aujourd'hui un bilan mitigé des lois Jajha ?

> « La loi sur les 35 heures est-elle une grande réforme "de gauche" digne de figurer dans le panthéon des conquêtes sociales à côté des congés payés et de la retraite à 60 ans ? L'opposition de la droite ne suffit pas à lui donner cette estampille tant sont grandes les incertitudes sur ses retombées concrètes... »
>
> *Le Monde*, 11 février 1998

> « Résumons les non-dits : la loi sur les 35 heures n'est pas plus contraignante que la loi Robien dont elle prend la succession. Elle n'impose rien. Les entreprises qui ne veulent pas bouger ne seront que très légèrement affectées. (...) Dès lors, deux questions se posent. Pourquoi le patronat a-t-il tant hurlé ? Pourquoi les syndicats de salariés ont-ils – au moins initialement – tant applaudi ? »
>
> *Libération*, 7 février 1998

> « Combien cela créera-t-il d'emplois ? Ne créons pas de nouveaux mirages. Ne parlons pas de centaines de milliers d'emplois. (...) Les 35 heures, *telles que nous les*

avons organisées, pourront créer des milliers d'emplois. Plusieurs dizaines de milliers d'emplois. »

François Hollande,
25 janvier 1998

« Nicole Notat exhorte le Premier ministre à résister aux "tentations de relâchement". Tout doit être mis en œuvre pour que la réduction du temps de travail ne se solde pas par un résultat nul en matière d'emploi. »

Libération, 3 mars 1998

C'est sans aucun plaisir que je reviens sur cet épisode. Mais je suis persuadé que notre défaite du printemps 2007 est due, d'abord et avant tout, à notre incapacité à répondre aux attentes sociales des Français. Et si nous n'avons pas été capables de travailler sur le social depuis 2002, c'est parce qu'il y avait un cadavre dans le placard et que personne ne voulait faire le bilan des années 1997-2002.

Un cadavre dans le placard. Entendons-nous ! Les 35 heures ne sont pas l'abomination des abominations que décrit le Medef. Elles ont quand même créé presque 350 000 emplois (Insee). Quelle est la politique de droite qui en a fait autant ? C'est vrai qu'elles ont coûté cher à l'État, mais c'est parce qu'on a donné des milliards d'exonérations sans contrepartie de créations d'emplois. Comme le disait Roselyne Bachelot en marge des débats à l'Assemblée, « Si c'est la droite qui avait donné autant de flexibilité et autant de baisses des charges, toute la gauche serait descendue dans la rue ». Ce jour-là, Bachelot avait raison ! On comprend que certains à gauche n'aient pas envie de rouvrir ce dossier mais n'est-il pas assez malhonnête de la part de la droite de reprocher à la gauche d'avoir fait une baisse des charges ?

En baissant la durée réelle du travail de 5 % seulement et en créant « seulement » 350 000 emplois, on ne peut pas vraiment rééquilibrer le marché du travail. Si l'on avait baissé de 20 % la durée moyenne du travail (c'est ce que proposaient Antoine Riboud, Michel Rocard, l'Association des Docteurs es Sciences économiques, la CFDT et quelques autres...), on aurait pu créer 1 600 000 emplois, selon l'estimation du ministère du Travail. Avec 1 600 000 nouveaux emplois, sans doute le marché du travail aurait-il retrouvé un équilibre plus favorable aux salariés et à leur demande de pouvoir d'achat... Sans doute les autres pays d'Europe auraient-ils suivi le mouvement alors qu'ils y ont tous renoncé !

Le reproche principal que l'on peut faire aux rédacteurs des lois Jajha, c'est d'avoir dit qu'ils allaient faire le maximum alors qu'ils savaient bien qu'ils ne le faisaient absolument pas (« les 35 heures, *telles que nous les avons organisées*, créeront quelques milliers d'emplois » précise François Hollande). On a mis en scène le retour du politique (tout le monde est convoqué à Matignon et la loi est votée contre l'avis de la droite et du Medef) mais, en réalité, on n'a rien fait pour agir avec puissance.

Je me souviens d'un débat organisé par les anciens élèves de l'École Polytechnique. Devant une soixantaine de grands patrons, le directeur de cabinet adjoint de Martine Aubry avait conclu son intervention en affirmant : « Ne vous inquiétez pas pour le contenu de la deuxième loi. Le bâton sera plus petit que la carotte. N'oubliez pas que la France a vécu pendant trente ans avec une durée légale à 40 heures mais une durée réelle à 45 heures. » Et pour ceux qui n'auraient pas bien compris, il répète : *« la France a vécu pendant trente ans avec une durée légale à 40 heures mais une durée réelle à 45 heures. »* Drôle de façon de pousser les entreprises à négocier !

Au fond de la salle, il y avait un journaliste qui, jusque là, me trouvait un peu trop sévère avec les lois Jajha. Après avoir entendu le directeur de cabinet de Martine Aubry, il est venu me demander mes coordonnées : « il faut qu'on se revoie. »

Pour rassurer le peuple de gauche, on a baissé la durée légale sans négociation (Le politique réaffirme son autorité. Blum est revenu !), mais pour rassurer le CAC 40 sans ouvrir aucun débat de fond, on a donné assez d'heures supplémentaires pour que ceux qui ne veulent pas bouger ne bougent pas ! Au final, l'autorité du politique est-elle sortie renforcée par ce double discours ?

La méthode Delors

En France, le dernier chantier social vraiment réussi est celui qu'a conduit Jacques Delors en matière de formation professionnelle. Delors savait bien qu'une loi serait nécessaire pour construire un vrai droit à la formation. Mais il ne commence pas par rédiger la loi. Il emploie une méthode assez *soft* : il commence par négocier, en donnant la parole à des pionniers, à des entreprises qui ont déjà investi dans la formation. En donnant la parole à ces pionniers, il arrive à convaincre les dirigeants du CNPF (le Medef de l'époque) que la formation payée par l'entreprise et faite sur le temps de travail n'est pas une dangereuse utopie mais qu'elle peut réellement améliorer l'efficacité de l'entreprise et de notre économie tout entière : ça marche ! Ayant convaincu les dirigeants du CNPF, il arrive d'abord à négocier un accord interprofessionnel puis à faire voter une loi qui généralise l'accord.

Avec Jacques Delors, la méthode est *soft* (on commence par la négociation, on donne la parole aux pionniers) mais, à l'arrivée, la loi est réellement contraignante : les entreprises sont réellement obligées de la mettre en œuvre. Sur le temps de travail, hélas, on a fait exactement le contraire : on a convoqué les partenaires sociaux à Matignon et on leur a expliqué qu'il y aurait une loi ! Que ça leur plaise ou pas. Sans aucune vraie négociation ! Mais derrière cette fermeté affichée, la loi accumulait les ambiguïtés et permettait de rester à 38 heures...

Pourquoi n'a-t-on pas donné la parole aux pionniers ? Pourquoi n'a-t-on pas écouté les patrons, les syndicalistes et les salariés des centaines d'entreprises déjà passées à 4 jours ou à 35 heures avec la loi de Robien ? Il était évident que la loi de Robien ne suffirait pas pour déclencher un mouvement général. En la rédigeant et en la faisant voter, l'objectif de notre petit groupe était de casser des tabous et de prouver « grandeur nature » qu'une forte RTT était possible dans tous les secteurs. Nous espérions que, une fois revenue au pouvoir, la gauche s'appuierait sur ces centaines d'exemples réussis pour lancer un débat de fond, négocier un financement pérenne avec l'Unedic, et faire adopter une loi-cadre par référendum. Hélas, ce ne fut pas le cas[1]...

Sortir du tout ou rien

En 1997, la loi sur les 35 heures était avec les emplois-jeunes la principale réforme du programme socialiste. En 2007, face à Nicolas Sarkozy dans le débat d'entre deux-tours, Ségolène Royal affirma à deux reprises que, « s'il n'y a pas d'accord entre les partenaires sociaux, il n'y aura pas de loi ». En 1997, le politique fait tout. En 2007, il promet qu'il ne fera rien !

Car qui peut croire qu'il y aura un accord avec le Medef tel qu'il fonctionne aujourd'hui ? Qui peut croire que Monsieur Gautier-Sauvagnac ou Madame Parisot vont spontanément signer un accord permettant de faire reculer nettement le chômage et de faire remonter la part des salaires dans le PIB ? Qui peut y croire ?

1. « Jospin n'a jamais cru à la réduction du temps de travail, expliquait François Hollande en 1996 lors d'un débat organisé par l'UEJF. Dans son programme présidentiel, en 1995, il a accepté de mettre les 37 heures à la fin du septennat mais c'était pour faire plaisir aux militants. Il n'y croyait pas. » « Martine non plus ne croyait pas à la RTT, explique un DRH de ses amis. Elle croyait aux organisations qualifiantes (ce qu'elle a mis en place chez Pechiney) mais pas à la RTT. »

En 1995, réunis en congrès à Montpellier, les militants de la CFDT ont demandé une *loi* pour parvenir à 32 heures. Quel que soit leur attachement à la négociation, ils savent bien qu'il est très très peu probable que le CNPF-Medef signe jamais un nouveau contrat social permettant de rééquilibrer radicalement le marché du travail.

Encore une fois, inspirons-nous de la méthode Delors : il faut évidemment que le contenu de la loi soit négocié au niveau national (le niveau « interprofessionnel ») et que la loi ouvre de nouveaux espaces de négociation[1], mais refuser la loi, annoncer *a priori* que si le Medef n'en veut pas, il n'y aura pas de RTT, c'est nous priver du levier le plus efficace pour sortir du chômage de masse. C'est nous condamner à l'impuissance.

Passer du *ni-ni* au *et-et-et*

S'il est tellement fondamental d'ouvrir à nouveau le débat sur le temps de travail, c'est d'abord à cause du volume d'emploi que pourrait créer un passage bien négocié à 4 jours : *1 600 000 emplois* annonçait l'étude du ministère du Travail en 1997 ! Et même si ce n'était que 1,2 million, c'est toujours bon à prendre... Je participe à beaucoup de débats sur l'emploi. Je lis beaucoup de livres et de rapports, et je ne vois aucune autre

1. On a vu plus haut tout ce qu'il y a à négocier au niveau des branches, des bassins d'emplois et des entreprises...

réforme capable de créer un tel volume d'emplois en trois ou quatre ans. Se priver d'un million d'emplois simplement parce qu'on n'a pas le courage et la simplicité de faire le bilan des années JAJHA, ce serait totalement scandaleux.

Mais si le débat sur les 4 jours est tellement important, c'est aussi parce que ce débat obligerait le PS à passer du *ni-ni* au *et-et-et*. Actuellement, sur le temps de travail comme, hélas, sur bien d'autres sujets, le PS est bloqué sur son *ni-ni*. En écoutant les dirigeants du PS en septembre 2007, on a l'impression que sur les 35 heures, le message se résume à *Ni abrogation, Ni généralisation*. La réduction du temps de travail ? On est ni pour, ni contre. C'est gentil. Ça rassure le lecteur du *Figaro Magazine*, mais ça ne fait pas une politique !

Osons ouvrir à nouveau le dossier du temps de travail. Ouvrons-le avec modestie. Ouvrons-le en affirmant d'emblée que la semaine de 4 jours n'est pas La Solution Unique mais seulement un élément d'un nouveau contrat social plus global. Mais acceptons l'idée que les 35 heures qui étaient déjà dans le programme en 1981 ne sont pas un horizon indépassable pour 2012-2017. Et réfléchissons aux moyens de rendre cette réforme possible et vraiment utile.

ET une attitude pro-*business*

Si l'on veut être sûrs que le *oui* l'emporte au référendum sur les 4 jours-32 heures et si l'on veut que la plupart des chefs d'entreprise acceptent ensuite de rentrer vraiment dans la négociation, il faut que la gauche accepte d'être plus à l'écoute des chefs d'entreprise. Des patrons de PME en particulier. Simplification du droit du travail, simplification administrative, aide à la formation des patrons de PME, amélioration de l'interface Recherche-PME, aide à la création de réseaux de PME, aide à la création d'emploi[1]... La gauche ne doit pas avoir peur d'avoir une attitude pro-*business*[2]. Quand on veut partir en vacances, il vaut mieux que le moteur de la voiture fonctionne bien.

ET de vraies régulations

Il faut que le moteur fonctionne, mais ce n'est pas le moteur qui décide où l'on va. C'est au politique de

1. L'idée exprimée par François Bayrou d'exonérer complètement de charges les deux premiers emplois créés par une entreprise coûte très cher. Mais, en la « bordant » intelligemment pour limiter les effets d'aubaine, elle pourrait être un élément d'un nouveau contrat social. Elle aurait le mérite d'être un signal clair vers ceux qui créent une entreprise.

2. Un ami qui travaille à l'Assemblée nationale m'a raconté comment un député PS voulait organiser, une fois par mois, une rencontre entre des députés et un chef d'entreprise. Horreur ! Malheur ! Un patron, invité par des socialistes ! Il n'a jamais pu le faire. Pourtant c'est en rencontrant des patrons régulièrement (et des salariés aussi...) qu'on comprend mieux comment marchent les entreprises : quelles sont les contraintes (réelles) mais aussi quelles sont les marges de manœuvre (réelles !).

réguler fermement l'économie. Ford, Keynes et Beveridge l'ont dit avant moi et mieux que moi : il faut des règles du jeu, sinon l'économie s'étouffe et les injustices explosent. Montants compensatoires négociés avec la Chine, Traité social européen, Impôt européen sur les bénéfices, Référendum 4-4-42... Je ne vais pas revenir ici sur les propositions de régulation évoquées tout au long de ce livre.

ET un vrai projet de société

Si l'on veut partir en vacances, il faut un moteur qui fonctionne, un chauffeur qui tient fermement le volant, mais il faut surtout un projet de vacances : qu'est-ce qu'on fait cet été ? Avec qui ? Où ? Quand ? L'intérêt de la semaine de 4 jours, en plus des 1 600 000 emplois créés, c'est d'obliger la gauche à réfléchir à un vrai projet de société.

Si la réduction du temps de travail n'est que de 4 ou 5 % et si elle n'est pas régulière[1], on peut éluder la question du projet de société. Mais si on a tous un jour de libre par semaine, la question de l'accès à la culture[2], de l'accès à la formation, du rôle des parents dans l'éducation se pose au grand jour. Le partage du

1. « On prend nos RTT quand on peut. Officiellement, on est complètement libre, mais en réalité il vaut mieux ne pas les prendre quand le service croule sous le boulot. »
2. Faut-il laisser autant de place et autant de liberté à Bouygues-Areva-TF1 ?

travail économique peut aussi favoriser un nouveau partage du pouvoir dans la cité : et si l'on favorisait vraiment l'investissement des citoyens ? Et si on interdisait vraiment le cumul des mandats ? Et si, avec la Loi d'Initiative Citoyenne, on permettait à des réseaux de citoyens de proposer des lois au lieu de cantonner la société civile à un rôle d'observateur critique du pouvoir ?

Et, Et, Et...

Une gauche à la fois pro-*business*, pro-régulation et avec un vrai projet de société... C'est trop demander ?

Chapitre 3

LE JOLI MOIS DE MAI 2008

Vendredi 14 septembre. Je suis à Grenoble pour participer au Forum de *Libération*. Il y a un an, certains annonçaient la mort de *Libé*. Aujourd'hui *Libé* va mieux et organise un grand forum : 50 débats, sur 3 jours, dans les six grandes salles de la Maison de la Culture de Grenoble !

Je croise Éric Aeschimann. Dans son dernier livre[1], Aeschiman décrit le processus de dépolitisation qu'il a observé au sein de la rédaction de *Libération* depuis les grèves de l'hiver 1995 jusqu'au référendum sur la Constitution européenne. Certes, *Libération* a gardé l'art du titre et du jeu de mot, mais sur le fond, Aeschiman souligne les contradictions et l'habileté de Serge July, le Directeur du journal, qui a fait du flottement éditorial un moyen de préserver son pouvoir : « Qui peut contester la ligne du PDG dès lors que *Libération* n'a plus de ligne ? (...) L'absence de directives fut une façon

1. *Libération* et ses fantômes, Seuil, 2007.

subtile de ne pas transmettre aux plus jeunes ce qui fait l'essence de toute action politique : le goût de se battre pour faire valoir ses idées. »

En lisant ces lignes consacrées à *Libération*, comment ne pas penser au PS ? Au PS aussi, la direction a le sens du jeu de mot. Au PS aussi, tous soulignent l'habileté de François Hollande, le « culbuto » qui se relève après chaque échec. Au PS aussi, la direction a fait du flottement un moyen de préserver son pouvoir. Qui peut contester la ligne de Solférino dès lors que Solférino n'a pas de ligne ? Et s'il n'y a pas d'opposition entre lignes politiques, pourquoi se fâcher avec les sortants ? Pourquoi ne pas renouveler à son poste le plus sympa, le plus rigolo, celui qui va à toutes les Fêtes de la Rose, boire un coup avec les militants et faire la bise aux dames ?

À court terme, cette absence de ligne politique peut sans doute faciliter la gestion d'un groupe humain un peu turbulent, mais, dans la durée, elle a mené *Libération* tout près du dépôt de bilan. Et cette année, elle a mené le PS à un troisième échec consécutif aux présidentielles.

Mais, bonne nouvelle ! *Libération* va mieux. « En retrouvant une vraie ligne politique, *Libé* a retrouvé bon nombre de lecteurs, m'explique un journaliste. Je ne suis pas toujours d'accord à 100 % avec Joffrin[1], mais au moins il y a une ligne et il aime le débat ! Certes, tous les problèmes ne sont pas réglés mais on recommence à y croire ! »

1. Laurent Joffrin est, depuis novembre 2006, le Directeur de *Libération*.

Et si le PS suivait la même méthode ? Et si les dirigeants du PS comprenaient qu'ils doivent changer. Vraiment changer. Absolument changer ! Et s'ils comprenaient que l'essentiel aujourd'hui n'est pas de savoir si Hollande sera ou non candidat en 2012 et si Moscovici va, ou non, lui succéder à Solférino. Si le PS veut renaître de ses cendres, il doit d'abord et avant tout reconstruire une ligne politique. Ouvrir de vrais débats. Sortir du *ni-ni*. Construire un *Et-Et-Et*, un vrai projet.

À Grenoble, au milieu du Forum, un libraire a dressé un stand avec plusieurs dizaines de livres. Des livres sur l'effet de serre, les relations Nord-Sud, le logement, les banlieues, l'immigration, l'éducation, la santé, les retraites, la police de proximité, la démocratie... Il y a là les livres de Stieglitz[1], d'Amartya Sen[2] et de nombreux économistes qui contestent le prêt-à-penser libéral. Je prends un moment pour regarder tous ces livres et, à nouveau, je suis impressionné par le foisonnement d'analyses claires et de propositions concrètes.

« La gauche est morte » disent certains. Mais non. Pas du tout. La gauche est bien vivante ! Mais elle n'est pas

1. Prix Nobel d'économie en 2001, Joseph Stieglitz a été économiste en chef de la Banque mondiale de 1997 à 2000. Après la crise asiatique de 1997, une violente polémique éclate entre lui et Stanley Fisher du FMI, à propos des remèdes imposés par le FMI aux pays asiatiques. Un an plus tard son président sacrifie Stieglitz dont la liberté de ton exaspère les tenants de l'orthodoxie financière.

2. Amartya Sen, né en 1933 en Inde, a reçu le Prix Nobel d'économie en 1998, pour ses travaux sur la famine, sur l'économie du bien-être, sur les mécanismes fondamentaux de la pauvreté, et sur le libéralisme politique.

là où vous le croyez. C'est dans des réseaux de chercheurs, des réseaux d'élus, des associations et des syndicats que la gauche, depuis dix ans, s'est renouvelée. Oui, le projet de société de la nouvelle gauche, il est là, sous nos yeux, et nous ne le voyons pas. C'est comme les morceaux d'un puzzle qu'il faudrait rassembler, évaluer, mettre en cohérence, financer... Bien sûr, il y a du travail. Bien sur, il y a à prendre et à laisser. Et dans ce que l'on voudra prendre, on ne pourra pas tout faire en même temps. Mais l'essentiel est sur la table de ce libraire, à Grenoble, et dans la multitude des expériences concrètes lancées aux quatre coins du pays par des élus, des syndicats ou des associations.

Oui, ce Forum et ce stand de libraire, sont pleins de raisons d'espérer. Il n'a fallu que trois mois, aux Pays-Bas, pour que les partenaires sociaux se mettent d'accord sur un nouveau contrat social. De même, en quelques mois, s'ils se mettent vraiment au travail et s'ils s'ouvrent au reste de la société, les socialistes peuvent avoir un nouveau projet. C'est une évidence.

Hélas, sur la table du libraire, il y a aussi le dernier livre de Patrick Artus[1]. Je dis *hélas* car la lecture d'Artus m'oblige à revenir à la réalité, que j'avais oubliée depuis quelques minutes.

> « De 2003 à 2005, la productivité a augmenté chaque année de 1,5 point de plus que le salaire réel aux États-Unis et dans la zone euro, de 3 points au Japon. Dans

1. *Les Incendiaires*, Perrin, 2007.

la zone euro, **chaque année, les entreprises prennent l'équivalent de 1 % du PIB dans la poche de leurs salariés, en plus de ce qu'elles ont fait les années précédentes.** Dû à la perte de pouvoir de négociation des salariés, le transfert en faveur des profits est considérable. Durant la seule année 2006, le coût salarial par unité produite dans l'industrie allemande a baissé de 7 % et le salaire réel de 1 %.

Si la panne de croissance est encore occultée, c'est surtout parce que la hausse de l'endettement des ménages a soutenu la demande qui, sinon, se serait beaucoup plus affaibli avec les pertes d'emploi et la compression des salaires.

Entre 1996 et 2005, le taux d'endettement des ménages est passé de 42 à 75 % de leur revenu en zone euro et de 100 à 160 % au Royaume Uni. **Si le taux d'endettement était resté constant, la croissance aurait été négative dans la zone euro comme au Royaume-Uni.** »

« Plus l'ajustement sera retardé, plus il risque d'être brutal »

À l'heure où j'écris ces lignes, nul ne sait quelles seront les conséquences de la crise des crédits à risque américains (crise des *subprimes*) qui agite les marchés financiers depuis le mois d'août. Cette crise va-t-elle provoquer seulement un ralentissement de l'économie américaine ? Va-t-elle ralentir l'ensemble de l'économie mondiale ? Va-t-elle déclencher une crise majeure, semblable à celle de 1930 ? Personne ne peut le dire. Mais, comme le dit Patrick Artus, « plus l'ajustement sera retardé, plus il risque d'être brutal ».

Si la crise des *subprimes* venait à dégénérer trop vite, alors que nos gouvernements sont très mal préparés à gérer l'atterrissage, la situation pourrait vite devenir catastrophique. Voilà pourquoi, quitte à laisser gonfler encore un peu la bulle, il faut espérer que la crise des *subprimes* sera contenue mais que, cette fois, l'alerte aura été suffisamment forte pour que nul ne puisse plus ignorer les dangers qui nous menacent. Espérer aussi que nous saurons **utiliser ces quelques années de répit pour construire une alternative**. Car les derniers paragraphes du livre de Patrick Artus renforcent notre inquiétude sur la situation en Chine :

> « En Chine, la capitalisation boursière (la valeur totale des actions) était de 20 % du PIB en 2005, de 60 % à la fin de 2006 et de 130 % du PIB à l'été 2007... Il s'agit d'une bulle. Une pure bulle, tirée par la liquidité. Et on sait que les bulles finissent par éclater. »

« En Chine, la crise sera comparable à celle de 1929 »

Ce matin, l'éditorial de *La Tribune*[1] était consacré lui aussi à la situation d'endettement généralisé de notre planète. L'auteur estime qu'il est trop tôt pour savoir comment les États-Unis ou l'Europe vont s'en sortir.

1. *La Tribune*, 14 septembre 2007.

Mais pour la Chine, mélange de bulle immobilière, de bulle industrielle et de bulle boursière, sa conclusion est sans ambiguïté : « En Chine, la crise sera comparable à celle de 1929. »

Heureusement, il y a du soleil sur Grenoble. Sinon il y aurait de quoi avoir le blues... C'est quand même frustrant de voir sur la même table des livres très argumentés qui expliquent comment la situation des salariés empire chaque année dans tous les pays occidentaux et comment la crise sociale peut nous conduire à une crise économique comparable à celle de 1929... Et, juste à côté, d'autres livres, très argumentés eux aussi, qui expliquent comment on pourrait sortir de la crise !

Hélas, les 10 qui dirigent le PS, ceux qui devraient proposer au pays une stratégie de sortie de crise ne prennent jamais le temps de lire[1]. Le cumul des mandats, ça nourrit bien son homme, mais ça laisse peu de temps pour la réflexion !

Après avoir lu le livre de Patrick Artus, je vais prendre un café et je croise le n° 2 du PS, François Rebsamen. Je

---

1. « François Hollande n'a jamais eu la moindre appétence pour mener un travail de longue haleine, écrit Renaud Dély (*Les Tabous de la gauche*, Bourin éditeur, 2006). En fait, François Hollande s'amuse en politique. Il ambitionne, piaffe, calcule, mais il ne prépare rien, ne prévoit pas, ne pense guère à long terme. Le patron du PS lit peu. Il ne fréquente pas les intellectuels et préfère les petits coups tactiques aux grandes stratégies. Premier responsable de la grande glaciation qui s'est emparée du PS depuis 2002, François Hollande présente un bilan accablant au bout de dix ans de présence, plutôt que de règne, rue de Solférino. »

lui demande quel est le calendrier de la rénovation proposé par la direction du parti. Il m'explique qu'il y aura trois colloques d'une journée chacun. Un colloque sur le thème « Citoyen du XXIe siècle : construire un nouvel esprit public ». Un autre sur « les modèles de croissance » et un dernier sur le thème : « Refonder les solidarités, émanciper les individus. » Au ton de sa voix, on sent que lui-même a de gros doutes sur ce qui peut sortir de ces trois colloques...

Je le coupe au bout d'un moment : « Excuse-moi, François, tu vas me trouver vulgaire, mais quand est-ce qu'on se met *vraiment au travail* ? Quand est-ce qu'on travaille à des solutions concrètes sur le chômage, sur les retraites, sur le logement... Est-ce qu'on va bientôt rentrer dans le concret ? » « Non. Là, non... Si on arrive déjà à actualiser notre déclaration de principe[1], ce sera bien. »

---

1. On peut trouver la Déclaration de principes du PS sur PSinfo.net. Dès la première ligne, on apprend qu'elle a été « adoptée à l'unanimité lors du congrès de Rennes en mars 1990 ». Rappelons aux plus jeunes que le congrès de Rennes a été l'un des plus difficiles de l'histoire du PS (« une vraie boucherie » disent certains). En lisant la déclaration de principes, qui enfile les bons sentiments comme d'autres des perles, on se demande à quoi sert une déclaration de principes : n'est-ce pas un texte qu'on adopte à l'unanimité quand ça va très mal et qu'on ne sait plus pourquoi on est dans le même parti ?

Nain jaune ou Monopoly ?

Quelques jours plus tard, François Hollande annonce officiellement la tenue des trois colloques qui doivent permettre « d'identifier ce qui unit l'ensemble du PS et qui permettra de se retrouver sur une Charte fondamentale ». Sur le site Liberation.fr, les internautes ne sont pas dupes : « En 2002, Hollande organisa plusieurs dizaines de milliers de forums entre socialistes. Rien n'en est sorti. » affirme Diogénus et un certain « Militant PS » s'amuse : « Comme Hollande ne sait pas quoi faire du PS avant le congrès, il tente de l'occuper, comme on occupe des enfants en vacances les jours de pluie. Il pourrait aussi nous proposer de jouer au Nain jaune, aux Petits Chevaux ou au Monopoly. »

On pourrait en rire s'il ne s'agissait pas de l'avenir de notre société. Le « calendrier de la rénovation » choisi par la direction du parti va encore lui permettre d'éviter tout débat de fond pendant 5 ans : trois colloques de quelques heures, sur des sujets qui ne mangent pas de pain, ça permet d'occuper le temps jusqu'aux municipales de mars 2008. Pour peu que le PS gagne une ou deux grandes villes, on pourra dire que la gauche se relève. Et après les municipales, si Sarkozy décide d'un plan de rigueur, on pourra organiser des grandes manifestations. Puis, très vite, tout le monde se consacrera à la préparation du congrès de novembre 2008 : Ségolène ou François ? Laurent ou Bertrand ? Si tu n'es pas avec moi, tu es contre moi ! Ce n'est pas le moment de parler du fond...

Très vite ensuite, autour de celui ou celle qui aura gagné le congrès, va se reconstituer une petite Cour.

Et malheur à celui qui n'approuvera pas totalement le projet qu'il rédigera avec ses 3 conseillers en s'appuyant sur quelques sondages...

Voilà, en résumé, le calendrier de la rénovation :

> ➢ 2002-2007 : on se repose un peu. On l'a bien mérité !
> ➢ 2007-2012 : on actualise notre déclaration de principe : « Le PS doit se réconcilier avec le marché mais non pas accepter une société *de* marché ». Trop fort !
> ➢ 2012-2017 : on réfléchit à des propositions. Pas le *Grand Soir,* bien sur, mais des propositions concrètes, proches de la vie quotidienne des vrais gens.
> ➢ 2017-2022 : on réfléchit au financement de ces propositions. C'est important pour notre crédibilité !

On est reparti pour un tour ! Pourquoi une équipe qui a tout fait pour empêcher les débats entre 2002 et 2007 changerait-elle tout d'un coup de stratégie ? En 2002, c'était la faute à Taubira. En 2007, c'est la faute à Ségolène qui a vraiment fait une mauvaise campagne. Pas besoin de chercher une autre explication. En 2012, au bout de 5 ans de Sarkozysme, avec un *vrai* candidat, le PS va gagner. Cette fois-ci, c'est sûr !

« Ils sont insupportables. Ils sont bouchés ! explose un militant socialiste. Ils ont tous un QI supérieur à 120, ils ont tous fait une grande école, mais collectivement, ils en tiennent une couche ! Le spectacle que donne le PS est désespérant. Et si le PS continue comme ça, le prochain gars de gauche qui sera élu, c'est Bayrou ! »

Ah oui, Bayrou. On l'avait oublié. On croyait qu'il était mort après les législatives mais il bouge encore.

Plus de 40 000 personnes auraient adhéré à son Modem. Et c'est vrai que si le PS continue comme ça, en 2012, Bayrou peut très bien être présent au deuxième tour et gagner l'élection.

Cette année, au premier tour des présidentielles, Ségolène Royal a fait un score meilleur que Lionel Jospin en 2002. Mais le réflexe de vote utile qui a favorisé le PS a affaibli les Verts et le PC. Le total de la « gauche plurielle » a baissé de 3 points en cinq ans alors que François Bayrou, lui, a gagné 12 points en cinq ans. Si le mouvement continue, si la gauche est incapable de se renouveler, les courbes vont se croiser. François Bayrou peut très bien gagner les présidentielles de 2012.

Mais, après tout, me direz-vous, si les dirigeants PS tiennent absolument à tuer le socialisme, ne peut-on pas se tourner vers François Bayrou ? Que propose-t-il vraiment, François Bayrou ? Bayrou est européen. Il le

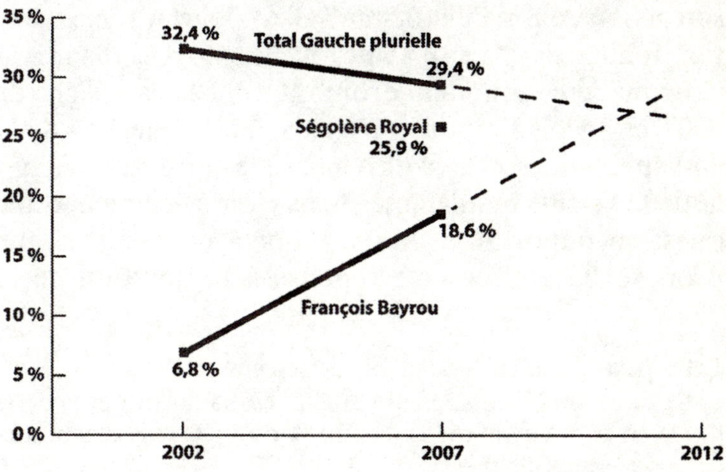

dit et il le répète. Mais ceux qui s'intéressent à l'Europe se souviennent qu'en 1994, quand les Allemands nous ont proposé une première fois de refonder l'Europe puisque le principe de l'élargissement était acté[1], Balladur a botté en touche et Bayrou qui était ministre d'État n'a rien dit. De même, en 2000, quand Joschka Fischer a prononcé son grand discours de refondation, on a entendu à droite les prises de position très claires d'Alain Juppé, du sénateur Haenel ou du sénateur Villepin (le père de Dominique) mais on n'a pas entendu Bayrou. Sur l'Europe sociale, on n'a jamais entendu non plus François Bayrou.

De son passage au ministère de l'Éducation, que peut-on retenir à part sa volonté de réformer la loi Falloux ? Il se vante régulièrement d'être le ministre qui est resté le plus longtemps à l'Éducation nationale. Et avant d'être ministre, il présidait le GPLI (Groupe permanent de lutte contre l'illettrisme). Quelqu'un se souvient-il de son action contre l'illettrisme ? C'est pourtant une question fondamentale et il avait tous les moyens d'agir.

En matière économique, durant toute la campagne de 2007, François Bayrou a mis en avant la question de la dette publique. On a vu plus haut que notre pays n'a pas la dette la plus inquiétante[2] mais c'est évidemment une question importante. Mais, au-delà du constat, que propose Bayrou comme réponse à la question de la

1. Proposition Lamers-Schauble de septembre 1994.

2. La dette publique japonaise atteint 170 % du PIB et la dette totale américaine approche les 230 % du PIB, sans compter la dette du secteur financier...

dette ? Faut-il augmenter les privatisations ? Diminuer les remboursements de santé et asphyxier l'hôpital ? Ou, tout en modernisant l'État, faut-il élargir la contrainte, créer un impôt européen sur les bénéfices et s'attaquer frontalement au chômage pour que la part des salaires dans le PIB (et donc les recettes de l'état) remonte ?

En matière sociale, François Bayrou est souvent très flou. L'idée de supprimer les charges sur les premiers deux emplois créés par une entreprise est intéressante, on l'a dit plus haut. Mais elle coûte cher et créera moins de 100 000 emplois[1]. C'est totalement insuffisant pour sortir du chômage de masse. Et sur le temps de travail, François Bayrou a un discours de droite classique : il faut travailler plus...

Je ne suis pas quelqu'un de sectaire. En 1993, j'ai fait un Tour de France avec l'UDF Gilles de Robien et on a bien compris à quel point les dirigeants du PS me déçoivent. Durant le printemps 2007, j'ai été approché à plusieurs reprises par des Bayroutistes qui m'invitaient à rejoindre l'équipe de campagne ou à être candidat aux législatives. Je ne suis donc pas un anti-Udf primaire. Mais, objectivement, je ne vois rien dans le parcours de François Bayrou depuis 20 ans qui permette de penser qu'il a les solutions pour sortir notre pays de la crise. Il serait donc dramatique pour notre pays que le PS s'écroule, miné par ses divisions, et que le plus grand nombre se tourne vers François Bayrou pour construire une alternative au Sarkozysme.

1. Durant la campagne, les estimations variaient entre 50 000 et 80 000.

Or, si la gauche ne se renouvelle pas, si le congrès de 2008 est un *remake* du congrès de Rennes où les conflits de personnes sont d'autant plus violents qu'il n'y a aucun débat de fond, le résultat des européennes de 2009 risque de renforcer la crédibilité de François Bayrou au détriment de celle du PS et, en 2012, il peut empêcher la gauche d'accéder au deuxième tour. Et si Bayrou gagne la présidentielle de 2012, ce seront sans doute des députés « modem » qui seront élus en grand nombre aux législatives qui suivent la présidentielle. Le PS subira une hécatombe et n'aura plus que ses yeux pour pleurer...

« Ce parti, je l'ai construit » affirmait François Hollande en janvier dernier[1]. Certains militants ont été un peu surpris par cette vision de l'Histoire. Et Jaurès, et Blum, et Mitterrand ? Est-on certain que c'est vraiment François Hollande qui a construit ce parti ? Hélas, si le PS garde le rythme de travail choisi par la direction, il est probable que l'Histoire ne retiendra pas que François Hollande a construit le PS mais plutôt qu'il en a été le fossoyeur. 2012 risque d'être un *remake* du 21 avril 2002, en pire.

François Hollande se voit déjà candidat en 2012 et il se voit déjà élu : « je suis invulnérable » claironne-t-il en ce début d'automne[2]. Après 5 ans de Sarkozy, les Français vont voter à gauche. Il en est sûr ! François est d'un naturel optimiste. En avril 2006, quand nous étions

1. *Le Monde*, 23 janvier 2007.
2. « Rien ne m'atteint, je suis invulnérable » a déclaré François Hollande lors du grand journal de Canal + (AFP, 17 septembre 2007).

quelques-uns à dire que le projet du PS n'était pas à la hauteur et qu'on allait à l'échec, lui était persuadé de la victoire.

> **François Hollande s'attend à une victoire du PS en 2007**
> Reuters 22 avril 2006
> François Hollande s'est montré confiant samedi quant aux chances de victoire du Parti socialiste à l'élection présidentielle de 2007 : « Nous gagnerons les élections de 2007. Nous avons enregistré de beaux succès électoraux il y a deux ans et de beaux succès sociaux récemment », a déclaré le premier secrétaire du PS.

Dominique Voynet m'a raconté comment, à cette époque, François Hollande avait commencé à réfléchir devant elle à la composition du futur gouvernement : « si les Verts veulent 4 ministres, il faut qu'ils proposent des femmes, parce que moi, j'aurai beaucoup d'éléphants à recaser et on va faire un gouvernement paritaire. » Oui, François Hollande est optimiste. C'est une qualité importante mais il ne faudrait pas que cet optimisme l'aveugle sur la marche à suivre.

En mars 1993, le PS avait connu un échec cuisant aux législatives. Immédiatement, une majorité des membres du comité directeur décidait la démission collective de la direction et élisait un nouveau Président, Michel Rocard. Une direction provisoire se mettait en place qui décidait la réunion de véritables états généraux. Non pas 3 mini-colloques de quelques heures mais 10 semaines de débat structuré, conclu par les États généraux à Lyon, début juillet : « À Lyon, pendant trois jours, la parole est donnée aux militants et sympathisants sur le bilan, le projet, la stratégie et le militantisme aujourd'hui. Les fédérations ont envoyé 2 358 délégués (militants et sympathisants) à Lyon. La procédure, inédite, est une réussite, et le rapport final est approuvé à la quasi-unanimité. Les états généraux confirment l'unité du parti remobilisé, sa stratégie de rassemblement à gauche et un redéploiement dans les réseaux associatifs et professionnels. »[1]

« C'est vrai qu'en 1993, après la défaite, Rocard a permis un grand débat, affirme un vieux militant. Et s'il n'avait pas été débarqué en 1994, cette dynamique ouverte à toute la gauche aurait permis de renouveler le PS en profondeur. Je ne comprends pas pourquoi Hollande n'a pas repris la même méthode. C'est pour moi un grand mystère... Après le 21 avril 2002, sa première réaction a été de faire monter Laurent Fabius à la direction du parti. Cette année, il choisit Benoît Hamon comme porte-parole. Je n'ai rien contre Fabius ni contre Hamon, mais, à chaque fois, c'est une petite manœuvre tactique, qui ne règle rien au fond. En principe, à gauche, on n'a pas peur des débats : entre 1979 et 1981, on a eu des débats assez vifs. Ça ne nous a pas empêché de gagner en 1981. Je trouve un peu triste l'attitude de François Hollande. Je ne comprends pas où il veut en venir ! »

Vouloir encore et toujours repousser le débat me paraît une décision catastrophique. D'autant que, six mois à peine après son élection, on sent déjà que

1. Voir un compte rendu sur histoire.parti-socialiste.fr.

Nicolas Sarkozy va bientôt perdre pied. Les Français commencent à se rendre compte qu'il les a bernés. Il a gagné le pouvoir en accumulant les mensonges (citer 27 fois Jaurès dans un seul discours alors que la politique que l'on veut suivre est celle de George Bush, ce n'est pas de l'habileté, c'est du mensonge !). Et comme, pendant sa campagne, il a dit tout et n'importe quoi, sa majorité commence à se diviser : François Fillon annonce que le pays est en faillite et, le soir même, il est contredit par des cadres de l'UMP qui sont en désaccord sur la politique à mener ou qui attendent que Matignon se libère.

Oui, très vite, les incohérences de Nicolas Sarkozy vont éclater au grand jour : peut-on offrir 15 milliards d'exonérations aux plus riches et affirmer ensuite qu'il n'y a pas d'argent pour la santé ? Sous prétexte de lutter contre le chômage faut-il augmenter encore la précarité ? Sarkozy voulait relancer la croissance en poussant les Français à s'endetter. Mais, pas de chance !, il est rattrapé par la réalité de ce qu'est le libéralisme et par le dégonflement de la Bulle américaine. Lui qui rêvait d'une croissance à 3 % en est réduit à croiser les doigts pour qu'on ne tombe pas en dessous de 1,5 %...

En 1995 aussi, Chirac avait fait une campagne pleine de beaux discours. En 2007, pour gagner, Nicolas Sarkozy en 2007 a repris le même parolier (Henri Guaino) mais, comme en 1995, tout le monde va vite comprendre que ce n'était que des beaux discours et qu'en réalité il ne sait pas où il va. Et dans les quelques domaines où Nicolas Sarkozy et ses amis ont des idées claires, les Français vont vite comprendre qu'on privilégie toujours les plus riches.

Si le PS s'était mis au travail juste après la défaite, si nous avions fait des États généraux pour purger 2002 et 2007, et si, ensuite, nous avions pris quelques mois pour travailler vraiment sur les questions sociales, nous aurions pu faire des élections municipales de mars 2008 un vrai test national : « Sarkozy a pris le pouvoir en mentant sur le bilan de l'UMP et sur ses projets. C'est maintenant évident pour le plus grand nombre ! En 2007, la gauche n'avait pas assez travaillé. C'est vrai ! Mais, elle a entendu le message : voilà ce que nous proposons pour sortir du chômage ; voilà ce que nous proposons pour améliorer les retraites. Voilà notre projet pour l'Université et voilà comment on peut le financer ! Si vous voulez continuer avec Sarkozy, votez UMP mais si vous voulez une autre politique, votez PS... » Si nous avions eu un vrai projet à lui opposer, les municipales auraient pu être un vrai test national et marquer un coup d'arrêt à la politique de Nicolas Sarkozy.

Au Japon, après des élections sénatoriales qui ont constitué un revers historique pour son parti, le Premier ministre vient de démissionner. « Le plus jeune chef de gouvernement japonais de l'après-guerre a décidé de se retirer. Servi par une allure de play-boy qui lui avait valu une exposition flatteuse dans les médias avant son accession au pouvoir, Shinzo Abe a présenté sa démission, mercredi 12 septembre. Il ne sera resté qu'un an au pouvoir[1]. »

---

1. *Le Monde*, 13 septembre 2007.

On l'a vu plus haut, au Japon comme en Europe, la précarité étend chaque année ses ravages. La part des salaires dans le PIB diminue. Les jeunes commencent à s'organiser pour contester le système. Les élections sénatoriales de juillet 2007 ont été catastrophiques pour la droite au pouvoir. En septembre, le leader de la majorité est obligé de démissionner après un an seulement au pouvoir ! Si nous avions entendu le message des urnes, si nous nous étions mis au travail, nous aurions pu faire des municipales de mars 2008 un vrai test politique. Hélas, sans projet alternatif, le résultat des municipales sera forcément moins lisible. C'est une occasion perdue.

Mais pourquoi ne pas nous mettre au travail juste après les municipales ? Pourquoi le PS ne pourrait-il pas prendre une initiative forte, en s'ouvrant à tous ceux (syndicalistes et chefs d'entreprises) qui veulent réfléchir avec lui et en invitant à se joindre à cette réflexion quelques grands économistes comme Joseph Stieglitz, Amartya Sen ou Ken Rogoff...

Bretton Woods, Waasenar, Grenelle 2008

À Bretton Woods, en 1944, on a réuni les meilleurs économistes de la planète pendant trois semaines pour définir les règles du jeu nécessaires à une bonne régulation internationale. À Waasenar, en 1982, aux Pays-Bas, les partenaires sociaux ont pris quelques mois pour construire un nouveau contrat social... Vu la gravité de la situation sociale dans tous les pays occidentaux, vu les déséquilibres économiques et financiers accumulés par le libéralisme depuis vingt ans, qu'est-ce qui nous empêche d'organiser une rencontre à la hauteur des enjeux ? Qu'est-ce qui nous empêche de prendre les problèmes à bras le corps ? La droite vient d'organiser un Grenelle de l'environnement dont les conclusions ne seront sans doute pas à la hauteur des enjeux. Pourquoi la gauche n'organiserait-elle pas un Grenelle des questions économiques et sociales, en allant vraiment au bout de la réflexion ?

« Ça va coûter un peu d'argent s'il faut faire venir Stieglitz, Amartya Sen et Rogoff. » me dira-t-on. Oui, sans doute, mais le PS dispose d'un budget conséquent qui, de temps en temps, pourrait lui permettre de financer des initiatives fortes. Depuis dix ans, le PS a reçu plusieurs dizaines de millions d'euros d'aide publique (sans compter l'argent des adhésions). Qui peut croire qu'il n'a pas les moyens d'organiser un sommet économqique et social de quelques semaines ?

« Sommes-nous légitimes pour organiser une conférence internationale ? » Si aucun État ni aucun organisme international ne prend l'initiative de ce genre de réunion (« il ne faut pas inquiéter les marchés ») pourquoi le PS ne le ferait-il pas ? Jean Monnet était vendeur de cognac. Il n'avait pas fait d'études supérieures. Mais il ne se posait pas de question sur sa légitimité. C'est lui qui a proposé à Schuman de lancer l'Union Charbon-Acier pour éviter qu'une guerre ne puisse renaître entre nos deux pays... Si tout le monde sent que les déséquilibres accumulés peuvent déboucher sur une crise majeure, qui en voudra au PS de prendre l'initiative d'organiser une rencontre de haut niveau pour prévenir la catastrophe ?

Oui. Mettons-nous au travail, avec des groupes qui exploreront, en parallèle, toutes les dimensions de la crise : les questions monétaires, les échanges commerciaux, les échanges intra-européens, le temps de travail, la politique de recherche, le développement local... Sur chaque question, prenons le temps d'écouter tous ceux qui ont quelque chose à dire. N'ayons pas peur du débat. Allons au bout de la discussion pour arriver à un ensemble de 10 ou 15 propositions cohérentes, solides et à la hauteur de la crise.

Il est urgent de nous « mettre au boulot ». C'est urgent pour 7 raisons au moins :

1 ➢ On l'a dit plus haut : si nous gardons le calendrier décidé par la direction du PS, le congrès de 2008 risque fort d'être un nouveau congrès de Rennes où le PS étalera ses divisions. Bayrou en profitera pour renforcer son image d'homme d'États, au dessus des querelles[1]. Un mauvais congrès pour le PS en 2008 et un bon score de Bayrou aux Européennes de 2009 permettraient au Béarnais de prendre un avantage important dans la « course à la rénovation ».

2 ➢ Plus fondamentalement, il faut très vite que nous ayons une alternative solide à opposer à la politique de Nicolas Sarkozy car la situation peut dégénérer à tout instant : vu l'état de tension de sa majorité au bout de 6 mois seulement de mandat, vu les tensions qui règnent

1. « Évidemment qu'il n'y a pas de division chez Bayrou. Il est quasiment le seul cadre de son parti. Et ce qu'il propose c'est tout mou. C'est difficile de se disputer avec quelqu'un quand on est seul et qu'on propose que du mou... »

dans notre société, vu la teneur de ses projets et vu le contexte économique difficile, qui sait s'il pourra tenir cinq ans sans dissoudre l'Assemblée ? Il faut, très rapidement, que la gauche soit capable d'offrir une alternative convaincante, sinon le rejet de la politique de Nicolas Sarkozy peut conduire à des manifestations ou à des émeutes sans débouché politique.

3 ➢ Si nous pensons urgent de convoquer un nouveau Bretton Woods pour éviter une crise monétaire, si nous voulons négocier très vite des Montants compensatoires avec la Chine, on ne va pas attendre 2012 pour le dire ! Il faut évidemment inviter les socialistes qui sont au pouvoir dans d'autres pays de l'Union à la Conférence que nous organiserons début 2008. On l'a vu plus haut : les dirigeants du SPD ont envie de débats de fond. Il en est de même pour les amis de José Luis Zapatero qui savent que la bulle immobilière va bientôt se dégonfler et s'interrogent sur les politiques à mener *après la bulle*.

> « La paix mondiale
> ne saurait être sauvegardée sans des efforts créateurs
> à la mesure des dangers qui la menacent. »
>
> Robert Schuman
> Déclaration du 9 mai 1950

On ne peut pas dire que, depuis dix ans, le PS a fait preuve de beaucoup d'*efforts créateurs*. En empêchant la naissance d'une Europe politique et en discréditant l'idée d'une forte RTT dans l'esprit des dirigeants européens qui voulaient s'engager dans cette voie, nous avons plutôt contribué, au contraire, au processus de dé-création en cours. Que nous le voulions ou non, nous sommes en partie responsables de l'état de confusion de la gauche européenne.

En engageant très vite des débats de fond, il est maintenant de notre responsabilité de tout faire pour que le PS français et l'ensemble de ses partenaires sortent de cette confusion intellectuelle qui profite aux libéraux. Il est de notre responsabilité d'engager, avec d'autres, des efforts créateurs à la mesure des dangers qui nous menacent.

4 ➢ Au deuxième semestre 2008, c'est la Présidence française de l'Union européenne et la renégociation du budget européen. Allons-nous laisser Nicolas Sarkozy parler seul au nom de la France pendant que nous nous étriperons en congrès, ou serons-nous capables, avec nos alliés européens, de lancer une campagne en faveur d'un véritable impôt européen sur les bénéfices, en faveur d'un Traité social ou d'une nouvelle Politique agricole ? Cela suppose évidemment d'avoir clarifié nos convictions et d'avoir entamé un nouveau dialogue avec nos amis européens.

5 ➢ Être dans l'opposition ne nous empêche pas d'expérimenter « grandeur nature » des éléments du nouveau contrat social. Si, après réflexion, nous pensons important d'investir dans la construction de la personne et de son intelligence dès les premières années de sa vie, pourquoi attendre 2012 pour agir ? Pourquoi ne pas expérimenter à grande échelle dans les villes, les départements et les régions que « tient » la gauche, l'école des parents ou l'abonnement de tous les enfants de 18 mois à un petit journal ? Si on lance l'expérimentation en 2008, on

aura dès 2014 un début d'évaluation, avec les tests fait à l'entrée en CE1 et on pourra alors décider des initiatives à généraliser.

6 ➢ Si la gauche a un vrai projet, elle peut faire reculer le pouvoir et même le faire tomber. Souvenez-vous du CPE : Dominique de Villepin était au sommet de sa gloire. Tel Apollon sortant de l'eau, il s'offrait au regard des Français(es) et se voyait déjà à l'Élysée. Tout lui réussissait. Et puis la gauche, toutes tendances confondues, s'est mise en mouvement et a expliqué au plus grand nombre les dangers du CPE. Et Villepin a reculé et il a compris que l'Elysée lui échappait... Oui, on peut agir quand on est dans l'opposition. On peut faire reculer un pouvoir injuste. Et si en plus, l'opposition est capable de formuler une vraie politique alternative, elle a le droit et le devoir de demander au Président de rendre la parole aux Français. Nicolas Sarkozy est arrivé au pouvoir en accumulant les mensonges. Il n'y a aucune raison, *a priori*, qu'il garde la majorité à l'Assemblée pendant cinq ans !

7 ➢ Pour gagner la bataille culturelle, la gauche doit faire une campagne de longue durée. Les idées de gauche sont plus compliquées à expliquer que les idées de droite. La droite parle au cerveau reptilien. Elle joue sur les peurs et évite les raisonnements trop complexes : *c'est la crise. Il faut que chacun travaille plus et les immigrés doivent rentrer chez eux !* En trente secondes, à la télévision, ça passe très bien.

Les idées de gauche sont moins simplistes mais donc aussi moins évidentes à expliquer. Certes, elles sont plus réjouissantes, plus fécondes, mais elles sont moins intuitives. Elles nécessitent des détours, des débats, des maturations... Pour convaincre un citoyen normal que la semaine de 4 jours est une bonne idée, il faut au moins 40 minutes d'exposé et 2 heures de débat, puis revenir un mois plus tard pour répondre à toutes les questions qui ont germé dans son esprit entre temps. Si l'on dispose de ce temps, le taux d'adhésion est extrêmement élevé ! Mais dans le format de la télévision (« En 30 secondes, Monsieur Tartampion, pouvez-vous répondre à Jean-François Copé sur le temps de travail ? »), la gauche ne peut pas convaincre du bien fondé de son analyse.

C'est aussi pour cela qu'il ne faut pas attendre la fin 2011 pour mettre au clair notre projet. Après 30 ans de bourrage de crâne libéral, il nous faut du temps pour déconstruire le discours libéral. Il nous faut du temps pour donner à nos concitoyens les outils qui leur permettent de mieux comprendre la marche du monde et de juger par eux-même de l'efficacité possible de nos propositions. Si nous attendons 2011 pour adopter notre projet et si nous comptons sur une campagne de quelques semaines à la télévision, pour le faire connaître, je ne donne pas cher du résultat.

La droite joue sur les peurs et refuse de penser la complexité du monde[1]. La gauche doit se donner les

1. Comment ne pas citer ici l'éloge de la non-réflexion prononcé par Christine Lagarde le 10 juillet 2007, devant l'Assemblée nationale : « C'est une vieille habitude nationale : la France est un pays qui pense ! Nous possédons dans nos bibliothèques de quoi discuter pour les siècles à venir. C'est pourquoi j'aimerais vous dire : **assez pensé maintenant**. Retroussons nos manches. » Terrifiant !

moyens de dérouler un raisonnement, d'engager un vrai débat : « on a 3 heures aujourd'hui et on peut se revoir dans un mois... ».

Oui, il y a urgence à nous mettre au travail, à organiser trois ou quatre mois de rencontres, qui déboucheront sur des propositions précises de réformes à mener au niveau européen ou au niveau international et sur la rédaction d'un vrai projet en matière sociale. Et ce travail de clarification et d'invention sera suivi d'un effort de formation pour que nous soyons des milliers à pouvoir argumenter, des milliers à pouvoir défendre notre projet dans des réunions de préaux, sur les marchés ou dans les Mac Do. Partout où nous irons à la rencontre des citoyens qui ne croient plus à la politique.

La droite a sombré dans le culte de l'Homme providentiel, qui sait tout et décide de tout. Ce modèle va très rapidement montrer ses limites. La gauche, au contraire, doit prendre le temps d'un travail collectif pour construire son nouveau projet, puis elle doit permettre à des milliers de militants et sympathisants de se former pour aller ensuite à la rencontre de leurs voisins pour partager ce projet.

69 % des Français ne voient pas la différence entre la droite et la gauche. 69 % ne font confiance ni à l'une ni à l'autre. Les premiers mois de Nicolas Sarkozy vont encore aggraver la situation : en débauchant quelques socialistes, il renforce la confusion entre la droite et la gauche. Et en dévoilant petit à petit la réalité de sa politique, il va accroître les doutes des citoyens sur l'honnêteté et l'efficacité des élus. Avec Nicolas Sarkozy, la crise démocratique ne peut que s'aggraver.

Des milliers de porte-paroles

Mais en 2008, si nous avons un nouveau projet, des milliers de militants et sympathisants de gauche pourront organiser des débats ouverts à tous pour expliquer au plus grand nombre qu'il y a bien une différence entre la droite et la gauche et que la politique peut être efficace. Face à l'injustice, la gauche n'a pas renoncé à agir avec puissance !

C'est parce que les libéraux présupposent que l'Homme est trop égoïste et trop peu intelligent pour agir utilement sur la société, qu'ils préfèrent laisser faire la « main invisible » du marché. À nous de prouver qu'ils ont tort, en parlant à l'intelligence et à la conscience de nos concitoyens, et en invitant tous ceux qui sont convaincus à se mettre en mouvement à leur tour pour en convaincre d'autres.

Et nous verrons alors que la gauche, ce n'est pas seulement les 29 % qui ont voté pour des candidats de la gauche plurielle début 2007. Une Nouvelle Gauche peut rassembler bien plus largement. L'étude de BNP Paribas citée au début de ce livre indiquait que, aux États-Unis, seuls 5 % des citoyens ont vu leurs revenus augmenter depuis 5 ans. Les 95 % qui voient leurs revenus stagner ou décliner doivent espérer l'émergence d'une nouvelle politique. Et même parmi les 5 % les plus riches, tous ne sont pas insensibles à la souffrance de leurs contemporains.

C'est le seul avantage de la politique de Nicolas Sarkozy : passée la phase de brouillage (les citations de Jaurès et les débauchages individuels), elle va clarifier les enjeux. Si nous nous mettons au travail, si nous allons au bout de nos questionnements, si nous construisons un projet de société à la hauteur des enjeux et nous donnons les moyens de le discuter avec le plus grand nombre, je suis persuadé que la gauche peut rassembler très vite 60 % au moins de la population[1].

Mai 68 – Mai 2008

On va bientôt fêter les 40 ans de Mai 1968. Nicolas Sarkozy va chercher à exploiter l'évènement pour cacher les premiers effets de sa politique, en suscitant quelques polémiques bien caricaturales. Et la Gauche est capable

1. Depuis la publication de *Urgence sociale*, en mars 2006, je suis étonné par la diversité des réseaux qui m'invitent pour exposer mes idées. J'ai été invité par des groupes d'Attac, par Sauvons la Recherche, mais j'ai été invité aussi au congrès de la Coordination rurale. Pas la Confédération, de José Bové, mais la *Coordination* rurale. Et à voir le député-maire UMP, assis au premier rang, qui hurlait dans son micro en affirmant qu'il était scandaleux qu'on m'ait laissé autant la parole (mais il n'avait aucun argument à m'opposer), je pense que j'ai « marqué des points » devant ces 800 paysans qui ne votaient pas tous à gauche... Les dégâts du libéralisme sont tels que même des personnes, des réseaux ou des syndicats qui ne se sont jamais inscrit dans des démarches « de gauche » comprennent aujourd'hui que les politiques de dérégulation nous amènent dans le mur. Mais pour les convaincre, il faut accepter de les rencontrer et ne pas en rester au slogan. Croissance, dette, productivité, coûts salariaux en Chine... Je projette les mêmes courbes quand je suis devant Attac, devant Sauvons la recherche et devant la Coordination rurale.

de tomber dans le piège et de se diviser entre les pro-68 et les partisans de l'ordre juste... Le Pestacle recommence !

Sommes-nous obligés de tomber dans *tous* les pièges que nous tend le nouveau Président ? Si la gauche se mettait très vite au travail, si elle se donnait les moyens de conclure ses travaux avant la fin mai[1], au lieu de répondre aux provocations de Nicolas Sarkozy, nous pourrions fêter l'anniversaire de mai 68 et des accords de Grenelle en rendant public notre Nouveau Contrat Social et en en lançant joyeusement la campagne tournée vers le grand public : débats publics et grandes fêtes dans toutes les capitales de région à la fin du mois de mai, tournée des plages pendant l'été 2008, Universités d'été décentralisées au début septembre pour faire connaître le projet et le compléter...

« Il est interdit d'interdire », disait-on en 1968.

Il est interdit de mentir, proclameront les affiches du MJS en mai 2008, en dénonçant les mensonges de l'équipe Sarkozy.

Il est interdit de mollir, affirmeront les affiches résumant les 10 principales mesures du Nouveau Contrat Social.

1. Tout le monde au PS me dit qu'on ne peut rien faire avant les municipales. Mais si l'on veut avoir fini nos travaux en mai, pourquoi ne pas commencer un peu avant les municipales ? Beaucoup de syndicalistes, beaucoup de chefs d'entreprises, Stieglitz, Amartya Sen et Rogoff ne sont candidat nulle part... Ils sont peut-être libres en février. Et ce ne serait pas forcément mauvais pour le résultat des municipales que l'on puisse dire en février que la gauche commence se relever, qu'elle s'ouvre au monde et qu'elle se met au travail !

Il est interdit de gémir ! Déception, piège à con ! Tous acteurs, Tous responsables ! pourra-t-on lire sur les affiches qui inviteront tous ceux qui le veulent à s'engager activement dans le travail de reconstruction.

Si nous sommes capables de nous mettre ainsi en mouvement, les tensions du congrès, fin 2008, seront bien plus faciles à gérer. Les élections européennes de 2009 marqueront un coup d'arrêt pour la politique de l'UMP et beaucoup de ceux qui ont voté Bayrou au printemps dernier reviendront vers nous.

Anniversaire de Mai 68, congrès du PS,... Sitôt passées les municipales, la droite espère que la gauche va replonger dans ses divisions et que 2008 sera encore une année noire pour les socialistes.

Et si, au contraire, nous en faisions une année de renaissance ?

Comment faire ?
Comment déclencher un sursaut ?

Je pensais m'arrêter là. Je pensais finir ce livre avec cette vision grandiose, presque *Jack-Languienne*, d'un peuple qui se lève, qui prend le temps d'une réflexion collective et qui décide de prendre en main son avenir[1].

1. Je plaisante, mais sur le fond, j'y crois vraiment. Je crois que c'est possible et je trouve que ça aurait de l'allure. Ça aurait du sens !

Mais tous les amis à qui j'ai demandé de lire cette conclusion m'ont dit qu'il manquait quelque chose :

« Ton parallèle avec *Libération* est intéressant mais *Libé* a changé parce que c'était le changement ou le dépôt de bilan : encore 6 mois comme ça et ils perdaient tous leur job ! Tandis que les dirigeants du PS ne sentent absolument pas le danger : Hollande se voit Président en 2012 et si ce n'est pas 2012, ce sera 2017... Tu expliques très bien pourquoi il ne veut aucun débat. Et tous les actes qu'il a posés depuis la défaite du printemps 2007 confirment sa stratégie d'évitement.

Hollande et sa fine équipe ne vont pas bouger tout seuls. Ils ont tous deux ou trois mandats qui leur assurent des revenus très confortables. Ils n'ont aucunement conscience de la souffrance des Français. Ils se moquent complètement de la situation internationale (cela fait deux mois que la crise des *subprimes* a éclaté et ils n'en parlent jamais). Jamais ils ne vont changer spontanément. Il faut trouver un moyen pour les *obliger* à agir ! »

« L'image du PS empire de mois en mois. Autrefois, en famille, on avait droit à des questions sur le PS ou à des blagues. Maintenant, les frères et sœurs ou les neveux préfèrent ne plus nous parler du PS, pour ne pas nous faire de peine. Autour de moi, tous les militants ont le bourdon. Et le seul truc que Hollande trouve à dire, c'est qu'il sera candidat en 2012 et qu'il est invulnérable. Je ne sais pas ce qu'il fume mais il faut qu'il arrête ! Il a perdu le sens commun. Lui qui aime tellement les jeux de mots à deux balles, on devrait lui dire qu'il n'est pas invulnérable. Il devient insupportable. »

« Écoute Pierre, quand on te lit ou quand on t'entend en débat, on a envie d'y croire. Oui, c'est vrai, en quelques mois la gauche pourrait se réveiller. C'est vrai qu'on a tous les éléments du puzzle et qu'il ne manque pas grand-chose pour faire naître quelque chose de nouveau. Je suis vraiment OK à 100 %. Mais avoue qu'il n'y a aucun indice que les dirigeants du PS vont dans ce sens. Aucun indice ! Tu connais le titre du prochain livre de Rebsamen ? *De François à Ségolène...* C'est atterrant : les gars sont dans leur bunker. Le monde peut s'effondrer, ils n'en ont rien à foutre ! Ils creusent leur tombe mais ils n'en ont pas conscience. »

Oui, comment faire ? Le pays ne va pas bien mais, avouons-le, le PS lui même ne va pas *très* bien. Je suis absolument persuadé que, dans un an, nous pourrions être complètement sorti de la crise, mais ce n'est pas le scénario le plus probable ! Le plus probable, c'est des municipales assez bonnes suivies d'un congrès catastrophique.

Une autorité morale ?

Pour changer la donne, faut-il faire intervenir une autorité morale ? Les autorités morales, la petite équipe qui squatte Solferino n'en a pas grand-chose à faire. Pour le Traité de l'Europe sociale, nous avions le soutien de 400 personnalités de 9 pays : Jacques Delors, Stéphane Hessel, Michel Rocard, le Président des Évêques de France et le Grand maître du Grand Orient, Romano Prodi, Enrique Baron Crespo et Bronislaw Geremek... Ils n'en avaient rien à faire.

Au moment du débat sur les 35 heures, nous avions avec nous Marie-Claire Mendès France, Michel Rocard, Stéphane Hessel et 60 syndicalistes de toutes obédiences... Rien à faire !

Et souvenez-vous : un an après l'arrivée de Lionel Jospin à Matignon, dans *Le Nouvel Observateur*, Jacques Delors tirait publiquement la sonnette d'alarme. Lui qui, en 1982, avait demandé « une pause » dans les réformes, s'inquiétait au contraire en 1998 du manque d'ardeur des socialistes ! Il leur demandait d'aller *« plus loin, plus vite »*. Cette tribune de Delors avait fait grand bruit et Lionel Jospin, piqué au vif, avait promis un second souffle, une nouvelle alliance, mais, sur le fond, il n'en avait rien à faire : *Delors, combien de divisions ?*

Dans ce parti[1], les dirigeants se moquent des autorités morales. Ils se moquent des débats de fond. Ils ne s'intéressent qu'aux rapports de force : « C'est triste à dire, mais c'est la vérité : on écoute plus un gars qui *tient* 400 cartes dans les Bouches du Rhône, qu'on n'écoute Jacques Delors. »

1. Et ce n'est pas mieux en face...

« Il faut aller plus loin, plus vite » disait Jacques Delors en 1998. Mais ils ne l'ont pas écouté. Ils ont gardé le même rythme pépère jusqu'au 21 avril 2002 ! Ils l'ont repris jusqu'au 6 mai 2007 et entendent bien le garder encore jusqu'en 2012.

Vaffanculo (mais en plus constructif)

> « Depuis quelques semaines, en Italie, un acteur inquiète la classe politique. Le 8 septembre, Beppe Grillo a réussi à rassembler 50 000 personnes sur la grande place de Bologne pour un sonore "Vaffanculo day" (journée du *va-te-faire-foutre*) visant à réclamer "une politique propre et à détruire les partis qui sont le cancer de la démocratie". Dans le reste du pays, plus de 250 000 citoyens se sont déplacés pour signer sa pétition réclamant, entre autres, l'expulsion du Parlement des 24 élus condamnés par la justice et la limitation des mandats à deux législatures.
>
> Jusqu'à présent, la classe politique avait ignoré les interventions de l'acteur. Le rassemblement du 8 septembre a changé la donne. La vague anti-partis risque de toucher prioritairement la gauche et le gouvernement Prodi, crédité dans les sondages de 68 % d'opinions négatives. Beppe Grillo a annoncé qu'il accordera un "certificat de transparence" aux candidats n'ayant ni passé pénal ni carte d'un parti.
>
> "La terre tremble sous les pieds de la caste", s'est félicité, mercredi dans *le Corriere della Sera*, le très respecté professeur de droit constitutionnel Giovanni

Sartori. Je confesse qu'un coup de vent qui balayerait les miasmes de ce marais putride [de l'actuelle classe politique, ndlr] me procurait à moi aussi un grand soulagement. »

Libération
lundi 24 septembre 2007

Au début, on a accusé Beppe Grillo d'être un dangereux populiste. Mais l'incapacité des dirigeants à se remettre en cause devient tellement insupportable que même le « très respecté professeur de droit constitutionnel Giovanni Sartori confesse aujourd'hui qu'un coup de vent qui balayerait ce marais putride lui procurerait un grand soulagement ».

« Par défaut de volonté,
par insuffisance d'être,
par pleutrerie,
par instinct de servitude,
l'Europe est en train de se résigner
à n'être qu'un espace commercial
régi par le libéralisme
et, politiquement, un dominion des États-Unis. »

Jacques Julliard
Le Nouvel Observateur
9 janvier 2003

Oui, la pleutrerie, l'instinct de servitude, le défaut de volonté de nos dirigeants deviennent insupportables. Même ceux qui ne souffrent pas de l'incapacité de l'Europe à agir pour construire la Paix au Proche Orient, même ceux qui ne se réveillent pas la nuit en pensant à la Chine et à Taïwan, même ceux qui n'ont pas forcément conscience des déséquilibres majeurs qui menacent nos sociétés, trouvent cette paresse et ce cynisme absolument insupportables: «Cela fait 30 ans que le chômage augmente, cela fait 3 fois qu'on se prend une gamelle aux Présidentielles, et ils refusent toujours de se remettre en cause? Ils ne sentent pas la colère qui monte? Ils ne sentent pas que ça va mal finir s'ils continuent leurs conneries?»

Oui, tous, nous avons des raisons d'être en colère. Pour autant, faut-il comme Beppe Grillo pousser les gens à se présenter aux élections en dehors des partis politiques? Faut-il émietter la gauche ou faut-il, au contraire, renouveler le projet de la gauche, la rassembler et lui permettre d'aller au combat unie et revigorée?

Au boulot les socialos!

Plutôt que de pousser les citoyens à se détourner des partis de gauche, ce qui laisserait les mains libres à la droite pour les vingt ans qui viennent, nous voulons tout faire pour obliger le PS à se réformer.

Comment faire? Faut-il reprendre le *« Vaffanculo »* de Beppe Grillo? Notre objectif politique n'est pas le même et ceux d'entre nous qui parlent italien trouvent ça (quand même) un peu vulgaire... Faut-il lancer une opération haut de gamme *« Plus loin, plus vite, autrement et tous ensemble »* en reprenant des éléments de l'appel lancé en 1998 par Jacques Delors? Ce titre signifie bien notre objectif mais certains ont trouvé que cela faisait un peu trop *huitième gauche*. « Ça fait trop gentil surtout ! Delors, ils ne l'ont pas écouté. Tout ce qui est subtil, ils s'en foutent. *Il leur faut du brutal !* » a conclu un copain qui connaît par cœur les Tontons flingueurs.

Au boulot les socialos ! Ça nous paraît bien. Oui, au boulot ! Arrêtons les gros mensonges et les petites manœuvres et mettons-nous au boulot. Au début ça va faire drôle à certains, c'est sûr. Mais très vite, ils seront à l'aise, comme les autres. Et ils y trouveront du plaisir. Ils verront que leurs amis les regardent autrement et s'intéressent enfin à ce qu'ils font. Ils pourront en parler sans honte à leurs enfants et aux copains des enfants. Et bientôt, ils se demanderont *pourquoi on ne l'a pas fait plus tôt ?*

L'appel des 5 000

En mars 2006, avec quelques amis, nous pensions que le projet du PS n'était pas à la hauteur et qu'il fallait prendre quelques mois pour l'améliorer franchement sous peine de perdre l'élection présidentielle. Nous voulions utiliser la clause des statuts qui prévoit que, si 5 000 militants le demandent, la direction ne peut pas refuser un débat sur les thèses qu'ils défendent. Hélas, trois fois hélas ! nous avons cru que les Leaders de la Rénovation allaient nous aider à recueillir ces 5 000 signatures. Ils nous ont « promenés » pendant deux mois et quand nous avons publié notre appel[1], il était trop tard. Nous ne sommes pas arrivés aux 5 000 signatures nécessaires et la direction a refusé de nous écouter.

Cette fois-ci, nous n'allons pas nous laisser promener. Pour nous, la politique, ce n'est pas *pour de rire*. Nous ne pouvons pas cautionner plus longtemps encore l'inertie et le cynisme de certains dirigeants socialistes. Nous ne voulons pas que dans dix ou vingt ans, nos enfants et notre conscience nous accusent de Non-assistance à peuples en danger.

Avec quelques amis, nous venons de créer Nouvelle Gauche. Nouvelle Gauche est une association ouverte au plus grand nombre :

➢ que vous soyez au PS ou que vous n'y soyez pas,

➢ que vous soyez engagé(e) dans un syndicat, une association ou que vous ne le soyez pas,

➢ que vous soyez d'accord avec le Traité social européen, avec les Montants compensatoires, avec l'impôt européen et avec les 4 jours à la carte, ou que vous ne le soyez pas,...

si vous pensez urgent de réveiller la gauche, si vous voulez nous aider à *provoquer un sursaut*, vous êtes les bienvenus !

1. Tribune signée avec Éric Halphen dans *Le Monde* du 2 juin 2006.

L'objectif de Nouvelle gauche est double :

➢ être un lieu où l'on peut réfléchir et débattre en toute liberté, sans enjeu de pouvoir,

➢ obliger le PS à se remettre au travail pour « accoucher d'une nouvelle société ».

La double critique que formulait Jacques Delors dans les années 1970 est plus que jamais d'actualité : « *cette société ne permet pas à tous de vivre dignement. Elle ne permet pas à chacun de vivre pleinement* ». Il est urgent d'inventer du neuf. Une nouvelle société demande à naître des failles de l'ancienne. Aidons-la à naître au lieu de l'empêcher !

Une course de vitesse est engagée. Nul ne sait combien de temps nous avons devant nous avant que la situation ne se détériore gravement. Parvenir, très vite, à réveiller la gauche n'est pas un problème politicien. C'est un enjeu de civilisation.

Voilà l'enjeu de la reconstruction du PS. L'enjeu n'est pas de savoir si Julien Dray va bientôt trahir Ségolène Royal pour revenir vers François Hollande. L'enjeu n'est pas de savoir si, avec quelques alliances contre-nature, François parviendra à être candidat en 2012 et à gagner en 2027... Non, l'enjeu n'est pas là. L'enjeu est : malgré toutes les déceptions, malgré tous les échecs, malgré toutes les raisons que nous avons de rester chacun chez nous en attendant le déluge, sommes-nous encore capable de réfléchir et d'agir ensemble pour faire naître une nouvelle société avant que l'ancienne ne s'écroule ?

Nous sommes des millions à sentir que le libéralisme nous amène à la catastrophe. Nous sommes des millions à vouloir vivre autrement. Ne nous résignons pas. Ne renonçons pas.

Au boulot les socialos !

Les statuts sont les statuts. Si nous sommes des milliers à signer l'appel, si nous sommes au moins 5 000 à l'intérieur du PS ou 100 000 à l'extérieur, la direction sera obligée de nous écouter ! Et le PS se remettra au travail début 2008.

S'il vous plaît, ne restez pas spectateurs !

www.nouvellegauche.fr

« Le monde ne sera pas détruit par ceux qui font le mal, mais par ceux qui les regardent sans rien faire. »

Albert Einstein

Un Traité de l'Europe sociale
évite le dumping intra-européen

Un nouveau Bretton Woods
pour éviter une crise monétaire

Des Montants Compensatoires
négociés avec la Chine

La semaine de 4 jours *à la carte*
après référendum 4-4-42

Activer le Fonds de Réserve des Retraites
pour financer une vraie politique du Logement

Une vraie politique d'économie d'énergie
(isolation de tous les bâtiments, etc.)

Investir dans les énergies renouvelables
autant qu'on l'a fait avec le nucléaire

Développer le tourisme
créerait de l'emploi sur tout le territoire

Aide à la création, Formation
et accompagnement des créateurs d'entreprises

Deux premiers emplois
exonérés de charge

Small Business Act
pour favoriser la croissance des PME

Un impôt européen sur les bénéfices
(et/ou une Taxe Tobin améliorée, une écotaxe)

Une vraie politique de recherche
recherche publique et privée

Bonus-malus anti-précarité
négocié branche par branche

Simplifier le code du travail
et le faire vraiment respecter

Sécuriser les salariés au chômage
comme au Danemark

20 propositions pour un

Nouveau Contrat Social

Investir dans l'intelligence
Plan Europe Université

École des Parents
École des « nounous »

Abonnement Petit journal à 18 mois
Cahier des charges des chaînes de télé

...

Table des matières

LIVRE 2
Construire une alternative

LIVRE 3
Qu'est-ce qui bloque?

CET OUVRAGE
A ÉTÉ ACHEVÉ D'IMPRIMER SUR ROTO-PAGE
PAR L'IMPRIMERIE FLOCH À MAYENNE
EN NOVEMBRE 2007

Éditions du Rocher
28, rue Comte-Félix-Gastaldi
Monaco

Dépôt légal : octobre 2007
N° d'édition : CNE section commerce et industrie
Monaco : 19023.
N° d'impression : 69684.
Imprimé en France